"十三五"国家重点出版物出版规划项目

上海市哲学社会科学学术话语体系建设办公室、上海市哲学社会科学规划办公室"新中国成立70周年"研究项目
理论经济学上海Ⅱ类高峰学科建设计划项目
中央高校建设世界一流大学学科和特色发展引导专项资金和中央高校基本科研业务费资助项目

复兴之路

新中国经济思想研究

丛书主编：程霖

新中国国有企业改革思想研究
（1949～2019）

何玉长 ◎ 著

中国财经出版传媒集团

经济科学出版社

Economic Science Press

图书在版编目（CIP）数据

新中国国有企业改革思想研究：1949－2019/何玉长著．
—北京：经济科学出版社，2019.9
（复兴之路：新中国经济思想研究）
ISBN 978－7－5218－0941－1

Ⅰ.①新… Ⅱ.①何… Ⅲ.①国有企业－企业改革－研究－中国－1949－2019 Ⅳ.①F279.241

中国版本图书馆 CIP 数据核字（2019）第 206432 号

责任编辑：孙丽丽　何　宁
责任校对：刘　昕
版式设计：陈宇琰
责任印制：李　鹏

新中国国有企业改革思想研究（1949～2019）
何玉长　著
经济科学出版社出版、发行　新华书店经销
社址：北京市海淀区阜成路甲 28 号　邮编：100142
总编部电话：010－88191217　发行部电话：010－88191522
网址：www.esp.com.cn
电子邮件：esp@esp.com.cn
天猫网店：经济科学出版社旗舰店
网址：http://jjkxcbs.tmall.com
北京季蜂印刷有限公司印装
710×1000　16 开　19.75 印张　310000 字
2019 年 9 月第 1 版　2019 年 9 月第 1 次印刷
ISBN 978－7－5218－0941－1　定价：69.00 元
（图书出现印装问题，本社负责调换。电话：010－88191510）
（版权所有　侵权必究　打击盗版　举报热线：010－88191661
QQ：2242791300　营销中心电话：010－88191537
电子邮箱：dbts@esp.com.cn）

总 序

新中国成立70年来，中国经济建设取得了举世瞩目的辉煌成就，尤其是改革开放之后，中国经济体制出现了重大转变，经济实现持续高速增长，跃居全球第二大经济体和第一大贸易国，在世界政治经济格局中的地位与角色日益凸显，步入了实现中华民族伟大复兴的良性发展轨道。与中国经济体制转变同步，中国经济思想在理论范式和学术进路上也经历了比较大的调整。从计划经济时代形成的以马克思主义政治经济学和苏联社会主义政治经济学为主要内容和理论体系，逐渐过渡到以马克思主义为指导，政治经济学、西方经济学和中国传统经济思想多元并进的局面，这为中国特色社会主义市场经济理论和体制的形成与发展创造了良好的条件。

在此过程中，中国经济思想的发展演变与中国经济的伟大实践也是紧密相关的。尤其是在改革开放以后，中国经济在"摸着石头过河"的过程中涌现出了大量前所未有的、在其他国家也较为鲜见的经济创新实践，这就对源于西方成熟市场经济国家的经济学理论的解释力和预测力提出了挑战，蕴育了经济理论创新的空间。可以说，中国经济实践探索呼唤并推动了中国经济思想创新，而中国经济思想创新又进一步引领了中国经济实践探索。新中国70年的复兴之路在很大程度上是中国人民奋力开创的、为自己量身打造的发展模式，离不开国人在诸多经济问题与理论上的理解、决断与创造,这些也构成了新中国成立以来各领域所形成的丰富经济思想的结晶。

站在新中国成立70周年的重要历史时点上,中国正处于速度换挡、结构优化、动力转化以实现高质量发展的关键当口,有必要系统回顾总结新中国经济思想,较为全面地展示新中国成立70年以来中国经济思想在若干重要领域上的研究成果。这将为新时代构建有中国特色的社会主义政治经济学学科体系、学术体系和话语体系提供可靠立足点,同时基于对当代中国经济发展建设与民族复兴内在规律与经验的总结凝练,也将有助于指导并预测中国经济未来发展方向,明确新时期进一步加快实现民族复兴的道路选择,并为世界的经济发展提供具有可借鉴性和可推广性的"中国方案"。

目前,以整体视角全面梳理新中国经济思想的研究成果主要是一些通史性著作,以谈敏主编的《新中国经济思想史纲要(1949~1989)》"新中国经济思想史丛书"等为代表。这类著作通常以理论经济学和应用经济学一级学科为基础构建总的研究框架,然后再以其各自的二级学科为单位,逐一展开研究。这类研究的优点是有利于严格遵循经济学的学科体系,涵盖范围较广,学术系统性较强。但是其更加侧重经济思想学术层面的探讨,对经济思想的实践层面探讨不多。而且,一些具有丰富经济思想内容但没有作为独立二级学科存在的领域,未能被这类研究纳入其中。

与此同时,还有一类研究以张卓元主编的《新中国经济学史纲(1949~2011)》为代表,既包括以时间线索划分的通史性考察,也包含有专题式的研究(如社会主义市场经济理论、所有制理论、企业制度理论、农业经济理论、产业结构与产业组织理论、价格改革理论、宏观经济管理改革理论、财政理论、金融理论、居民收入理论、社会保障理论、对外开放理论等），更好地将经济理论研究与中国重大发展改革问题联系起来。这类研究的优点在于更贴近中国本土的经济问题，不拘泥于经济学科的科目划分。但由于涉及内容广泛但又多以单部著作的形式呈现，篇幅有限，所以对于所考察的经济思想常常难以做到史料丰富详实、分析细致深入。

因此，如何拓宽研究视角、创新研究体系和方法，进而对新中国经济思想的理论变迁与实践探索展开更为全面且系统深入的研究，是"复兴之路：新中国经济思想研究"丛书（以下简称丛书）拟做的探索。

对于中国经济思想的探索与创新研究，需要正确处理好学科导向和问题导向的关系。不能局限于学科导向而忽视中国经济现实问题，应该在确保学科基质的基础上以问题导向开展相关研究。同时，也要认识到，中国经济现实问题中蕴含着学科发展的内在要求、学科延伸的广阔空间、学科机理的不断改变。据此，丛书尝试突破学科界限，构建以重大问题导向为划分依据的研究框架。紧密围绕中国经济建设的目标与诉求、挑战与困境，针对新中国经济发展过程中重大问题的理论探索设计若干子项目，分别以独立专著形式展开研究。这种研究框架，能够更加紧密地融合理论与实践，更加具有问题意识，有助于将中国经济改革与发展中形成的重要经济思想充分吸纳并作系统深入的研究，可视为对上述两种研究体系的一种补充和拓展。

在研究体例和方法上，丛书所含专著将致力于在详尽搜集各领域相关经济思想史料的基础上，一方面对该思想的产生背景、发展演变、阶段特征、突出成果、理论得失、未来趋势等方面进行系统梳理与考察，另一方面则围绕思想中所体现的重大理论与现实问题，在提出问题、捕捉矛盾、厘清思路、建立制度、投入实践乃至构建理论等方面做出提炼与判断。同时将尽可能把握以下几点：

第一，把握各子项目研究的核心问题和主旨线索。因为丛书是以重大理论与现实问题导向为切入口，那么所探讨的经济思想就要能触及中国社会主义经济理论与市场经济建设的关键实质，聚焦问题的主要矛盾，进而更有针对性地串联起相关的经济思想。例如，在"新中国经济增长思想研究"中，著者认为经济增长方式（主要分为外延式和内涵式）的明确、选择与转换，是中国经济增长研究的主旨线索；在"新中国产业发展思想研究"中，著者认为根据不同时期的结构性条件变化，选择发挥外生比较优势的产业发展路径还是塑造内生竞争优势的产业发展路径是经济思想探讨的关键；在"新中国民营经济思想研究"中，不同时期以来我国各界对于民营经济的态度、定位及其在社会主义建设中的角色则是一个重要问题，等等。只有把握住核心问题与主旨线索，才能使得经济思想史的研究更有聚焦，在理论贡献挖掘与现实启迪方面更有贡献。

第二，明确各子项目研究的历史分期。由于各子项目均将以独立专著形式出现，考虑到篇幅及内容的系统性，丛书选择以纵向时间作为基本体例。在历史分期的问题上，丛书主张结合中国宏观经济体制、经济学术及诸多背景环境因素的阶段性变化，但更为根本的是应探索各子项目核心问题的内在发展逻辑，以此作为历史分期的主要依据。所以不同子项目可能会以不同的历史分期作为时间框架。

第三，综合运用多种方法，对各子项目所包含的经济思想进行全面且系统的解读。在运用史料学、历史分析等经济史学传统研究方法的基础上，注重采用现代经济学、经济社会学等相关理论和历史比较制度分析、历史计量分析、经济思想史与经济史交

总　序

叉融合的研究方法，进而以研究方法的创新来推动观点与结论的立体化与新颖化。

本丛书的策划缘起于我所主持的2017年上海哲学社会科学规划"新中国70周年研究系列"项目——复兴之路：新中国经济思想研究，后有幸被增补为"十三五"国家重点出版物出版规划项目。当然，相关书稿的写作许多在2017年之前就已经开始，有些还是获得国家社科基金资助的著作。最初设计时选取了20个经济思想主题，规划出版20本著作，涵盖了新中国经济思想的许多重要方面，具体包括：新中国经济增长思想研究、新中国经济转型思想研究、新中国对外开放思想研究、新中国经济体制改革思想研究、新中国国企改革思想研究、新中国民营经济思想研究、新中国金融体制改革思想研究、新中国农村土地制度改革思想研究、新中国经济特区建设思想研究、新中国产业发展路径选择的经济思想研究、新中国旅游产业发展与经济思想研究、新中国国防财政思想与政策研究、新中国财税体制改革思想研究、新中国反贫困思想与政策研究、新中国劳动力流动经济思想研究、新中国城镇化道路发展与经济思想研究、新中国区域发展思想研究、新中国城市土地管理制度变迁与经济思想研究、新中国城乡经济关系思想研究、新中国经济理论创新等。后来由于各种原因，至丛书首次出版时完成了其中的13本著作，对应上列20个主题的前13个，其他著作以后再陆续出版。

丛书依托于上海财经大学经济学院。上海财经大学经济学院是中国经济思想史与经济史研究的重要基地和学术中心之一。半个多世纪以来，在以胡寄窗先生为代表的先辈学者的耕耘下，在以谈敏、杜恂诚、赵晓雷教授为代表的学者的努力下，上海财经大学经济思想史、经济史学科的发展对我国经济史学学科的教育科研做出了重要贡献。在学科设置上，经济学院拥有国家重点学科——经济思想史,并设有国内首家经济史学系和上海财经大学首批创新团队"中国经济转型的历史与思想研究",致力于促进经济思想史和经济史学科的交叉融合,并实行中外联席系主任制、海外特聘教授制等,多渠道、多方式引入海内外优质教育资源,极大地促进了中国经济史学研究的国际化和现代化。

近年来,上海财经大学经济史学系建立起梯队完善、素质较高的人才队伍,聚焦于新中国经济思想史研究,已形成了一批具有影响力的学术成果,为本项目的顺利开展奠定了基础。丛书的写作团队即以上海财经大学经济学院经济史学系的师生、校友为主,其中部分校友任职于复旦大学、深圳大学、上海社会科学院、中国浦东干部学院等高校和科研机构,已成为相关单位的学术骨干。同时,部分书目也邀请了经济学院政治经济学系的几位学者撰写。在整体上,形成了老中青结合、跨学科互补的团队优势与研究特色。当然,由于作者的学科背景有别、年龄层次差异、开始着手研究撰写的时间和前期积累状况不同,以及研究对象的复杂性和整体计划完成的时间有限等原因,丛书中各著作的写作风格并不完全一致,还存在诸多不足,也未能完全达到预期目标,敬请读者批评指正!丛书创作团队将以此批研究成果为基础进一步深化对新中国经济思想的研究。

丛书的出版得到了经济科学出版社的大力支持。此外,丛书也得到了理论经济学上海Ⅱ类高峰学科建设计划项目、上海财经大学中央高校建设世界一流大学学科和特色发展引导专项资金及中央高校基本科研业务费资助项目等的资助。在此一并致谢!

程 霖

2019 年 7 月

前 言
PREFACE

  泱泱中华数千年,最闪亮的时代是新中国时代。70年间,我们从积贫积弱的旧中国转身为欣欣向荣的社会主义新中国,尽管我们在社会主义发展道路上也有曲折,但大趋势是中国特色社会主义道路越走越宽。中国社会主义的经济基础取决于社会主义生产关系,而决定社会主义生产关系性质的是生产资料公有制,其中,国有经济和国有企业是社会主义经济的决定性力量。因此,研究新中国经济发展的实践经验和思想进程,重要的是要研究国有经济和国有企业改革思想。

  新中国社会主义发展,使马克思的社会主义构想在新中国大地成为现实。回溯70年前,第二次世界大战后,一系列欧亚国家走上社会主义道路,基本复制"苏联模式"的计划经济体制,中国也不例外。随着时间的推移,"苏联模式"的集权和僵化的弊端在社会主义实践中逐渐暴露出来。随着20世纪90年代苏联解体和东欧剧变,苏联、东欧国家纷纷抛弃社会主义走向资本主义,国际共产主义运动遭受重大挫折。唯有中国共产党人对中国特色社会主义抱有高度自信,将社会主义与市场经济有机融合,并取得了巨大成功。中国改革抛弃的是"苏联模式",得到的是社会主义市场经济体制,改革开放的中国闯出了一片天地,这为21世纪科学社会主义的振兴提供了强大的动力。

  研究新中国国有企业改革思想要置于新中国的发展历史来思

考。其关键是正确评价改革开放前 30 年和改革开放后 40 年的关系。前 30 年虽然是计划经济体制和国营企业管理模式,但也有历史合理性和历史贡献;后 40 年逐步推进的市场经济体制改革,国有企业转身为现代企业制度,所带来的经济腾飞和社会进步更是功不可没。正确认识两个历史阶段,不能将两个阶段对立起来、相互否定。两个历史阶段是在坚持社会主义性质的前提下,继承发展、改革创新的关系。建设社会主义市场经济体制并不否定计划经济的历史贡献,发挥市场在资源配置中的决定性作用也不等于经济运行完全不要计划。

新中国国有企业改革思想是国有企业改革探索的理论结晶。国有企业改革思想在新中国社会主义实践中形成和发展,反过来,又对国有企业改革实践以理论指导。社会主义者对社会主义经济尤其是对全民所有制的实现形式经历了逐步认识和深化的过程:从马克思主义经典作家"劳动者联合体"的设想,到单一所有制国营经济和国营企业的实践,再到国有公司制企业改革;从追求"生产资料全社会占有"的公平目标,实行联合体内财产平等和分配平等,到国有经济既要公平也要效率,承认国有企业独立的经济利益;从全民所有制覆盖国民经济,到合理布局国有经济,多种所有制共同发展;从国有企业两权分离的经营权改革,到产权改革的现代企业制度改革,再到国有企业混合所有制改革的深化。因此,国有企业改革思想是国有企业改革理论、国有企业改革政策和国有企业改革实践的三者统一。

本人对国有企业改革问题的关注由来已久。从 20 世纪 80 年代初进入经济学领域教学与研究,就聚焦国有企业改革问题。1984 年对江西省景德镇市国营企业经济体制改革进行了调查研究,为期 1 个月跑遍了该市国营大中型陶瓷企业。其时国有企业正处于扩权让利的阶段,国有企业积累的问题和面临的挑战诸

前 言

多，城市经济体制改革处于试水期。从20世纪80年代的国有企业承包经营责任制到90年代的国有公司制改革，直到当前国有企业混合所有制改革，本人始终聚焦国有企业改革领域。在本书中阐述国有企业改革思想，也融入了本人多年的研究心得。如《国有企业产权结构与治理结构》（上海财经大学出版社1997年版）；《新中国经济制度变迁与经济绩效》（中国物资出版社2002年版）；《对公司制企业劳动关系一个悖论的思考》（载于《中国劳动科学》1995年第6期）；《经理人之法人代理权论》（载于《中国工业经济》1997年第3期）；《董事会领导下的经理负责制指误》（载于《中国经济问题》1996年第5期）；《现代企业制度亟需解开政资不分这个结》（载于《南昌大学学报1996年第3期》）；《中国工业企业三年脱困及经济效益分析》（载于《中国经济评论》2002年第4期）；《国有资产管理体制改革、完善与优化》（载于《学术前沿》2016年第1期）；《国企混改三解》（载于《海派经济学》2019年第2期）。这些国有企业改革的思想观点，也一定程度上反映在本书的有关内容中。

作为与新中国同行的一代人，我目睹了如火如荼的社会主义探索建设的年代，经历了社会主义建设的曲折发展的岁月，也涌入了蓬蓬勃勃的改革开放的时代大潮。尤其是改革开放以后，始终关注社会主义国有企业的发展演进。因而，我确信国有企业改革始终是新中国社会主义经济发展的一道主线，国有经济和国有企业是新中国发展的中流砥柱。正因为此，我也就有动力和责任心，系统研究我国国有企业改革思想，并撰写成书，这也算是作为一名经济学人为新中国成立70周年献礼的一点心意。随着新时代中国特色社会主义的健康发展，社会主义市场经济体制改革的深化，国有经济和国有企业将进一步做强做优做大，社会主义现代化的目标将会如期实现。

本书的基本体系大体分为三部分，第一部分是前两章，导论和新中国国有经济与国有企业改革的逻辑。这是全书的基础和出发点。第二部分是第三章、第四章和第五章，分别分析了计划经济体制、转型期和市场经济体制下国有企业改革思想。从历史分期和不同体制角度分析国有企业改革思想，这是全书的重点。第三部分是第六章、第七章和第八章。分析国有企业改革的重点问题：股份制改革、国有资产管理体制改革和新一轮深化改革。这也是本书的重点内容，第八章也是合乎逻辑的收尾。本书完成之际，我要感谢程霖教授，正因为老同事程霖教授相邀，且在程霖教授卓有成效的组织协作下，我才有动力参与新中国 70 年改革思想丛书的撰写，并使书稿如期完成。感谢经济科学出版社责任编辑何宁女士、孙丽丽女士和丛书编审团队，是他们的高度责任心和优质编辑业务，保证了本书如期完成。此外，在本书撰写中参考了诸多学界同仁的成果，对这些文献的参考、引用和评价，使本书得以完善，而这个过程本身也使本人的学术水平得以提升。在此，对参考文献的作者深表感谢。由于水平所限，本人对我国国有企业改革思想研究尚不到位，也不全面。为此，敬请学界同仁批评。

何玉长

2019 年 9 月

目 录
CONTENTS

第一章
导论

第一节	国有企业改革是经济体制改革的中心环节	2
第二节	国有企业改革相关概念	4
	一、国有经济的一般和特殊	5
	二、国有经济和国有企业是一个世界现象	6
	三、社会主义国有经济和国有企业的性质	7
	四、国有企业是国有经济的具体组织形式	9
	五、国有企业历经计划经济和市场经济两种体制	10
	六、国有企业产权改革与国有资产管理体制改革	11
第三节	研究视角和方法	12
第四节	理论意义和实践意义	14

第二章
新中国国有经济与国有企业改革的逻辑

第一节	国有经济和国有企业的理论基础	20
	一、废私立公与公有制的实现形式	20
	二、从劳动者联合体到全民所有制企业	22

三、	公有制与计划经济理念形成与固化	23
四、	全民和集体：公有制的二元模式	26
五、	西方学者视野中的市场经济与国有企业	30
第二节	社会主义经济和国有企业的历史选择	33
第三节	经济制度创新与经济体制改革	35
第四节	从计划经济走向市场经济的国有企业	37
第五节	国有企业改革思想是实践、政策与理论的统一	43

第三章

计划经济体制下国营企业管理思想
（1949~1978）

第一节	新民主主义时期的国营经济	48
第二节	社会主义计划经济的国营企业管理体制	54
第三节	计划经济体制的国营企业领导体制	64
第四节	计划经济时期国营企业改革探索	67
第五节	东欧社会主义国家国有企业分权模式改革经验与教训	72
第六节	对计划经济时期国营企业的理论思考	76
一、	计划经济体制下国有经济和国营企业的历史功绩	76
二、	"苏联模式"对国有经济和国营企业的束缚	79
三、	客观评价计划经济体制和"苏联模式"	81

第四章

转型期国有企业经营权改革思想
（1978~1992）

第一节	有计划商品经济体制下国有企业改革思路	88

一、国有企业经营自主权改革的顶层设计　　89
　　二、企业本位论：理论创新引领国有企业改革　　92
第二节　改革探索：放权让利与两步"利改税"　　96
　　一、国有企业放权让利从试点到推广　　96
　　二、国有企业两步"利改税"　　100
第三节　承包经营责任制的探索与推广　　103
　　一、承包经营责任制的制度设计与改革实践　　104
　　二、承包经营责任制的绩效与存在的问题　　106
第四节　租赁经营责任制与资产经营责任制改革　　109
　　一、租赁经营责任制改革　　109
　　二、资产经营责任制改革　　111
第五节　转型期国有企业改革的评价　　112

第五章

市场经济体制下国有企业产权改革思想
（1992～2019）

第一节　国有产权改革与产权理论的兴起　　122
　　一、从经营权改革走向产权改革　　123
　　二、产权理论的探索与兴起　　124
第二节　走向现代企业制度的国有企业　　127
　　一、国有公司制企业法人财产权的确立　　127
　　二、国有公司制企业治理结构的构建　　129
　　三、中小国有企业产权改革的"诸城模式"　　131
　　四、管理科学的"邯钢经验"　　137
第三节　国有经济结构调整与国有企业重组　　139
　　一、国有经济结构调整　　140
　　二、国有企业资产重组　　144

三、国有企业改革进程中的三年脱困　　146
第四节　国有企业公司制改革的理论分歧　　151
一、关于国有企业的性质、地位与国有企业改革的目标　　151
二、关于国有企业改革中管理层收购和国有资产流失　　153
三、关于国有经济结构调整是"国进民退"还是"国退民进"　　154
四、关于公司制企业劳动力属性与重建国有公司劳动关系　　156
五、警惕把国有企业改革引向私有化和局部私有化　　157
六、国有企业改革不能走向私有化　　158
第五节　国有企业改革的绩效、经验与教训　　160
一、国有企业改革的绩效评价　　160
二、关于国有企业改革评价与国有企业改革指数研究　　165
三、市场经济体制下国有企业改革的经验　　167
四、国有企业改革进程中的失误与教训　　169

第六章

国有企业股份制改革思想

第一节　股份制：国有企业改革的新探索　　174
一、转型期国有企业股份制改革探索　　175
二、国有企业公司制改革中的股份制　　178
第二节　股份制改革相关理论问题　　182
一、股份制是否国有企业改革的重要途径　　182
二、关于股份制性质的讨论　　185
三、国有企业股份制实施方案比较　　187
四、国有企业股份制重在矫正国有股　　191
第三节　国有企业股份制改革的问题与思考　　194

第七章

国有资产管理体制改革思想

第一节 公司制改革绕不开国有资产管理改革	204
一、国有资产及其发展	205
二、国有资产管理体制	207
第二节 国有资产管理体制的演变	210
第三节 国有资产管理体制的典型模式	215
一、20世纪90年代国有资产管理体制的一般模式	215
二、20世纪90年代国有资产管理的"上海模式"	218
三、20世纪90年代国有资产管理的"深圳模式"	222
四、2003年以来国有资产管理创新模式	223
第四节 国有资产管理的绩效与存在的问题	227
一、国有资产管理体制改革绩效分析	228
二、国有资产管理体制改革存在的问题分析	229
第五节 适应市场经济要求深化国有资产管理改革	232

第八章

改革新时代国有企业深化改革

第一节 新一轮国有经济和国有企业改革	238
第二节 新时代国有企业改革再出发	242
一、新时代深化国有企业改革的基础	242
二、新时代深化国有企业改革的目标和任务	245
三、深化国有企业改革要坚持两个不动摇	247
第三节 国有企业混合所有制改革思想	249

一、国有企业混合所有制改革的含义和性质	250
二、对于国有企业混合所有制改革的论争	256
三、国有企业为何实施混合所有制改革	262
四、国有企业混合所有制改革思路	265
第四节　国有企业改革展望	269

附录　新中国国有企业改革大事记	273
参考文献	286

第一章

导 论

国有企业是20世纪以来的世界现象。一方面，社会主义经济制度在苏联、东欧和中国等亚洲国家诞生，并先后建立了强大的国有经济；另一方面，西方世界遭遇20世纪30年代的大危机，出于反危机和战后经济振兴的需要，以国家干预为特征的凯恩斯主义盛行，推动了西方资本主义国家的国有化进程。新中国成立以来的全民所有制企业是新型的社会主义公有制企业，曾长期与计划经济体制紧密相合。中国国有企业的产生与发展，伴随着国民经济和社会的发展。国有企业改革旨在适应社会生产力发展要求，实现社会生产关系的自我调整和完善，推动生产力的进一步发展。中国国有企业改革从1978年起，已有40多年的历史，如果从新中国计划经济时期国营企业管理体制改革算起，则有近70年的经历。新中国成立70年大体可划分为计划经济和市场经济两个不同的阶段。社会主义国有企业历经70年，规模越来越大，质量越来越强，国有企业成为中国特色社会主义的强大经济支撑；国有企业改革思想成果无疑也是中国特色社会主义理论的重要组成部分。

第一节　国有企业改革是经济体制改革的中心环节

社会主义是人类社会进步事业和社会发展的新生事物，社会主义经济是公有制经济为主体的经济活动，而国有企业正是社会主义公有制企业的主要形式。我国在1956年社会主义改造完成之后，基本确立了社会主义经济制度。中国社会主义经济制度是以生产资料公有制为基础的，其中全民所有制的国有经济处于统治地位，公有制的国有经济可谓新中国社会主义的中流砥柱。新中国成立70年，国有企业为社会主义建设和社会发展提供了强大的物质基础，国有企业经历了改革前30年社会主义建设的曲折发展，以及改革开放40多年中国特色社会主义的持续快速发展。

从一定意义上说，中国改革成功与否？社会主义市场经济体制建设效果如何？关键取决于国有经济和国有企业改革，取决于国有企业活力的激发。1984年10月，中共十二届三中全会通过的《中共中央关于经济体制改革的决定》明确指出："增强企业的活力，特别是增强全民所有制的大、中型企业的活力，是以城市为重点的整个经济体制改革的中心环节"[①]。国有企业改革提到如此重要地位何以理解？

第一，整个经济体制改革必然以国有企业改革为主线展开。可以说，国有企业改革成败决定经济体制改革的成败。我国经济体制的核心是国有企业管理体制，计划经济体制下的国有企业也是国营企业，是实现国有资源配置的主体，国民经济计划的制订和实施最终落实到国有企业，国有企业产权关系、运行机制和管理体制也体现计划经济的本质。由于集权模式的国有企业管理体制弊端逐步显现，国有企业产权模糊、政企不分现象日益制约了经济效率的发挥。国有企业经营决策中，违背经济规律，以政治冲击经济，以行政管理替代经济管理，使得国有经济的效率低下问题越来越严重，到了非改革不可的地步。

第二，国有企业是社会主义经济的基础和国民经济的核心。国有企业作为国民经济的基本元素，其改革牵一发而动全身。我国国有企业改革，从企业所有权与经营权分离到收入分配制度改革；从国有企业经营方式改革到管理体制改革；从国有经济的产业布局到国有经济的结构调整；从国有产权改革到国有资产管理体制改革，国有企业改革促进国民经济持续增长和社会发展全面进步。随着企业管理体制改革的深入，其他体制如投资体制、财政体制和金融体制都将相应改革，以适应和服务于国有企业管理体制和经营机制的需要。

第三，国有企业是国民经济的主体和支柱。国有企业改革成功与否决定整个经济体制改革的成效。只有转变国有企业经营机制，搞活国有企业和增强国有经济效益，才能真正发挥国有企业对国民经济的引领作用；国有企业创造的产品和服务，直接满足国计民生；国有企业缴纳的税收，为社会发展提供了主要的资金来源；国有企业对国民经济的引领作用促进了社会经济的健康发展。尤其是国有经济结构调整以后，国有企业集中于国民经济的关键领域和国民经济命脉的产业，国有企业为我国经济社会发展

[①] 《中共中央关于经济体制改革的决定》（1984年10月20日通过），人民出版社1984年版（单行本）。

提供了强大的物质保障。国有企业功能作用的发挥充分体现了经济体制改革的目标。

第四，国有企业改革也是整个经济体制改革的重点和难点。我国经济体制改革自农村开始，20世纪70年代末至80年代初，当以家庭联产承包责任制为主要形式的农村经济体制改革蓬勃兴起时，以国营企业为主体的城市经济体制尚在彷徨中。很快，农村"承包"方式被城市企业广泛引用，承包经营责任制迅速在城市全民所有制企业推行。国有企业改革是经济体制改革的重点，这是因为计划经济时期，城市经济基本是国有企业一统天下，国有企业是国民经济的支柱，搞活国有企业和提高国有企业经济效益，当然是经济体制改革的重点。国有企业改革是经济体制改革的难点，这是因为，计划经济时期国有企业管理的"苏联模式"根深蒂固，国有经济分布全国，国有企业渗透社会经济的各个领域和各个方面。国有企业所包含的职工涉及城市的各个家庭，国有企业布局到国民经济的各个领域，国有企业改革也没有成功的经验可循，当然是经济体制改革的难点。

国有企业改革是新生事物，在改革实践中有成功也有失误，或有偏离改革目标走上弯路。由此，国企改革过程也伴随问题丛生：国有企业实体经济弱化现象明显；国有企业产能过剩和经营效率降低日益显现；国有企业的治理结构不健全，国有企业的激励与约束的长效机制不完善；国有经济的市场调节与政府干预的界限不清；国有资产管理体制不顺与国有资产流失，国有资产所有权落实不到位和出资者虚位，等等。此外，改革进程中，唱衰国有企业和鼓吹私有化的声音也不绝于耳。因此，在深化市场经济体制改革的背景下，有必要总结国有企业改革的经验与教训，凝练国有企业改革理论，为新时代中国特色社会主义建设和深化国有企业改革提供科学对策、指导原则和操作方法，促进国有企业再创辉煌。

第二节　国有企业改革相关概念

对我国国有企业改革思想研究，是一个系统的实践总结、回顾思考和理论分析的思维过程。为此，先要厘清国有企业改革的相关概念，以利在共同语境下展开讨论。

一、国有经济的一般和特殊

从一般或广义而言，国有经济是国家或全民投资组织的经济活动。国有经济体现国有企业的所有权性质，国有企业是国有经济的具体实现形式，计划经济时期，一般称呼为"国营企业"。潘岳（1997）界定国有经济的一般含义："国有经济是指国家（或政府）直接出资或参股设立的国有企业，由政府行使国有企业所有权，或者由政府直接或间接对国有企业进行管理和经营的一种经济形式。"[①] 如果排除国家性质区分，凡以国家政府出资和组织的经济活动都是国有经济，其具体实现形式是国有企业或国营企业、公营企业。无论社会主义还是资本主义，国有经济的存在都是客观的，私有制的资本主义国家也有国有经济，也有国有企业或国有与私营合作的企业，只是其"国有"的性质由国家性质所决定，体现垄断资产阶级的利益而已。社会经济活动是在一定生产资料所有制基础上进行的，生产资料公有制决定社会主义经济的性质，生产资料私有制决定资本主义经济的性质。

从特殊或狭义而言，国有经济是社会主义条件下生产资料全民所有制经济，由国家代表全民行使所有权，国家代表全民投资所组织的经济活动。或者说，社会主义国有经济就是国家代表全民投资、在全民生产资料所有权基础上组织的经济活动及其形式。在我国计划经济体制下一直称为国营经济，当时的生产资料所有权和经营权都集中在国家手中，既是全民所有制经济，又是国家经营企业。1954 年通过的《中华人民共和国宪法》规定："国营经济是全民所有制的社会主义经济，是国民经济中的领导力量和国家实现社会主义改造的物质基础。国家保证优先发展国营经济。"由于计划经济时期国有经济由国家经营，故称国营经济。直到 20 世纪 90 年代市场经济体制改革以后，国有经济不再是国家直接经营，国有公司制

[①] 潘岳主编：《中国国有经济总论》，经济科学出版社 1997 年版，第 2 页。

企业走向市场，国有经济和国有企业的概念才广泛采用。国有经济是社会化大生产的产物，是按照有计划按比例配置生产要素，发展社会化生产的要求而构建的经济形式。

马克思和恩格斯当年设想公有制取代私有制后，社会集中全部的生产资料，有计划地配置生产要素，组织社会生产和全社会的按劳分配；劳动者与生产资料直接结合，社会劳动将成为劳动者的直接劳动。这将克服资本主义生产的无政府状态，克服私有制条件下劳动者和生产资料强制结合的局限，从而使国有企业具有更高的效率。计划经济、按劳分配和直接的社会劳动，将是社会主义的基本特征。由此，苏联、东欧和中国在20世纪进行了伟大的社会主义经济实践，实行生产资料公有制基础上的计划经济和单一的按劳分配。而生产资料公有制的实现形式就是全民所有制的国营企业，由于全民所有制无法使全民共同经营企业，国家所有制的国营企业就成为合理的选择。在中国社会主义实践中，我国公有制作为先进的生产关系，曾激发了极大的效率，促进了生产力的发展。但由于忽视了生产力的多层次性，单纯追求全民所有制"一大、二公、三纯"，并采用国家所有、国家经营的方式，实践证明这难以维持长期的激励作用。国营企业如何实现经济激励从而持续保持高效率，一直成为困扰我们的难题。

二、国有经济和国有企业是一个世界现象

国有经济不是社会主义的专利，在世界不同性质的国家都广泛出现过。"本世纪70年代中期，不包括美国在内的近50个混合经济国家中，国有企业的生产占国内生产总值的比重平均为9.5%。包括美国在内的70个混合经济国家中，国有企业资本投资占全国固定资产投资形成的总比重平均为16%。"[①] "英国在1945～1951年间，先后颁发实施国有化方案，将英格兰银行和1500多个矿井、煤气厂、电力公司、铁路、民航，以及70多家钢铁厂收归国有，使国有经济在英国的经济生活中占有举足轻重的地位。法国在第二次世界大战后也颁发了一系列国有化方案，将雷诺汽

---

① 潘岳主编：《中国国有经济总论》，经济科学出版社1997年版，第1页。

车公司、法兰西银行等几十家主要企业收归国有,到 70 年代末国有企业已占全国固定资产总值的 20%。"① 尽管 20 世纪 70 年代以后,西方兴起了私有化的浪潮,但国有经济还是在许多国家或多或少保留了下来。

相对私人企业而言,西方国家一般将国有企业称之为公营企业。华民通过对西方国家国有企业的研究,认为"定义国有企业的基本要素是:(1)所有权的归属;(2)有无生产与经营活动;(3)是用国家预算还是自己的销售收入来支付各项支出。"② 华民把西方国有企业分为三类:"(1)由政府部门经营的部门企业,这类企业的财务和会计账目至少部分与政府预算有直接关系;(2)按照特殊法律条文创办和经营的国有制企业,这类企业可能完全归政府所有,或政府以特殊方式对其实施控制;(3)按照公司法成立的国有企业,政府对这类企业拥有足以保证其控制的股份……第一类企业称为国营企业;第二类企业称为国家主办企业;第三类企业称为国有企业。"③ 当然,私有制为基础的国家,其国有企业也只是代表垄断资产阶级利益的国家所有制企业,就其根本性质来说,属于私人总资本和"总资本家"。资本主义私有制国家的国有企业,与社会主义国家生产资料归全体劳动者共同所有基础上的国有企业是不能同日而语的。

三、社会主义国有经济和国有企业的性质

社会主义国有经济和国有企业的产生,有其历史的必然性。国有经济是以私人经济的对立形式出现的,是国家出资和组织的社会经济活动。从一般意义上说,资本主义国家和社会主义国家都有国有经济。从特殊性来说,社会主义公有制的国有经济真正体现财产公有、全民共享的特点。国有企业作为国有经济的实现形式、社会主义经济制度的基础、国民经济的领导力量和市场经济的重要主体,其改革将影响着整个所有制结构和国民经济体系。在我国前 30 年的计划经济体制下,国有经济一直是采取国家

---

① 转引自徐茂魁等:《国有经济论》,经济科学出版社 1998 年版,第 23 页。
②③ 华民:《世界主要国家国有企业概览》,上海译文出版社 1994 年版,第 39 页。

所有制的形式，实行国营企业的经营方式。尽管国有企业在管理体制和经营方式上也进行过一些改革，但总体上是在计划经济体制框架内的有限调整。1978年起步的改革从农村家庭联产承包责任制开始，到20世纪80年代初，城市国营工业和商业企业改革才逐渐铺开。

作者在此所研究的是社会主义的国有经济和国有企业，也就是人们所说的狭义的国有经济和国有企业。国有经济是国民经济的核心和领导力量，国有经济和国有企业是社会主义健康发展的保障。我国在计划经济体制下，国有经济就是全民所有制经济，并采取国家所有制经济的形式。国有企业的生产资料所有权与经营权合为一体，真正的国家所有、国家经营，故谓之国营企业，国营企业就是国有经济的实现形式和微观组织单位。计划经济体制下的国营企业并不具有自主决策能力，也非自主利益主体。而在市场经济体制下，我国国有经济原始投资来自国家，依然是全民所有制的性质，但国有企业按照现代企业制度的原则，以国有独资和国有控股的公司制企业形式存在，企业实现了出资者所有权与法人财产权的分离，企业建立了现代公司治理结构，企业真正成为自主经营、自负盈亏的市场法人，与其他各种所有制企业成为平等的市场主体。现代国有公司制企业改变了过去国有国营、政企不分的局面，因而国有企业不再是国有国营，而是国家出资企业自主经营的公司法人。

根据马克思主义经典作家的观点，社会主义经济即生产资料全社会占有或部分劳动者集体占有的所有制经济。国有经济的特点体现在，生产资料全社会共同平等占有，全社会劳动者各尽所能地参与劳动，实行全社会范围的按劳分配。社会主义经济的主要实现形式就全民所有制经济，而随着社会主义实践的展开，社会主义公有制逐渐由"全社会占有生产资料"的"一元模式"转变为生产资料全民所有制和集体所有制为存在形式的"二元模式"，这在计划经济和"苏联模式"背景下就已经形成。中国的改革开放实践已经说明，社会主义经济的所有制基础不应该是纯而又纯的单一公有制，而是以公有制为主体、多种所有制共同发展的所有制结构。多种所有制经济中包括社会主义公有制经济和非公有制经济；而公有制经济也不只是单一的全民所有制，其包含全民所有制和集体所有制经济，国有经济即全民所有制经济。公有制为主体、多种所有制经济共同发展的所有制结构决定当前我国社会主义基本经济制度,一方面,我国社会性质总体是社会主义,另一方面我国所有制结构还包容非社会主义成分,我国社会并非完全意义的社会主义。

四、国有企业是国有经济的具体组织形式

企业作为一种经济组织,是商品生产和市场交易的产物,也是市场经济的微观主体。与现代市场经济和工业化进程相伴随的是现代企业制度,即在业主制、合伙制的古典企业制度基础上发展起来的现代公司制,这是典型的西方企业制度。而社会主义国有企业是国有经济的具体组织形式,国有企业从生产资料所有制性质来说,是财产公有的全民所有制,国有企业是社会主义经济的具体生产经营单位和法人实体。

国有经济是一个集合概念,它是由一个个具体的微观国有企业所组成的。我国国有企业的来源:一是将官僚买办和外国垄断资本收归国有,同时通过对资本主义工商业改造使之脱胎成为国有企业;二是国家原始投资兴建的全民所有制企业;三是将集体企业逐步过渡到全民所有制企业。由于过去我们对国有经济的教条化理解,不顾生产力发展的实际情况,一味追求"一大二公",以致我国在社会主义改造完成后,加速向全民所有制过渡,逐渐形成了城市工业和商业领域全面推行国家所有、国家经营的国营企业。城市少量商业和手工业保留集体性质,但这种大集体基本也采取国营企业的经营方式,故有人称之为"二国有"。

我国国有经济采取国家所有制的形式,基于全社会劳动者是国有生产资料的主人,体现劳动者共同的利益,体现劳动者的平等合作关系,只有国家代表全民行使所有权才能使全民意志和利益得以实现。计划经济体制下,国有经济采取国营企业的组织形式和经营方式;市场经济体制下,国有企业则是现代公司制的形式存在,更多的企业采取了股份制的形式。我国现代公司制企业在原来国营企业的基础上改制而成,而未经历资本主义市场经济常规经历的从业主制、合伙制再到公司制的路径。由此,胡培兆

（1994）称之为"逆向生长的现代企业制度"。① 这种逆向生长的企业制度既有使原有国营企业快速转型的优势，也有一些遗留旧体制弊端的劣势。公司制改革以后只有较少部分国有企业采取了国有独资公司的形式，大多数国有企业成为国有控股公司和国有参股公司。包括国务院国有资产监督管理委员会监管的97家大型企业和地方国资委监管的各类企业。

五、国有企业历经计划经济和市场经济两种体制

新中国成立初期，我国经过社会主义改造快速走向社会主义。在第一个五年计划期间，照搬苏联的集权模式的国有经济管理体制，建立了我国国有经济体系和集权模式的国营企业管理体制。虽然我国1978年开始改革开放，但计划经济体制与集权模式的国营企业管理体制没有根本改变，集权模式的国有经济管理大体为1953~1984年，此后，1984~1992年间，我国加速了国有企业承包经营、租赁经营、资产经营等责任制改革形式。改革开放以来，国有企业改革经历了经营权改革与产权改革两个发展时期。实际上经营权改革还是在计划经济体制框架内进行，时间大体为1978~1992年。此时国有企业的所有权和经营权还集中在政府手里，尤其是20世纪80年代初期，中国改革在城市工商企业全面展开，但整个80年代还未根本触及传统计划经济体制，国有企业改革只局限于企业经营权的方面。即便如此，初步的改革也带来社会生产力的大大提高，整个80年代社会经济发展登上新台阶，促进我国实现"三步走"目标的第一步：国民经济总量翻一番，也使全国人民基本解决温饱问题。

自1992年开始，随着社会主义市场经济体制改革的起步，我国国有企业产权改革破题，为将国有企业塑造成为社会主义市场经济的微观主体，1994年开始了我国国有企业的现代企业制度改革试点，国家经济贸易委员会和各省市自治区经济贸易委员会选择了一批规模不同的国有企业实施公司制改革；自1997年开始，国有企业公司制改革从局部试点到全面推广，国有企业逐渐成为产权明晰、权责分明的独立的市场主体，成为自

---

① 胡培兆：《我国现代企业制度的逆向生长的障碍》，载于《经济研究》1994年第7期。

主经营、自负盈亏的独立的市场法人；同时进行了国有经济结构调整和资产重组。国有企业改革带动了社会主义市场经济体制改革和全方位对外开放，进一步促进了经济增长和社会全面发展。

六、国有企业产权改革与国有资产管理体制改革

国有经济如何投资和管理，如何行使国有资产所有权，如何组织企业经济活动，涉及国家与企业的"委托—代理"关系，具体涉及国有资产管理体制。这在计划经济时期，国有资产管理与企业行政管理是融为一体的，国务院各经济管理部门按行业对国有企业进行行政管理和经济管理，国有资产分解到各个部门，逐级落实到所属企业进行管理和运营。随着社会主义市场经济体制改革的推进，传统计划经济体制按行业设立的职能管理部门逐渐退出历史舞台，国有企业失去了"婆婆"的直接管理，企业按现代公司制要求，建立了法人财产制度，实现了出资者所有权和法人财产权的分离，构建了法人治理结构，企业成为自主经营、自负盈亏的独立法人。与此同时，代表国有出资者的国有资产管理机构则应运而生。

20世纪90年代，我国推行市场经济体制改革，国有企业必然要成为市场经济的微观主体。要实现这一改革，必须改变旧体制下产权模糊、政企不分的状况，改变所有权和经营权一体的状况；突破经营权改革的局限，实施产权改革，即国家作为国有企业原始投资者，拥有出资者所有权，而企业作为现代公司的法人，则拥有法人财产权。所有权和经营权一体的状况得到根本改变。我国对国有企业实行产权改革，企业的组织形式为现代公司制，多数企业实现了股份制。国有企业成为现代公司制企业，没有改变出资来源和新增资本归属全民所有的性质，国有资产管理机构是国有资本的所有权代表机构，国有资产管理是对国有企业实行产权管理，即国有资产管理机构代表全民行使国有企业的出资者所有权，代表出资者介入企业治理。我国国有资产管理经历了计划经济时期的政府部门管理到现代企业制度下的产权管理的转变，实现了国务院行使出资者所有权代表到各级政府分级行使所有权代表的体制转变。我国国有资产管理机构为国有资产监督管理委员会，包括国务院国有资产监督管理委员会和地方国有资产监

督管理委员会。我国国有资产规模也逐渐扩大，经营性国有资产从20世纪90年代的不到10万亿元发展至2018年的178.7万亿元，国有资产成为国民经济强大支撑[①]。

第三节 研究视角和方法

　　国有企业改革思想是中国特色社会主义理论的重要组成部分，国有企业改革思想是改革实践、改革政策和改革理论的逻辑统一。国有企业改革思想既体现国有企业改革的理论指导、党和政府的改革政策主张，又反映国有企业改革实践的经验总结和理论概括。首先，国有企业改革需要正确的理论指导，而正确的理论也不是改革者和理论家固有的或"天上掉下来"的，而是在过去实践探索活动中的经验和教训中总结而来。国有企业改革"摸着石头过河"，渐进式改革数十年之久，基本是数十年实践所推动。其次，国有企业改革的理论要具体化为党和政府的政策主张，进而在实践中推广实施，需要政策保障和规范操作。并上升为新的改革理论和政策主张，进而指导未来的改革实践。最后，我国国有企业改革的实践是在国家经济政策规范下展开和具体实施，是实践经验的总结，从而上升为理论的。简言之，国有企业改革理论源自实践、指导实践，在实践中提炼上升为新的理论，并进一步指导国有企业改革实践，具体化为政策在实践中实施。因此，本书以新中国成立70年的历史演进为线索，尤其适用改革开放40年中国特色社会主义市场经济体制改革为背景，旨在研究国有企业改革实践相伴随的国有企业改革理论和政策，以国有企业改革实践为基本线索，以国有企业改革理论发展、国有企业改革政策形成和实施为逻辑。

　　研究我国国有企业改革思想，旨在揭示国有经济和国有企业存在和发展的客观必然性，揭示国有企业改革的动力机制、国有经济运行规律，总结国有企业改革的历史经验，为提升国有经济竞争力和增强国有企业活

[①] 资料来源：财政部资产管理司数据，财政部网站。

力，促进国民经济健康发展提供对策思考。本书视角以新中国成立 70 年的发展历程为线索，着重于国有企业改革实践基础上的经验总结、教训反思、改革政策与理论观点的形成和发展。中国走上社会主义道路，是以从废除私有制，建立生产资料全民所有制的国营企业开始的，国有经济和国有企业是社会主义的基石。因此，笔者将国有经济和国有企业的改革进程置于社会主义历史进程中思考，提炼国有经济和国有企业的产生、发展和改革进程中相关的政策和思想。我国国有企业改革与社会发展同步，大体经历了计划经济时期的前 30 年和改革开放以来的后 40 年，这既是相互联系的两个发展阶段，同时又是有着不同特征的两个历史阶段，而改革开放以来 40 年的国有企业改革思想则是研究的重中之重。

新中国成立以来，关于国有经济、国有企业及其改革问题，一直是理论研究的重要领域。对国有企业改革思想进行系统梳理和研究，需要采用科学的方法。

第一，坚持和运用马克思历史唯物主义和辩证唯物主义的分析方法。我国国有企业的产生是不以人们意志为转移的历史选择的结果。国有企业在新中国成立初国民经济恢复时期、"一五"时期和国民经济战略调整的 20 世纪 60 年代中期，都显示出国有企业作为社会主义生产关系实现形式，所具有的强大生命力。国有企业是国有经济的具体实现形式，研究国有企业及其改革，要置于一定经济体制，尤其是国有资产管理体制、投资体制、财政体制、金融体制等方面系统进行；国有企业经济实践与国有企业改革理论结合，正确认识和评价改革开放前 30 年和后 40 年的历史继承与改革创新；坚持历史唯物主义分析方法，系统梳理国有企业改革的主要思想观点和政策，客观评价国有企业的功能作用、历史贡献及其存在的问题。

第二，正确运用比较分析方法。对我国国有企业的演变历程和理论发展，将采用时间序列动态分析，比较分析国有企业不同历史时期和不同经济体制下的绩效、经验与教训；比较分析中外国有企业的运行机制和特征，通过比较取长补短、自我完善；比较分析我国不同所有制企业的基本特征，揭示不同所有制经济的经济绩效；比较分析和评价改革开放前 30 年和后 40 年国有企业的运行状况，尤其是比较分析传统国营企业和现代公司制国有企业的运行状况，为国有企业深化改革提供参考依据；比较分析各种国有企业改革的政策和思想，并作出客观评价和辩证思考，为深化国有企业改革提供对策思路。

第三，正确运用实证分析方法。本书将通过运用国有企业运行和国民经济发展的经济数据，进行统计计量分析，揭示国有企业在不同时期的功能作用和在国民经济发展中的地位，分析不同经济体制下经济增长与国有企业经营绩效，及其相关性问题。客观分析关于国有企业功能作用的不同理论观点；以实证研究结果揭示国有企业改革绩效，分析国有经济与民营经济的关系，揭示国有企业不同时期的问题、教训与原因，以及围绕国有企业改革的重大问题，如国有经济与其他所有制经济的关系、国有企业股份制改革、国有企业混合所有制改革、国有经济布局和结构改革、国有资产管理体制改革等改革实践，对其运行做实证研究和理论分析，对不同观点做客观评价。

第四，注重对国有企业深化改革的对策分析。通过研究，系统总结我国国有企业改革的历史经验，反思其教训，揭示国有企业当前所面临的问题，并分析其原因，理性评价当前深化国有企业改革的政策主张和理论观点。本书重点关注新时代中国特色社会主义发展的进程和国际背景，提出深化国有企业改革的对策建议，坚持公有制经济主体地位、壮大国有经济和发展非公经济不动摇，本书所提供的对策思路将对相关学术观点和对策思路兼收并蓄。

第四节　理论意义和实践意义

我国国有经济是国民经济的领导力量，是社会主义经济制度的核心力量，国有企业创造的物质财富更是居民生活的保障和社会发展的物质基础。搞活国有企业始终是经济体制改革的中心环节，如何搞活国有经济，激发国有企业活力，促进国民经济增长和社会发展，是经济理论研究的重要课题。中国国有企业改革思想也是中国特色社会主义理论的重要组成部分，这一理论成果来源于国有企业改革探索和发展的实践，既是对国有企业改革实践经验的积累，也是对相关实践教训的反思。

对国有企业改革思想深入研究，对丰富中国特色社会主义理论，乃至发展马克思主义政治经济学有重要的理论意义。

第一，从理论上阐述社会主义公有制的主要形式是国有经济，国有经济的实现形式具有多样性。我国国有经济经历了计划经济时期的国营企业的组织形式，也经历了改革以后现代企业制度的公司制。国有经济采取国营企业的组织形式是计划经济的产物，已经不适合现代市场经济的要求。即使在市场经济条件下，国有企业可以是国有独资公司，也可以建立国有控股和参股公司，国有企业混合所有制改革就是一种积极探索。国有经济与其他所有制经济是社会主义市场经济的平等主体，国有经济应合理布局于相关领域，有所为有所不为。在所有制结构中，要保持公有制经济的主体地位，尤其是国有企业的主导地位。国有企业实行公司制改革要分类进行，国民经济的关键领域和行业需要国有资本控股；在一般行业的产权结构上不刻意追求国有经济的绝对多数，总体保持相对多数为宜。

第二，从理论上定位国有企业功能和厘清公司制的产权关系。国有经济或国有企业既具有一般经济组织从事商品经济活动、实现经济利益的功能；又具有提供公共服务、实现社会利益、支撑国民经济的功能。国有企业提供公共服务和实现社会利益的功能是生产资料公有制的性质所决定，是社会主义企业所必须具备的。现代企业制度下，国有公司企业产权关系表现为国有出资者所有权和企业法人财产权的关系，企业在公司治理结构的作用机制下运行。国有公司制企业是独立的商品生产经营者，产权改革使得国有企业真正成为自主经营、自负盈亏的企业法人，国有企业成为真正的市场主体。

第三，从理论上解释国有资产管理体制相关问题。国有企业实现公司制改革，需要解决国有出资的代表权与企业自主运行的关系问题。国有资产根本属性是全民所有，但由谁来代表全民行使所有权，这需要作出理论阐释。我国已经从单一资产所有权代表（国务院统一行使国有资产所有权代表）到分级行使国有资产所有权（从国务院到地方国有资产监督管理委员会）的转换。我国已经形成国有资产管理、国有资产运行、国有资产监督"三位一体"的国有资产管理体系，有效实现了国有资产所有权介入企业。为国有企业既保持国有经济性质，又独立自主参与市场活动提供了成功的例证，这也是对科学社会主义理论的丰富和拓展。

第四，从理论上说明社会主义市场经济实现了国有企业与市场经济的有效兼容。国有企业成为市场经济的微观主体，与其他各类企业在市场中共同竞争，这也是中国社会主义市场经济的制度创新。对国有企业改革思想深入研究，关键要客观阐述国有企业的社会功能和社会贡献，从社会多方面考察和正确评价国有企业效率，回应对国有企业的不公正批评，警惕对国有经济的削弱，巩固社会主义的经济基础。在国有企业改革进程中，诋毁国有企业的杂音不绝于耳，因此，需要从理论上及时有力地做出回应。我国国有企业已经与市场经济有效兼容，这是我国市场经济体制改革的初步成功，也是对人类社会的重要贡献。

研究国有企业改革思想，对指导当前深化市场经济体制改革，尤其是新时代国有企业改革，具有重要的实践意义。

一是国有企业改革以公司制改革为突破口，重在塑造市场经济的微观主体。国有企业通过现代企业制度即公司制改革走上市场经济主战场，国有企业公司制改革实行出资者所有权和法人财产权的有效分离与有机统一，这有利于产权明晰、权责明确，激发国有企业相关各产权主体的积极性；市场经济条件下的国有企业改革，将国有企业推向市场，使国有企业成为自主经营、自负盈亏的市场法人，成为与其他各类企业平等竞争的市场主体；通过转变企业经营机制，从而激发企业活力，提高企业的经营效率和经济效益；通过改革增强国有企业核心竞争力，发挥国有经济的调节力，扩大国有资本的辐射力。国有企业经历20多年公司制改革，现代企业制度已经建成，公司制改革总体取得成功，国有企业在社会主义经济中起到中流砥柱作用。

二是总结国有资产管理体制改革的经验教训，深化国有资产管理体制改革。搞好国有企业改革，需要国有资产管理体制的配套改革。国有企业无论如何改，都绕不开国有资产管理问题。国有资产管理体制改革关键是国有企业出资者所有权的落实和国有资产的保值增值。我国国有资产管理体制经多轮改革反复，政府职能、资产管理、行政管理关系始终没理顺。

今后将重在维护国家出资人利益，重在对国有企业加强监督、服务和规范，重在强化企业法人财产权；在市场经济的基础上重塑政府与企业的关系，规范政府与企业行为；深化国有资产管理体制改革，将增强国有资本经营效益，发挥国有资本的国民经济主导作用，避免国有资产的流失。国有资产管理体制改革要避免重走"政资不分"的老路，国有资产管理体制改革目的在于激发国有企业的活力，提高企业经济效益，从而保证国有资产受益。

三是对内改革与对外开放相统一，促进国有企业在国内外市场竞争中成长。计划经济体制下的国营企业曾经是封闭运行的，既没有形成统一的国内市场，更没有融入国际市场。改革开放以后，中国不仅逐步建成了完备的市场体系，而且也实现了国内市场与国际市场的对接和融通。在这一进程中，国有企业对内改革与对外开放是同步进行的，国有企业逐步走向世界，中国加入世贸组织之后，更是大踏步融入国际市场。为此，要总结国有企业"走出去"的经验，加强企业内部经营管理的同时，大胆吸收国际先进管理经验，积极接轨国际市场，实行全面对外开放，增强国有企业的国际竞争力，坚持在国内市场和国际市场竞争中做大、做强、做优国有企业。

四是国有企业改革重在分配制度改革，调整企业相关利益关系。无论是有计划商品经济的体制改革还是市场经济的体制改革，国有企业改革所涉及的本质问题是利益分配问题，因而，国有企业改革重点是改革分配制度，国有企业改革的根本目的是提高居民生活质量。一方面，正确调节出资者和企业法人的利益分配关系。国有企业公司制改革以后，企业与国家的产权关系明晰了，企业成为独立的法人，但国家出资者所有权与企业法人财产权都要兼顾，既保障出资者的资产收益，又不断增进企业法人的经营收益。企业照章纳税和上缴资产收益后，企业法人收益应逐步增长；另一方面，进一步理顺企业内部的产权关系和相关利益关系。国有公司制企业要做实劳动者财产权，确定劳动者企业主人翁地位，增强劳动者收益和对企业改革的获得感，调动劳动者的积极性，为国有企业活力提供原动力。通过调整分配关系，实行向劳动者倾斜的分配制度，从而保持社会主义经济的强大动力。

第二章

新中国国有经济与国有企业改革的逻辑

马克思主义经典作家通过对资本主义经济制度的历史分析,对资本主义基本矛盾的揭示,得出资本主义必然被社会主义取代的结论。社会主义生产资料公有制能解决资本主义生产资料私有制与社会化大生产的矛盾,社会主义公有制的实现形式就是"劳动者联合体",这也就是国有企业的理想模式。经典作家的公有制的理想模式及其思想正是我国国有经济和国有企业改革的理论基础。当代中国选择走社会主义道路,按照"劳动者联合体"的模式,构建了社会主义的公有制经济,使国有经济和国有企业作为国民经济的领导力量和社会主义经济的基石,推动了中国经济增长与社会进步。在新中国国有企业发展的实践中,计划经济时期国有经济和国营企业具有历史的合理性,也为中国特色主义经济奠定了基础。但将计划经济作为社会主义的基本属性,从而排除市场经济的作用这是理论上的误解,这种理论误解导致社会主义实践的曲折过程,降低了国有经济的绩效。我国国有企业经过20世纪80年代经营权改革以后,90年代才走上产权制度改革的坦途,产权改革使国有经济与市场经济有效兼容,为国有企业焕发了青春,带来了中国经济的持续健康发展。

第一节 国有经济和国有企业的理论基础

社会主义条件下的国有经济和国有企业是人类社会的新生事物,新生事物的出现必有其生命力和合理性,也有其艰难探索和曲折性。国有经济和国有企业的逻辑起点是社会主义公有制,而社会主义公有制又是基于社会历史发展的客观要求而兴。国有经济和国有企业存在和发展具有科学的理论基础。

一、废私立公与公有制的实现形式

马克思、恩格斯以资本主义生产关系为研究对象,揭露了资本主义雇佣劳动制度下,私人企业凭借资本对劳动者剥削,无偿占有工人创造的剩余价值的历史不合理性；揭示资本主义社会生产社会化和生产资料私有制的基本矛盾，指出资本主义社会的基本矛盾无可调和，进而揭示出资本主义被社会主义取代的历史规律。马克思主义经典作家对未来社会主义社会，生产资料全社会所有及其实现形式——全民企业有过诸多设想和论述，这是我们研究国有企业的理论基础，也是我国国有企业改革的指导思想。

马克思设想，通过废除资本主义生产资料私有制，从而建立社会主义公有制，且公有制采取国家所有制的形式。当然，废除私有制、建立公有制需要在一定生产力基础上实现的。针对"能不能一下子就把私有制废除？"恩格斯回答："不，不能，正如不能一下子就把现有生产力扩大到为实现财产公有所必要的程度一样。因此，很可能就要来临的无产阶级革命，只能逐步改造社会，只有创造了所必需的大量生产资料之后，才能废除私有制。"① 恩格斯指出，"资本主义生产方式日益把大多数居民变为无产者，从而就造成一种在死亡的威胁下不得不去完成这个变革的力量。这种生产方式迫使人们日益把大规模的社会化的生产资料变为国家财产，因此它本身就指明完成这个变革的道路。无产阶级将取得国家政权，并且首先把生产资料变为国家财产。"② 按照马克思的设想，只有当生产力发展到一定高度，大量生产资料创造出来之后，才能废除私有制。也就是说，公有制要同时接管资本主义私有制和发达的生产力。恩格斯在这里也是强调，无产阶级只有取得政权后，进而实现生产资料的国家所有制。显然，建立政权先于确立经济制度，国家机器是国家经济制度的保障。

马克思设想资本主义私有制消灭后，生产资料将成为全体劳动者集体财产，未来社会生产劳动的组织形式是劳动者联合体，在联合体内劳动者平等劳动、按劳分配，并将创造出比资本主义更高的社会生产力。显然，将生产资料收归国家所有是无产阶级的首要任务。生产资料国家所有，即国家代表全民行使生产资料所有权。全民所有制的企业采取国家所有制的

---

① 恩格斯：《共产主义原理》（1847年10月底至11月），引自《马克思恩格斯选集》（第1卷），人民出版社1995年版，第239页。
② 恩格斯：《反杜林论》（1876年9月~1878年6月），引自《马克思恩格斯选集》（第3卷），人民出版社1995年版，第630页。

形式正是国有产权的基本保证。而将私有制转变为公有制的途径，马克思主张的方法是"剥夺剥夺者"。但在苏联和中国社会主义革命的实践中，"剥夺剥夺者"一般是经过"没收"和"赎买"两种途径。中国的实践进一步证明，生产资料公有制的实现方式要联系生产力，我国生产力发展的多层次性决定单一全民所有制或单一公有制都不合时宜，现阶段只有坚持公有制为主体、多种所有制共同发展才是正确选择。

二、从劳动者联合体到全民所有制企业

国有经济究竟应采取何种组织形式呢？马克思、恩格斯设想了"劳动者联合体"的组织形式。马克思主义经典作家认为，无产阶级的首要任务是将私有财产变为公有财产。马克思认为，"大规模的有组织的劳动，生产资料的集中，这是无产阶级追求的希望，也是无产阶级运动的物质基础，尽管目前劳动的组织是专制式的，生产资料不仅作为生产手段，而且作为剥削和奴役生产者的手段集中在垄断者的手中。无产阶级要做的事就是改变这种有组织的劳动和这些集中的劳动资料目前所具有的资本主义性质，把它们从阶级统治和阶级剥削的手段变为自由的联合劳动的形式和社会的生产资料。"[①] 马克思在此明确指出，无产阶级将掌握集中起来的就是"社会的生产资料"，所谓"社会的生产资料"当然就是全民共同所有的生产资料；而"自由的联合劳动的形式"即劳动者的自由身份和劳动方式的协调与合作，也就是生产资料的全民所有制的企业组织形式。

列宁在革命生涯早期乃至俄国1917年"十月革命"前后，一直认为社会主义就应采取全民所有制的形式，包括工厂和土地都属于全民所有。"要消灭人民贫穷的唯一方法，就是自下而上地改变全国的现存制度，建立社会主义制度，就是：剥夺大地主的地产、厂主的工厂、银行家的货币资本，消灭他们的私有财产并把它转交给全国劳动人民。"[②] 列宁还说：

[①] 马克思：《〈法兰西内战〉初稿》（1871年4~5月），引自《马克思恩格斯选集》（第3卷），人民出版社1995年版，第101页。

[②] 列宁：《给农村贫民》（1903年3月），引自《列宁选集》（第1卷），人民出版社1972年版，第400页。

"我们要毫不畏惧地向社会主义迈进，我们的道路是通过苏维埃共和国、通过银行和辛迪加国有化、通过工人监督、普遍的义务制、通过土地国有化以及没收地主的农具等等。我们已经制定了在这个意义上讲的向社会主义过渡的措施的纲领。"①

但列宁在"十月革命"成功以后不久，进入"新经济政策"时期，又对全盘实现全民所有制有所动摇。他认为，在无产阶级专政过渡时期，"这个时期的形式，在很多方面将取决于占统治地位的是大私有制还是小私有制，是大农业还是小农业。不言而喻，在爱斯兰这样一个人人识字和全国都是大农业的小国家里，向社会主义过渡的情形，和俄国这样一个小资产阶级占优势的国家向社会主义过渡的情形，不可能是相同的。我们应该估计到这一点。"②他又说，"十月革命给自己提出的任务是，剥夺资本家的工厂，使生产工具归全民所有，把全部土地交给农民，用社会主义原则改造农业。"③俄国"十月革命"成功以后，列宁主张把土地"交给农民"，而不是说交给全民。在说此话之前，列宁针对工厂的生产工具却明确说要"归全民所有"。这说明列宁在重新思考小农业占优势的俄罗斯是否采取全民所有制，开始对土地的全民所有制重新思考。这里也体现马克思主义经典作家的"全民所有制"概念自列宁开始。

三、公有制与计划经济理念形成与固化

马克思、恩格斯认为，生产资料公有制产生以后，将按经济计划组织社会化大生产。"生产资料的全国性的集中将成为自由平等的生产者的各联合体所构成的社会的全国性的基础，这些生产者将按照共同的合理的计划进行社会劳动。"④恩格斯构想，在未来劳动者联合体，劳动者没有私

---

① 列宁：《论修改党纲》（1917年10月6~8日），引自《列宁全集》（第26卷），人民出版社1959年版，第150~152页。
② 列宁：《关于人民委员会工作的报告》（1918年1月11日），引自《列宁选集》（第3卷），人民出版社1972年版，第420页。
③ 列宁：《对莫斯科省贫农委员会代表的演说》（1918年11月8日），引自《列宁全集》（第28卷），人民出版社1959年版，第153页。
④ 马克思：《论土地国有化》（1872年3~4月），引自《马克思恩格斯选集》（第3卷），人民出版社1995年版，第130页。

有制的束缚，劳动者得以全面发展。"由社会全体成员组成的共同联合体来共同地和有计划地利用生产力；把生产发展到能够满足所有人的需要的规模；结束牺牲一些人的利益来满足另一些人的需要的状况；彻底消灭阶级和阶级对立；通过消除旧的分工，进行产业教育、变换工种、所有人共同享受大家创造出来的福利，通过城乡的融合，使社会全体成员的才能得到全面的发展；——这就是废除私有制的主要结果。"[1] 以后在社会主义国家的经济实践中，公有制、有计划地利用生产力、联合劳动条件下的按劳分配进一步上升为社会主义的三个基本特质，并逐步教条化。

关于马克思主义公有制思想，理论界有一种疑义，这就是以马克思的"重建个人所有制"思想来怀疑马克思的公有制思想。对这种怀疑其实不难澄清，马克思所说的"个人所有制"并不针对生产资料。社会主义应该是生产资料的全社会所有，这是马克思毋庸置疑的观点，而消费资料则可以"个人所有制"。恩格斯为此做过透彻的分析，他指出，"最后，当全部资本、全部生产和全部交换都集中在国家手里的时候，私有制将自行灭亡，金钱将变成无用之物，生产将大大增加，人将大大改变，以致连旧社会最后的各种交往形式也能够消失。"[2] "从资本主义生产方式产生的资本主义占有方式，从而资本主义的私有制，是对个人的、以自己劳动为基础的私有制的第一个否定。但资本主义生产由于自然过程的必然性，造成了对自身的否定。这是否定的否定。这种否定不是重新建立私有制，而是在资本主义时代的成就的基础上，也就是说，在协作和对土地及靠劳动本身生产的生产资料的共同占有的基础上，重新建立个人所有制。"[3] 这里已经明确"生产资料的共同占有"。

恩格斯还更进一步澄清了"重建个人所有制"的疑问。他说，"靠剥夺剥夺者而建立起来的状态，被称为以土地和靠劳动本身生产的生产资料的社会所有制为基础的个人所有制的恢复。对任何一个懂德语的人来说，

---

[1] 恩格斯：《共产主义原理》（1847年10月底至11月），引自《马克思恩格斯选集》（第1卷），人民出版社1995年版，第243页。
[2] 恩格斯：《共产主义原理》（1847年10月底至11月），引自《马克思恩格斯选集》（第1卷），人民出版社1995年版，第241页。
[3] 《资本论》（第1卷）（1867年9月），人民出版社1975年版，第832页。

这也就是说，社会所有制涉及土地和其他生产资料，个人所有制涉及产品，那就是涉及消费品。"① 这里明确生产资料是全民所有，但消费资料是个人所有，"重建个人所有制"，使之劳动者个人的消费资料得到保障，不再被私人资本所剥削。恩格斯对此有进一步明确的论述："那时，资本主义的占有方式，即产品起初奴役生产者而后又奴役占有者的占有方式，就让位于那种以现代生产资料的本性为基础的产品占有方式：一方面由社会直接占有，作为维持和扩大生产的资料，另一方面由个人直接占有，作为生活资料和享受资料。"② 恩格斯还说"无产阶级将取得国家政权，并且首先把生产资料变为国家所有。"③"我认为所谓'社会主义社会'不是一成不变的东西，而应当和任何其他社会制度一样，把它看成是经常变化和改革的社会。它同现存制度的具有决定意义的差别当然在于，在实行全部生产资料公有制（先是单个国家实行）的基础上组织生产。"④

列宁坚持公有制和计划经济是社会主义的属性。"无产阶级的社会革命以生产资料和流通资料的公有制代替私有制，有计划地组织社会生产过程来保证社会全体成员的福利和全面发展，定将消灭社会的阶级划分，从而解放一切被压迫的人们，消灭社会上一部分人剥削另一部分人的一切形式。"⑤ 列宁进一步将公有制与计划经济结合起来。"社会主义的目的（和实质）是：把土地、工厂等等即全部生产资料变为全社会的财产，取消资本主义生产，按照总的计划进行有利于社会全体成员的生产。"⑥ 根据这一思想在苏联实践中形成了"苏联模式"，并在后来的东方社会主义各国推广开来。

从马克思、恩格斯到列宁、斯大林都坚持生产资料公有制决定劳动者

---

① 恩格斯：《反杜林论》（1876年9月~1878年6月），引自《马克思恩格斯选集》（第3卷），人民出版社1995年版，第473页。
②③ 恩格斯：《反杜林论》（1876年9月~1878年6月），引自《马克思恩格斯选集》（第3卷），人民出版社1995年版，第630页。
④ 恩格斯：《致奥托·伯尼克》（1890年8月21日），引自《马克思恩格斯全集》（第37卷），人民出版社1974年版，第443页。
⑤ 列宁：《修改党纲的材料》（1917年4~5月），引自《列宁全集》（第24卷），人民出版社1957年版，第435页。
⑥ 列宁：《俄国社会民主党中的倒退倾向》（1899年底），引自《列宁全集》（第4卷），人民出版社1984年版，第241页。

平等地占有生产资料，平等地合作劳动和共享劳动成果，这体现社会主义的本质，这也从根本上区别于资本主义私有制。进而，把生产资料公有制理解为有利于按计划组织社会大生产，有利于按比例配置生产要素，逻辑上也是可通的。但将经济计划看成社会主义的属性，甚至将有计划按比例分配社会劳动视为经济规律，则是不科学的。我国在社会主义经济建设中，长期陷入"计划经济是社会主义经济的基本属性"的误区中，将计划经济与公有制、按劳分配共同作为社会主义经济的三个属性，并把这一观念固化下来。直至20世纪80年代后期，我国才从理论上突破，认识到"计划"和"市场"均是资源配置手段，计划经济并非社会经济制度的属性。

四、全民和集体：公有制的二元模式

将公有制实现形式从"单一化"向"二元化"转变自列宁开始。在苏联社会主义革命实践中，列宁逐渐改变了社会主义单一全民所有制的思想，在1923年"新经济政策"时期，他就提出了农业合作制的思想。列宁说："在我国现存制度下，合作企业与私人资本主义企业不同，因为合作企业是集体企业，但它与社会主义企业没有区别，如果它占用的土地和使用的生产资料是属于国家即工人阶级的。……现在我们有理由说，在我们看来，单是合作社的发展就等于（只有上述一点'小小的'例外）社会主义的发展，因此我们不得不承认我们对社会主义的整个看法根本改变了。"[①] 公有制企业绝非全民所有制的一种形式，作为集体所有制的合作制企业也是公有制经济。这正是列宁对公有制理论的创新。

列宁确定合作企业是社会主义的集体企业，集体企业是社会主义公有制的一种形式。这既是列宁的转变，也是对马克思主义的发展。列宁合作制思想为后来斯大林领导的苏联社会主义经济实践奠定了基础，斯大林在领导苏联社会主义实践中形成了公有制的"二元模式"，全民所有制和集

---

① 列宁：《论合作制》（1923年1月），引自《列宁选集》（第4卷），人民出版社1972年版，第686~687页。

体所有制是社会主义公有制的两种基本形式,正是这"二元模式"决定社会主义条件下商品生产和商品交换的存在。斯大林关于公有制两种(全民所有制与集体所有制)实现形式的论述,体现在他的一系列讲话中,比较系统地阐述收集整理在1952年出版的《苏联社会主义经济问题》这本小册子中。

斯大林在不同场合阐述了公有制的集体经济形式。"怎样把农民经济纳入经济建设体系呢?通过合作社。通过信用合作社、农业合作社、消费合作社和工艺合作社。"[①]"要巩固无产阶级专政和建成社会主义,除了工业化以外,还必须由个体小农经济过渡到拥有拖拉机和农业机器的大规模的集体农业,作为苏维埃政权在农村唯一的巩固基础。"[②]斯大林主张社会主义集体农业包括生产、流通、消费等领域,并要达到机械化、大规模的程度。

斯大林认为社会主义公有制两种基本形式也是工业和农业的结合。"社会主义是根据生产资料和生产工具公有化的原则把工业和农业结合起来的经济组织。不把这两个经济部门结合起来,就不可能有社会主义。"[③]斯大林认为全民和集体两种公有制形式是社会主义经济的基础。"我们所建立起来的社会组织,可称为苏维埃的、社会主义的组织,这种组织虽然还没有完全建成,可是根本上是一种社会主义的社会组织。这个社会的基础就是公有制:国家的即全民的所有制以及合作社集体农庄的所有制。"[④]早在苏联还未完成社会主义改造的1929年,斯大林就提出:"集体农庄作为一种经济类型,是社会主义的经济形式之一,这是丝毫不容怀疑的。"[⑤]

斯大林不仅论述了公有制的两种基本形式,还由此说明社会主义条件

[①] 斯大林:《俄共(布)第十四次代表会议的工作总结》(1925年5月9日),引自《斯大林选集》(上卷),人民出版社1979年版,第347页。
[②] 斯大林:《第一个五年计划的总结》(1933年1月7日),引自《斯大林全集》(第13卷),人民出版社1956年版,第171~172页。
[③] 斯大林:《联共(布)第十四次代表大会》(1925年12月18~31日),引自《斯大林全集》(第7卷),人民出版社1958年版,第269页。
[④] 斯大林:《和美国罗易·霍华德先生的谈话》(1936年3月1日),引自《斯大林文选》(上),人民出版社1962年版,第76~77页。
[⑤] 斯大林:《论苏联土地政策的几个问题》(1929年12月27日),引自《斯大林选集》(下卷),人民出版社1979年版,第224~225页。

下商品生产和商品交换的原因，两种公有制企业所交换的劳动产品只能是商品。"现今在我国，存在着社会主义生产的两种基本形式：一种是国家的即全民的形式；一种是不能叫作全民形式的集体农庄形式。在国家企业中，生产资料和产品是全民的财产。在集体农庄这种企业中，虽然生产资料（土地、机器）也属于国家，可是产品却是各个集体农庄的财产；因为集体农庄中的劳动以及种子是它们自己所有的，而国家交给集体农庄永久使用的土地，事实上是由集体农庄当作自己的财产来支配的，尽管它们不能出卖、购买、出租或抵押这些土地。"① 斯大林对公有制的两种形式，以及两种形式决定社会主义条件下商品生产和交换的原因，这些论述正确反映了社会主义经济实践，正是对马克思主义理论的创新发展。

中国走上社会主义道路，也如苏联一样，经历一个过渡时期，其社会性质为新民主主义。毛泽东对我国新民主主义经济的形成以及所有制结构的性质、地位作了科学分析。毛泽东认为"中国的现代性工业的产值虽然还只占国民经济总产值的百分之十左右，但是它却极为集中，最大的和最主要的资本是集中在帝国主义者及其走狗中国官僚资产阶级的手里。没收这些资本归无产阶级领导的人民共和国所有，就使人民共和国掌握了国家的经济命脉，使国营经济成为整个国民经济的领导成分。这一部分经济，是社会主义性质的经济，不是资本主义性质的经济。"② 1954 年通过的《中华人民共和国宪法》规定了国营经济的法律地位："国营经济是全民所有制的社会主义经济，是国民经济中的领导力量和国家实现社会主义改造的物质基础。国家优先发展国营经济。""合作社经济是劳动群众集体所有制的社会主义经济，或者是劳动群众部分集体所有制的半社会主义经济。"

中国走上社会主义道路"以俄为师"，根据公有制二元化的理论和苏联社会主义实践经验，中国建设社会主义公有制，采取了全民所有制和集体所有制两种形式。也就是在城市工商业基本实行全民所有制以及在少量

---

① 斯大林：《苏联社会主义经济问题》（1952 年 2～3 月），引自《斯大林选集》（下卷），人民出版社 1979 年版，第 550 页。
② 毛泽东：《在中国共产党第七届中央委员会第二次全体会议上的报告》（1949 年 3 月 5 日），引自《毛泽东选集》（第 4 卷），人民出版社 1991 年版，第 1431 页。

的手工业、商业中实行集体所有制；而在广大农村则普遍实行人民公社的"三级所有、队为基础"的集体所有制。这也是符合中国社会生产力发展实际情况的。但进入社会主义后，脱离生产力多层次发展的客观基础，向公有化过渡越来越快，随着推行过"左"的政策，出现过城市集体经济向全民所有制过渡过快、农村集体经济经营核算单位过大等问题，城乡个体经济、私营经济基本消亡。

公有制经济的主要实现形式是全民所有制的国营企业。国营企业首先也是企业，作为企业应该是自主经营、自负盈亏，有自主决策能力的市场法人。孙冶方定义，"企业是对盈亏完全负责的独立经济核算单位"。[①] 但我国计划经济体制下的国营企业实际是不具市场主体地位的经济组织，国营企业既不负盈亏，也无自主决策能力。难怪有人说，计划经济体制下，"中国没有企业"。

关于全民企业商品生产和商品交换问题，斯大林既有重大理论突破，又有理论局限。按照斯大林的观点和社会主义国家的实践，国营企业生产的消费资料属于商品，通过市场交易而实现。这与两种所有制决定商品原因一样，也是对马克思主义的理论贡献。但国营企业生产的生产资料，则统一上交国家，国家再统一调拨到各国营企业，各生产企业对此不计成本和盈利。"无论如何不能把我国制度下的生产资料列入商品的范畴。……既然这样，那么为什么又讲生产资料的价值，讲它们的成本，讲它们的价格等等呢？……第一，这是为了计价、为了核算、为了计算企业的盈亏、为了检查和监督企业所必需的。……第二，这是为了在对外贸易中便于把生产资料出售给外国所必需的。"[②] 斯大林认为国有企业生产的生产资料还保留商品价值的"外壳"，只是为了记账、核算和对外贸易需要（他承认进入外贸领域的生产资料属于商品），从这个意义上讲，国营企业既不能自负盈亏，也不具自主决策能力。这种商品价值"外壳"论表明了斯大林以及苏联社会主义实践的历史局限。斯大林关于社会主义条件下商品生产及其原因的论述对我国社会主义经济实践、理论发展产生了积极和消极两种作用。

[①] 孙冶方：《社会主义经济论稿》，广东经济出版社1998年版，第395页。
[②] 斯大林：《苏联社会主义经济问题》（1952年2~3月），引自《斯大林选集》（下卷），人民出版社1979年版，第578~579页。

五、西方学者视野中的市场经济与国有企业

人类对事物的认识总是由表及里、由浅入深，并逐渐走向正确的。市场经济可否与国有企业兼容，人们也经历了逐步认识和实践深化的过程。

西方学者传统观点是将市场经济与公有制包括国有经济对立起来，认为市场经济条件下，市场主体必须是具有自主决策能力的私人企业。因此认为，市场经济与私有制天然一体。西方主流经济学家米塞斯认为："可以预料未来社会主义社会的性质。未来将有成千上万的工厂开工……管理机构将不会有任何手段来检验它们的意义……而在生产资料私有的经济制度中，每一独立的社会成员必然要应用以价值进行计算的体系……所有这些必然是社会主义国家所缺少的。"① 社会主义制度不能进行价值核算，也就不能实现市场交换，米塞斯由此断言"社会主义就是取消合理的经济……只有在生产资料私有制的基础上，才能建立生产资料之间的交换关系。"②

西方思想史带有资产阶级偏见的人们总是把生产资料私有制基础上的资本主义制度看作天然合理的制度。市场经济与私有制"一体论"甚至将中国推行的市场经济体制改革看作"资本主义市场化改革"。这种西方僵化观点与我国部分学者传统思想，将市场经济看作私有制的产物，将计划经济看作公有制的产物，有着惊人的一致。东西方传统观点都认为社会主义公有制与商品经济、市场经济是两股道上跑的车。据日本东京大学教授小宫隆太郎1985年对中日企业对比后判断："中国不存在企业，或者几乎不存在企业。"③ 就是基于传统国有企业不能自负盈亏和不具备自主决策能力而言。

正如前面所述，国有经济和国有企业并非社会主义专利。西方国家也存在国有企业。1980年欧盟前身欧洲共同体法规指南中规定：国有企业是指这样一类企业，即"政府当局可以凭借它对企业的所有权、控股权及管理条例，对其施加直接或间接的支配性影响"。④ 西方学者一般认为市场

---

①② ［奥地利］米塞斯：《社会主义制度下的经济计算》，载于《经济社会体制比较》1986年第6期。
③ 吴敬琏：《现代公司与企业改革》，天津人民出版社1994年版，第1页。
④ 潘岳主编：《中国国有经济总论》，经济科学出版社1997年版，第11页。

经济不可能与国家所有制融合。张春霖（2018）曾关注了这一现象，"国企改革必须面对的根本挑战，就是国家所有制与市场经济能不能兼容。这是自20世纪80年代就困扰着中国改革的一个'历史性难题'。在国外，1990年代华盛顿共识的理论基础之一就是国企'不可改革'。在国内市场经济的反对者和华盛顿共识在理论上其实完全一致，也认为国家所有制与市场经济只能二者择一、不可兼得。"① 把私人经济和私人企业看作市场经济的天然产物，而把国有经济和国有企业当作市场经济的对立物，这一思想由来已久。这也是社会主义市场经济体制改革的思想障碍。

西方激进经济学却肯定市场经济与公有制的兼容。市场社会主义的核心观点是，生产资料国有化或集体所有，市场机制是资源配置或经济运行的主导机制。市场社会主义主要有以下几种代表性的理论：②

一是中性机制和联姻理论。这一理论将资源配置视为一种"手段"或"工具"。主张资源配置形式是一种中性的东西，它可从社会制度中剥离出来，并可从一种经济环境或制度移植到另一种经济环境或制度中去。市场机制或计划机制可以与资本主义结合，也可与社会主义联姻。联姻理论主张要将市场与社会主义联姻在一起，力图证明市场是能够用来实现社会主义的目的的。市场社会主义者在中性机制论的基础上进而指出：无论是资本主义、社会主义还是混合型制度，只要是工业制度就必然运用市场，必然依赖政府干预或计划调节以克服市场失灵或弥补市场缺陷。社会主义计划并不意味着平等，资本主义国有化也并不是消灭剥削，市场与资本主义之间并不存在内在的实质联系，市场的内在实质也不妨碍人们用它来实现社会主义的目的。他们相信完全可以构筑一个实现社会主义目的的甚至结合某种特定形式的社会主义手段的市场制度。

二是市场主导机制论。1980年激进经济学派把以往倡导的市场和计划二元机制论上升为市场主导机制论，强调主要依靠市场来实现社会主义，明确指出市场机制是社会主义经济运行的主导机制或资源配置的主要形式。主导机制论详尽剖析了市场机制与计划机制的优劣。他们认为，计划

---

① 张春霖：《国企改革再出发》，载于《比较》2018年第8期。
② 市场社会主义的几种观点参见：何玉长：《激进经济学派若干社会构想评介》，载于《经济学动态》2001年第7期。

机制和市场机制都是各有利弊的不完善的机制形式，新古典学派崇尚纯粹自由放任的市场机制是不可取的；大多数激进经济学家对纯粹的计划机制也是持否定态度的。正确的答案是："各种经济在或多或少的程度上都运用市场也运用计划……问题在于这两种机制中何种为分配资源的主要方法：是市场还是计划……如果将市场作为主要的经济机制，计划就能在必要之时或必要之处加以运用，如果将计划作为主要的经济机制，市场机制就会削弱，而且弱小到不能够有所作为。中央计划体制必然会压制和损坏市场机制以及市场兴旺所赖以为根本的主要特征（冒险精神、企业家精神、竞争精神），最好是将市场作为主要的交易机制，只是在需要之时才有非市场机制对它进行补充。"①

三是综合机制理论。市场社会主义在第三世界国家的代表人物阿根廷的激进经济学家普雷维什（1901~1986年），主张在综合计划机制和市场机制的基础上构建其市场社会主义体系，他的《外围资本主义》和《我的发展思想的五个阶段》等著作反映了他的市场社会主义思想。② 一方面，普雷维什综合社会主义和经济自由主义的某些有益的基本要素，强调计划机制和市场机制的综合。市场是经济效益的首要因素，人们可以通过努力使市场改造成为一种兼顾社会效益的适当机制。市场机制不能解决环境恶化、收入分配不公和落后国家资本积累等问题，而计划是一种体制性机制，计划机制的前提条件是"剩余的社会占有"，而不是"剩余的私人占有"。计划获得一种它在资本主义条件下所不具有的意义，从而为市场运行实行一种高级干预，国家经过预测可以对脱离市场运行的生产结构实行重大改革。另一方面，经济体制的改革就是实现在政治上实行社会主义和在经济上实行自由主义的综合。这种综合不是折中主义的，它们原是从同一个哲学观念中产生的，然而，巨大的结构性障碍造成了它们的分离，但这绝不是最终的分离，两者在改造过程中必定重新汇合到一起。

四是社会主义新模式。20世纪90年代以来，西方经济学界不少人主张社会主义体制可以引入商品关系，保留市场，同时用计划弥补市场的各种缺

---

① 埃斯特林等：《市场社会主义》，经济日报出版社1993年版，第1~14页。
② 何玉长：《激进经济学派若干社会构想评介》，载于《经济学动态》2001年第7期。

陷。美国激进经济学家约翰·罗默认为，"苏联模式"的社会主义失败原因在于没有在计划制订者、企业家和劳动者之间建立起有效的监督和激励机制。为解决这个问题，他提出了市场社会主义的新模式：即在生产资料公有制前提下保留资本主义商品经济的运行机制。他认为社会主义的基础不是国家计划的国家所有制，而是平均主义。1999年7月12日，法国巴黎第八大学教授托尼·安德烈阿尼来华访问，在中央编译局作了题为"关于市场社会主义"的报告。其主张：第一，除资本主义外，市场也可以与其他制度兼容。第二，最大限度地增加劳动者的收入可以通过不同形式的社会所有制来实现，如合作制与劳动者的股份制。第三，市场社会主义的计划化应是宏观管理和宏观调控，是间接管理。国家不是通过补贴，而是通过差别税率和差别利率来实现间接管理。第四，社会主义的优势远大于资本主义。社会主义经济就是市场社会主义，市场社会主义不追求资本利益，避免了资本主义的不平等；只有劳动者真正参与管理才是真正的社会主义；市场社会主义可以产生激励机制，可以防止过度投资和投资不足；市场社会主义是唯一可以实现真正的计划化的制度，可以真正控制经济使其不受金融市场左右。

第二节　社会主义经济和国有企业的历史选择

中国走上社会主义道路，是社会生产力发展和历史发展的必然。中国人民选择了社会主义道路，就必须建立强大的国有经济，并使之成为国民经济的坚实基础。中国社会主义经济是在新民主主义经济的基础上发展起来的，即在新民主主义向社会主义过渡时期的国营经济和合作社经济的基础上建成的，并在社会主义实践中发展壮大的。这也就决定了"我国的国有企业生成于新民主主义时期，成长于社会主义计划经济体制下，发展于改革开放的市场经济体制下。"[①]

[①] 何玉长等：《新中国经济制度变迁与经济绩效》，中国物资出版社2002年版，第73页。

中国新民主主义体系中的国营经济是社会主义经济的基础。早在20世纪30年代，中国共产党人在赣南、闽西等红色根据地就创造了苏区公营经济；30~40年代，在陕甘宁边区创建了边区公营经济。可以说，红色割据时期的公营经济是我国社会主义国有经济的起点。针对苏区国民经济结构，毛泽东当年指出："现在我们的国民经济，是由国营事业、合作社事业和私人事业这三方面组成的。"① 苏区和边区经济结构是我国新民主主义乃至社会主义的"实验田"。此外，我国近代历史上工业资本主义一定程度的发展，也为社会主义国有经济提供了准备。随着全国解放的步伐，新政权从农村扩大到城市，在新解放区新生政权对官僚资本的没收和对民族资本的赎买，形成了新民主主义的国营经济，这为社会主义的国有经济奠定了基础。经过1949~1952年国民经济恢复时期，我国形成了国营经济为领导的，国营经济、合作社经济、农民和手工业个体经济、私人资本主义经济和国家资本主义经济五种经济成分并存的新民主主义经济结构。毛泽东指出："国营经济是社会主义性质的，合作社经济是半社会主义性质的，加上私人资本主义，加上个体经济，加上国家和私人合作的国家资本主义经济，这些就是人民共和国的几种主要的经济成分，这些就构成新民主主义的经济形态。"② 在新民主主义经济体系中，国营经济是领导力量，国营经济为新民主主义向社会主义过渡提供了重要的物质条件。

随着社会主义经济制度建立，国营企业和现代化工业体系同步生成。在没收官僚资本、赎买民族资本的同时，我国"一五"时期在156个苏联援建项目的基础上，投资建设了最早一批的大中型全民所有制的国营企业，这也成为我国现代化工业体系的基础。全民所有制的国营经济在整个国民经济中处于核心地位，国营经济成为国民经济的领导力量。新中国全民所有制经济最初采取国营企业的组织形式，这是社会主义经济的典型形式。笔者认为，"国有经济是社会发展到一定阶段的必然产物，有公有产权就必须有国有经济。这是因为：提供公共物品行业必须以国有经济独占或以国有经济为主，以实现社会目标；存在外部性的行业应以国有企业为

---

① 《毛泽东选集》（第1卷），人民出版社1991年版，第133页。
② 《毛泽东选集》（第4卷），人民出版社1991年版，第1433页。

主或积极参与，以合理配置资源，实现整体效益；自然垄断行业也应以国有企业为主或适当参与，以实现社会公平。"[1] 在社会主义的初期，新的生产关系激发了生产力的发展，国营经济毕竟与社会化大生产的要求有计划配置资源是吻合的，它克服了旧制度生产资料私有制和生产无政府状态的根本弊端，中国走上社会主义道路，采取全民所有制的企业形式也是势在必行。当然，人们对社会主义国有经济的具体组织形式的认识，经历了长期实践和再认识过程，由于对马克思主义教条化的理解，对"苏联模式"的盲从，以致我国在很长时期对国有经济采取国营企业的实现形式，后来实践逐渐暴露了计划经济体制下国营企业的一系列弊端，这也为后来国有企业改革提供了依据。

1956年社会主义改造完成之后，我国生产资料公有制已经占绝对优势，尤其是在城市工业和商业领域，国营经济的主体地位得以确立。中国共产党第八次全国代表大会正式宣布我国社会主义改造完成，社会主义经济制度基本确立。社会主义公有制的具体实现形式，无论是早期的国营企业还是后来的国有公司制企业，都是公有制经济的微观经营单位。按照马克思主义的设想和"苏联模式"的实践经验，我国公有制经济一开始就采取全民所有制和集体所有制两种形式。全民所有制经济基本分布在城市工商业，除了少量集体性质的合作商业和手工业，全民所有制在城市经济中具绝对统治地位，在现代工业和商业领域处于支配地位。1958年"大跃进"开始以后，个体与私营经济逐渐消失。

第三节 经济制度创新与经济体制改革

生产资料所有制和由所有制决定的分配制度是一定社会经济制度的基本内容。我国社会主义的经济制度，就是由生产资料公有制和按劳分配制度所决定的。计划经济体制时期，社会主义经济制度的特征明显，但建立

---

[1] 何玉长：《国有公司产权结构与治理结构》，上海财经大学出版社1997年版，第1页。

在生产力总体不发达和多层次生产力基础上，单纯追求生产资料公有的单一性、纯洁性，这显然不合理也不合情；全社会范围的按劳分配也难以实现，强制推行也必然带来平均主义和低效率。1978年以前的计划经济体制时期，我国对"社会主义经济制度"的理解受到僵化观念和对马克思理论的教条化理解的局限，在实践中不断追求所有制越公越好，全民所有权越大越好，公有化越纯越好。而在改革开放以来，随着多种所有制和多种分配方式的发展，我国逐渐将"社会主义经济制度"改称为"社会主义基本经济制度"。我国"社会主义基本经济制度"的提法大大包容了非国有经济，即公有制经济为主体，国有经济、集体经济、个体经济、私营经济和外资经济共同发展的多种所有制机构。1984年10月《中共中央关于经济体制改革的决定》就指出："全民所有制经济是我国社会主义经济的主导力量，对于保证社会主义方向和整个经济的稳定发展起着决定性的作用，但是全民所有制经济的巩固和发展决不应以限制和排斥其他经济形式和经营方式的发展为条件。……坚持多种经济形式和经营方式的共同发展，是我们长期的方针，是社会主义前进的需要，决不是退回到建国初期那种社会主义公有制尚未在城乡占绝对优势的新民主主义经济，决不会动摇而只会有利于巩固和发展我国的社会主义经济制度。"[①]

我国经济体制改革是对社会主义生产关系的调整和完善。一方面，我国实行生产资料所有制改革，主要是革除单一公有制不适应生产力多层次发展的弊端，针对我国多层次生产力的状况，采用多种所有制形式。为此，坚持公有制为主体的前提下，鼓励发展个体经济、私营经济以及外资经济，形成多种所有制经济结构。现在我国法律已经将非公经济视为社会主义市场经济的组成部分。并在此基础上，实行分配制度改革，建立按劳分配为主体，按劳分配与按生产要素分配相结合的分配制度，同时鼓励居民多渠道获得财产性收入。另一方面，通过产权改革，探索国有经济多样性的实现形式。对全民所有制企业进行产权改革，将国有企业纳入现代企业制度轨道，国家行使出资者所有权，享有资产受益、重大决策和选择经

[①] 《中共中央关于经济体制改革的决定》（1984年10月20日通过），人民出版社1984年版（单行本）。

营者的权利；企业行使法人财产权，成为自主经营、自负盈亏的独立法人。并根据国民经济的不同类型，采取国有独资公司、国有控股公司、国有参股的股份公司等形式。产权改革并没有改变生产资料的全民所有制性质，但却是国有企业改革至关重要的一步，是国有企业成为独立的市场主体的关键。

第四节　从计划经济走向市场经济的国有企业

我国国有经济和国有企业孕育于红色割据时代，形成于新中国初期，与计划经济体制共生，却在市场经济体制改革中重生，国有经济和国有企业与新中国70年同行。新中国经济社会发展的历史分期，一般以改革开放重大时间节点来划分。1978年12月中共十一届三中全会召开，拉开了中国改革开放的序幕，这成为新中国70年历史的分水岭，从新中国成立到1978年为改革开放前30年，1978年以后为改革开放40年。前30年我国基本处在计划经济体制时期，后40年包括由计划经济体制向市场经济体制转轨和社会主义市场经济体制建设时期。要将计划经济体制时期和市场经济体制时期截然分界是困难的，因为改革开放也是"摸着石头过河"逐步推进的过程，改革理念也是逐渐清晰的过程，前30年和后40年只是个大致划分。国有经济、国有企业与新中国社会主义建设同行，国有企业改革与改革开放同步。

我国国有企业改革正是在从计划经济向市场经济转轨时期开始，在市场经济体制时期全面推进和深化。一般对国有企业改革的总结思考是从1978年开始，由此将改革40年分期讨论。胡迟（2018）主张，"依据不同时期经济体制改革的理论、政策和实践主题，我国国有企业的改革发展大体上可以划分为四个阶段。第一阶段：从1978年到1992年的'放权让利'时期；第二阶段：从1992年到2002年的'产权改革'时期；第三阶段：从2003年到2012年的'国资监管'时期；第四阶段：从2013年至今的'全面深化'改革时期。党的十八大之后，国有企业改革在经济新常态下进入'全面深化'阶段。"[1] 黄群慧（2018）将国有企业改革划分为四个阶段：第一阶段为1978～1993年"放权让利"时期；第二阶段为1993～2002年"制度创新"时期；第三阶段为2003～2013年"国资监管"时期；第四阶段为2013年至今的"分类改革"时期。[2] 贾婧（2018）将国有企业改革划分为三个阶段：第一阶段是"放权让利"阶段，时间是1978～1991年；第二阶段是1992～2002年，"改组解困"阶段；第三阶段是2003～2013年，"国资管理"阶段。[3] 上述划分，总体真实体现了国有企业改革的历史分期。但也是有缺陷的：一是没有将经济体制作为主要参照系，如1978～1992年尚属计划经济体制阶段，尽管已经对旧体制实施了改革。即使在这个阶段，1984年也是需要特别关注的，此前国有企业改革局限于"放权让利"，实施"两步利改税"。1984年中共十二届三中全会通过《中共中央关于经济体制改革的决定》，城市国有企业改革才全面铺开，国有企业承包经营责任制从试点走向推广。二是机械分期并不合理，有些领域的改革实施超出了阶段划分。第一阶段改革主要特征是"放权让利""两步利改税"，这种概况基本合理，但还不完整。整个20世纪80年代都是聚焦于原有体制内如何通过国有企业所有权与经营权有效分离，赋予企业自主权，从而搞活国有企业。第二阶段是"产权改革"或"制度创新"。第三阶段是"国资监管"，这种表述并不尽然。如国有资产管理体制形成与发展，与现代企业制度实际是同步实施的，并不限于第三阶段实施国资监管的表述。第四阶段"分类改革"或"全面深化"，阶段性实际并不明显。讨论国有企业改革的历史分期，需要置于新中国70年计划经济和市场经济大背景下讨论，"分类改革"和"全面深化"并没准确表达国有企业改革的清晰特征。因此，国有企业历经计划经济体制时期和市场经济体制时期，讨论国有企业改革需要注意到历史转折的几个关键节点。

---

[1] 胡迟：《国企改革：40年回顾与未来改革展望》，载于《经济纵横》2018年第9期。
[2] 黄群慧：《"新国企"是怎样炼成的——中国国有企业改革40年回顾》，载于《中国经济学人》2018年第1期。
[3] 贾婧：《国企改革的文献综述》，载于《企业观察》2017年第31期。

第一，新中国伊始，新民主主义阶段就为计划经济体制奠定了基础。我国国有经济在新民主主义经济体系中处于领导地位。在"一五"计划起步的1953年，我国就开始引进"苏联模式"的计划经济管理体制，但计划经济体制的真正确立应以1956年为起点，这与社会主义经济制度的基本确立相吻合。时逢"一五"计划即将完成，社会主义工业体系起步于一大批国有工业企业兴建，这与当时苏联援建156个工业项目也是分不开的。当然实际上，国民经济恢复之后第一个五年计划（1953～1957年）之初的1953年就具有了计划经济体制的雏形，这也是按照"苏联模式"构建起来的集权的经济管理模式，其微观主体是十几万个全民所有制的国营企业。1956年中国进入社会主义建设时期，也开启了计划经济时代，尽管其后经历了曲折发展。

第二，以1978年改革开放为划分两种体制的时间节点和分水岭。改革开放在此时起步，但当时还只是提出党和国家的战略重心转移到社会主义现代化建设上来，放弃"以阶级斗争为纲"，开始"以经济建设为中心"，而计划经济体制并未触动。尽管《中国共产党第十一届中央委员会第三次全体会议公报》（以下简称《公报》）没有用"改革开放"这个词，但其内容实际却是改革的"集结号"。《公报》中著名的论述是对经济管理体制问题的表述："现在我国经济管理体制的一个严重缺点是权力过于集中，应该有领导地大胆下放，让地方和工农业企业在国家统一计划的指导下有更多的经营管理自主权"[①]。随着改革的进程，逐渐触动计划经济体制，但整个20世纪80年代都是在原有的计划经济体制框架内推行改革，国有企业改革集中于经营自主权的领域，经济体制改革目标是建设有计划的商品经济体制。

第三，1978～2019年，改革开放41年。这里包含有计划的商品经济体制时期和市场经济体制时期，市场经济体制只是其中的一个阶段，这以1992年分界。1978～1992年，我国官方虽然没有明确市场经济体制改革，但已经全面实行了有计划的商品经济体制改革，历经十余年在计划经济体

---

① 《中国共产党第十一届中央委员会第三次全体会议公报》（1978年12月22日通过），载于《三中全会以来重要文献选编》（上），人民出版社1982年版，第6页。

制框架内的改革也有相当成效，尽管国有企业只局限于经营权层面的改革，但已经为市场经济体制改革奠定了基础，并实现了经济的跨越式发展。1992年以后，以现代企业制度改革为目标的国有企业改革已经是产权层面的改革。因此，宽泛而简单地将1978年以后的40年称为市场经济体制改革和中国特色社会主义发展的历史阶段，也未尝不可。

第四，1992年至今，不仅在理论上，同时在实践上来说，中国真正进入了市场经济体制改革时期。1992年的春天，改革总设计师邓小平南方谈话已经澄清了市场姓"社"姓"资"之争，为市场经济正名，为建设社会主义市场经济体制吹风、定位。正是在邓小平南方谈话的基础上，这才有了1992年10月中国共产党第十四次全国代表大会上正式提出建设社会主义市场经济体制。从1992年社会主义市场经济改革开始，到2000年社会主义市场经济体制框架基本建成，再到今天中国特色的社会主义市场经济体制的成功实践，27年过去了，社会主义市场经济以崭新的面貌展现在世人面前，可以说这是改革41年中最重要的27年，也是新中国成立70年中最重要的27年。

就以上分析概言之：改革开放前30年的1949～1978年，包括从新民主主义向社会主义的过渡时期（1949～1956年）和社会主义建设的计划经济体制时期（1956～1978年），如图2-1所示。这一时期国有经济实行集权模式的国营企业管理体制。改革开放41年的1978～2019年，包括计划经济体制框架内的有计划商品经济体制改革时期（1978～1992年）和社会主义市场经济体制改革时期（1992～2019年）。前一个阶段，有计

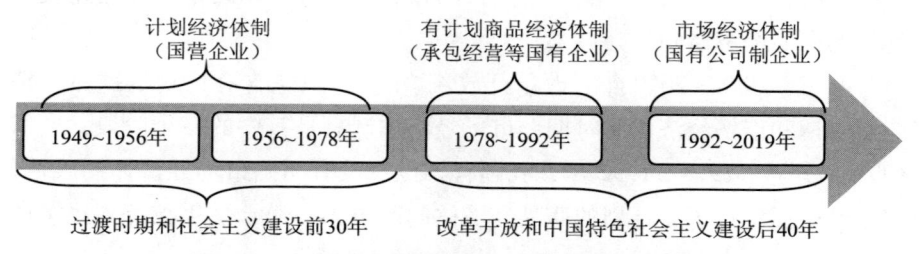

图2-1 新中国经济体制与国有企业改革历史分期

划的商品经济体制时期，国营企业实行了承包经营责任制、租赁经营责任制和资产经营责任制等经营权层面的改革；后一个阶段，市场经济体制改革时期，国有企业通过产权改革建立现代企业制度，逐渐成为真正的市场主体。

  40多年来的经济体制改革或市场经济体制改革，国有企业始终处在改革开放和历史变迁的风口浪尖，国有企业改革是经济体制改革的中心环节，国有企业改革对搞活国有企业、提高国有企业经济效益，促进国民经济增长具有直接意义；国有企业改革带动所有制结构改革，对公有制为主体多种所有制共同发展的推动作用和领导作用，尤其是国有企业产业布局和改组伴随着民营经济的兴起，促进了整个国民经济的发展；国有企业改革促进了社会保障体系建设；国有企业改革促进了社会分配制度改革和分配结构的优化。从一定意义上说，国有企业的状况是衡量经济体制改革成功与否的客观标准。

  无论是计划经济体制的国营企业还是市场经济体制的国有公司制企业，其生产资料公有制的性质都没有变，全民财产全民共享的法律地位没有改变。但我国全民所有制经济和全民所有制企业的提法在不同历史阶段有所变化。新中国成立之初的国民经济恢复时期、由新民主主义向社会主义过渡时期，我国就建立了在多种经济结构中具领导地位的国营经济，国营经济的组织形式就是国营企业。1956年我国社会主义过渡时期结束，亿万人民满怀豪情进入社会主义，从那时起一直到整个计划经济体制阶段，全民所有制经济都表述为国营经济，全民所有制企业表述为国营企业。我国进入社会主义后，公有制逐步一统天下，全民所有制为国民经济的领导力量。这个时期的国营企业顾名思义就是国家所有和国家经营企业，企业本身不具有生产经营自主性和利益分享独立性。1984年《中共中央关于经济体制改革的决定》，将改革目标确定为"建设社会主义有计划的商品经济体制"，将全民所有制企业改革目标确定为建设相对独立的商品生产和经营者。其实，在经济实践中，所谓的相对独立并不具有可操作性。一直到20世纪90年代市场经济体制改革的全面推行，全民所有制企业实行公司制改革，国营经济与国营企业不再提起，国营企业转身为国有公司企业，国有企业改革目标就确定为建设独立的商品生产经营者。

正确认识和评价改革前30年和改革后40年的关系，正确认识计划经济体制和市场经济体制的关系，正确认识和评价两个历史时期国有企业在社会主义实践中的成效与问题，需要站在历史发展的高度，运用历史唯物主义的分析方法阐述之。笔者在1999年，为纪念新中国成立50周年和改革开放20周年，曾对改革开放前30年和后20年的社会主义建设的历史实践和经济理论发展进行了比较分析。笔者提出要正确认识社会主义两个历史阶段的关系：既不能因计划经济体制的弊端而全面否定前30年的历史功绩，也不能因改革后出现的种种问题而否定改革的功绩。[①] 这种认识方法在今天依然有用。改革前30年，中国社会主义建设在探索与波折中前进，计划经济体制在一定程度上也发挥了积极作用，开辟了社会主义发展道路，坚持了社会主义发展方向，建立了独立自主的国民经济体系，尤其是现代工业体系，国有经济和国营企业对国民经济的贡献不可磨灭。从新中国成立70年以来的经济增长速度来看，前30年多数时间还是有明显的增长，1953年达15.6%、1958年达18.3%、1964年达15.5%、1970年达16.15%；经济下滑最严重的是1961年的-27.3%、1967年的-5.7%（见图2-2）。计划经济体制一定程度上脱离了我国生产力多层次性的实际，计划经济也只是封闭经济的产物，与国际经济和国际市场不能对接，集权模式的国营企业经营机制具有僵化趋势，长期下来导致了国营企业整体绩效下滑，这为改革开放提出了新的要求。而以国有企业改革为中心环节的经济体制改革，带来了我国持续40年经济增长（见图2-2），实现了经济、政治、社会全面进步，人民生活质量明显提高，综合国力明显增强，中国特色的社会主义道路越走越宽，这也证明了改革决策的科学性与正确性。

通过市场经济体制改革，从而实现了社会主义公有制与市场经济的兼容，国营企业转身为公司制企业，既保留公有产权的性质、发挥公有制的国民经济主导作用，又使之成为独立自主、自负盈亏的市场主体。以国有企业改革为中心环节，带动整个市场经济体制改革和对外开放进程，由此进一步促进中国经济的持续快速发展和社会的全面进步。总之，改革开放

---

① 何玉长：《新中国社会主义经济理论四论》，载于《财经研究》1999年第11期。

40 年的成效是建立在改革开放前 30 年积累的基础之上的，新中国成立后的前 30 年的历史，不论是成功的经验还是失误的教训，都是改革开放的基础，是中国特色社会主义建设事业的基础，没有前 30 年的基础也就没有后 40 年的发展。当然，前 30 年的计划经济体制面临国际国内形势转变，面对开放和市场，束缚生产力发展体制弊端显现出来，必然走向改革。因此，改革开放 40 年又是对前 30 年的"扬弃"，改革时代将社会主义生产力发展到充分状态，实现了经济的腾飞，带来了社会的全面进步，中国特色社会主义成为科学社会主义的新动力，中国经济成为全球经济的新高地。

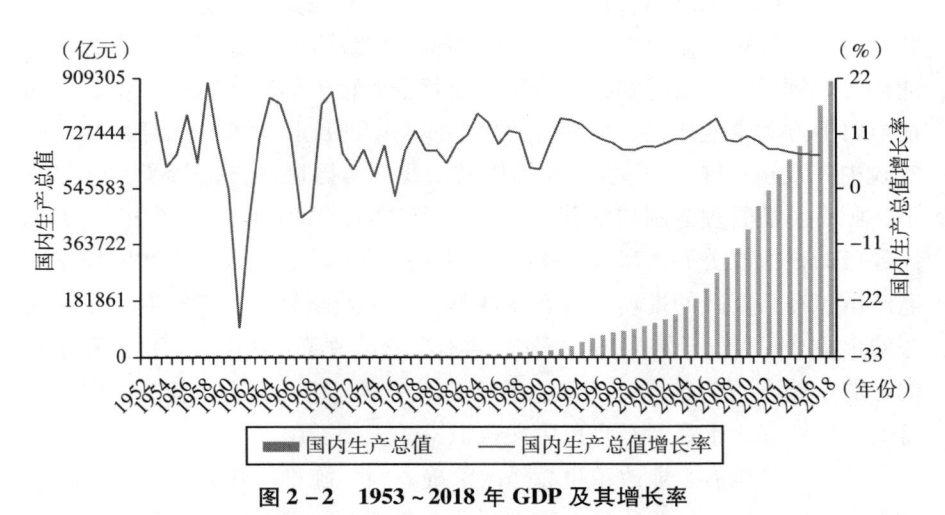

图 2-2　1953~2018 年 GDP 及其增长率

注：以上各年数据为 100%，测算下年增长率。
资料来源：国家统计局/国家数据，http://data.stats.gov.cn/ks.htmcn。

第五节　国有企业改革思想是实践、政策与理论的统一

新中国成立 70 年，国有经济和国有企业在国民经济中发挥了中流砥

柱的作用。国有经济和国有企业虽然历经计划经济时期的曲折成长和市场经济时期的持续发展，总体上体现了社会主义经济的实践探索、政策确立实施、理论提炼指导与再实践，国有企业改革思想形成和发展是实践、政策和理论的高度统一。

社会主义经济体系下的国有企业改革，既是实践先行又是实践主线。我国计划经济体制和以国有经济为领导的国民经济体系，以及国营企业管理体制，孕育初创于新民主主义时期，形成于社会主义时期。这个过程都是国有经济和国有企业的经济实践过程。社会主义国有经济和国有企业是新中国的新鲜事物，没有先例可资借鉴，只有在实践中模仿"苏联模式"，客观上也是得到苏联的直接指导和帮助。但即便如此，社会主义国有经济和国有企业管理体制也在实践中不断调整。1957年前后，以毛泽东为核心的第一代领导集体对计划经济体制和国营企业管理体制也进行了调整。如适当对地方和企业放权、加强企业领导体制中的厂长决策权，都是在经济实践中探索和改进。20世纪60年代前期我国对国民经济进行了调整与改革，国有经济管理体制和国营企业经营机制的改革实践带来了1965年国民经济的很大改善。1978年开始中国进入改革时代，这先是广大农民家庭联产承包经营实践的推动，进而在城市国有企业从转变经营机制为主要任务的企业改革实践开始。先有事实，再有概念。改革开放以来，按照邓小平倡导的"摸着石头过河"的理念进行改革探索，正是国有企业改革实践先行的最好注解，也是对马克思主义认识论的正确运用。

社会主义国有企业改革也总是政策确立与实施推广在后。社会改革总是先有实践的成功经验或失误教训，才会有相应政策的出台。先行的实践可能是自上而下有组织的试点，也可以是自下而上的群众首创。坚持以经济建设为中心，对外开放、对内搞活是大政方针，即是20世纪80年代的基本政策。国有企业利改税、国企承包经营责任制、现代企业制度建设、股份制改造等一系列具体改革政策，其确立和实施，都是由改革试点取得经验、制定政策，进而再由点到面全面推广实施改革政策，推广过程也是政策实施的实践过程。由国家制定和发布相关政策是确保改革的规范性和公平性。如经过国有企业承包经营、租赁经营和资产经营等责任制，以及后来现代公司制改革、股份制改造和混合所有制改革，都是经过由试点再

第二章　新中国国有经济与国有企业改革的逻辑

到全面推广的过程。而面上的推广，就是在完善一系列所有权和经营权分离的政策规定之后，再在全国各同类企业推广顺利实施、规范操作运行，各类企业也公平享有政策支持。这是我国国有企业渐进式改革的基本做法。政策实施也是实践的过程，在相关政策下，国有企业在面上的推广和实施是更广泛的政策规范下的实践过程。

　　社会主义国有企业改革也是理论提炼指导跟进。改革理论源于实践也指导实践，科学的理论指导并矫正实践的方向。社会主义国有经济和国有企业改革实践呼唤科学理论指导，在实践基础上产生的理论才具有合理性和科学性。国有企业改革理论是在实践经验的集成、在政策推广效果产生的基础上所形成，改革理论确立后又进一步指导新一轮的经济实践。我国在社会主义阶段全面建成全民所有制经济且采取国家所有制的形式，形成了一整套社会主义的经济政策和理论体系。计划经济管理体制和国营企业实践的理论总结当以毛泽东的《论十大关系》最为经典。计划经济时期全民所有制企业必然采取国家所有制的方式，尽管有其一定的历史合理性，但固守计划经济为社会主义的基本特征的僵化或错误观点，由此带来政策的误导、实践的扭曲也就在所难免。改革开放以来，国有企业转换经营机制、实行所有权与经营权分离、市场经济体制下国有企业产权改革、国有企业结构调整，以及当前国有企业混合所有制改革等国有企业改革理论，都将融入中国特色社会主义理论体系。

　　国有企业改革实践既是出发点也是归属。我国国有企业改革政策和改革理论源于实践、服务实践，也指导新一轮实践。正如毛泽东所言："一个正确的认识，往往需要经过由物质到精神，由精神到物质，即由实践到认识，由认识到实践这样多次的反复，才能够完成。"[①] 改革开放时代的国有企业改革实践，也是"摸着石头过河"的实践过程。在改革开放的初期，国有经济改革还很有限，而农村家庭联产承包在20世纪70年代末就已经风起云涌，而城市国有企业承包经营责任制等责任制形式直至1984年才从逐渐推行。无论是改革初期的"扩权让利"和"两步利改税"、转

[①] 毛泽东：《人的正确思想是从哪里来的?》，引自《毛泽东文集》（第8卷），人民出版社1999年版，第321页。

变企业经营机制，还是承包制为主的经营责任制、租赁经营责任制和资产经营责任制，都是实践试点先行，进而制定政策在面上实施推广，而理论概括加以解释并指导新一轮的改革实践。20世纪90年代以来的国有企业现代企业制度改革、股份制改革、国有资产管理体制改革、近年的混合所有制改革，都体现了国有企业改革实践、政策实施和理论指导的统一，而改革实践始终是主线。

第三章

计划经济体制下国营企业管理思想（1949~1978）

中国走上社会主义道路，采取何种国民经济管理体制呢？历史选择了"苏联模式"。在计划经济体制下，中国建成了集权模式的管理体制，采用了国营企业经营机制。全民所有制企业称国有企业是从产权角度而言的。由于全民所有制企业在计划经济体制下又是由国家经营，故称国营企业。当然，计划经济体制也不是一成不变的，我国在这种传统模式下也进行了有限的改革。我们将1949~1978年划为计划经济体制时期，也只是大致划分，其中1949~1956年尚是新民主主义阶段，是走向社会主义的过渡时期，当时我国社会的经济性质还属于新民主主义经济。新民主主义经济不仅为社会主义经济奠定了基础，也为计划经济体制构建了基本框架，初步形成了国营企业集权管理模式。而1956~1978年才是真正意义的计划经济体制时期，这一历史时期中国经历了社会主义建设的探索和发展，也经历了挫折和失误。从理论上讲，国民经济有计划按比例发展，有计划地组织社会化大生产，是克服资本主义生产无政府状态的合理手段，国民经济计划化是马克思对未来社会主义的理想设计。但把计划经济作为社会主义的基本性质，并上升到社会主义的基本经济规律，则是对马克思主义的误解。理论上的误解势必造成经济政策的失当和经济实践的偏差。对计划经济时期国有企业管理体制的形成和改革加以反思，对国有企业实践经验与教训加以总结，也将形成宝贵的思想成果。

第一节　新民主主义时期的国营经济

中国从半殖民地半封建社会走向社会主义是历史的选择。新中国社会主义经济不是一步到位的，此前经历了一个过渡时期的新民主主义阶段。新民主主义时期，国民经济的结构表现为：国营经济、农业互助合作社的集体经济、个体农业和小手工业者经济、私人工商业经济、公私合营经济。新民主主义阶段的国营经济在多种所有制经济结构中处于领导地位，但这一时期，公有制经济并未占绝对优势。毛泽东对我国新民主主义时期的社会性质、经济结构、国营经济的地位和国家资本主义经济的性质等有

第三章　计划经济体制下国营企业管理思想（1949～1978）

过科学的论述，这为我国过渡时期的经济决策提供了重要的思想基础。

新中国成立前夕，毛泽东在中共七届二中全会上阐述了新民主主义经济结构的性质、国营经济的地位和对各种所有制经济的政策问题。毛泽东指出："中国的现代性工业中……最大的和最主要的资本是集中在帝国主义及其走狗中国官僚资产阶级手里。没收这些资本归无产阶级领导的人民共和国所有，就使人民共和国掌握了国家的经济命脉，使国营经济成为整个国民经济的领导成分"；① 对私人资本主义，"在革命胜利以后一个相当长的时期内，还需要尽可能地利用城乡私人资本主义的积极性，以利于国民经济的向前发展。……对于资本主义采取恰如其分的有伸缩性的限制政策"；② 对"占国民经济总产值百分之九十的分散的个体的农业经济和手工业经济，是可能和必须谨慎地、逐步地而又积极地引导它们向着现代化和集体化的方向发展的，任其自流的观点是错误的"。③ 在新民主主义经济体系中，国营经济是领导成分，相当长的时期内我们对私人资本主义既要利用又要限制，个体经济和手工业经济发展方向是社会主义集体化。

我国国营经济的最初来源是国际垄断资本和国内官僚资本，换句话说，国际垄断资本和国内官僚资本为国营经济提供了原始积累。"到全国解放时，帝国主义、资本主义国家在中国的企业还剩下1000多家，主要是属于英、美垄断资本集团的。"④ 由于各种原因，这些陆续"被我国政府管制、征用和收购的企业，成为社会主义国营经济的组成部分。"⑤ "解放前夕，官僚资本约占全国工业资本的66%左右，占全国工矿、交通运输业固定资产的80%。国民党政府资源委员会拥有219个工矿企业，掌握全国钢铁产量的90%（解放前最高年份1943年为92.3万吨），煤炭产量的33%（解放前最高年份1942年为0.62亿吨），发电量的67%（解放前最高年份1941年为60亿度），水泥的45%（解放前最高年份的1942年为229万吨），以及全部石油和有色金属的生产。官僚资本控制着全国的金

---

①② 毛泽东：《在中国共产党第七届中央委员会第二次全体会议上的报告》，引自《毛泽东选集》（第4卷），人民出版社1991年版，第1431页。
③ 毛泽东：《在中国共产党第七届中央委员会第二次全体会议上的报告》，引自《毛泽东选集》（第4卷），人民出版社1991年版，第1432页。
④⑤ 周太和主编：《当代中国经济体制改革》，中国社会科学出版社1984年版，第5页。

融机构和铁路、公路、邮电、航空运输以及44%的轮船吨位，还有是十几个垄断性的贸易公司。"① 对这些官僚资本是通过剥夺的方式直接转变为社会主义国营经济。

我国新民主主义经济为社会主义经济奠定了基础。我国政府通过没收官僚资本，使之成为社会主义全民所有制经济，成为国营经济的最主要部分。对国际垄断资本和国内官僚资本的征收和没收是随着全国解放的进程而逐步展开的。"到1949年底，全国共计没收官僚资本工业企业2858个，拥有职工129万多人，其中包括发电厂138个，采煤、采油企业120个，铁锰矿15个，有色金属矿83个，炼钢厂19个，金属加工厂505个，化工厂107个，造纸厂48个，纺织厂241个，食品企业844个。另外还有'四行两局'（即中央银行、中国银行、交通银行、中国农民银行、中央信托局和邮政储金汇业局）系统和国民党省市地方系统的银行2400多家，十几个垄断性贸易公司，以及国民党政府所属全部交通运输企业。"② "1949年，国营工业在全国大型工业总产值中所占的比重为41.3%。国营经济拥有全国发电量的58%，原煤产量的68%，生铁产量的92%，钢产量的97%，水泥产量的68%，棉纱产量的53%。国营经济还掌握了全国的铁路、邮政、电信和大部分的现代交通运输事业。"③ 国民经济恢复时期，资本主义经济是可利用的经济力量。1949年，全国共有资本主义工业12.3万多户，职工164万余人，占全国工业企业职工总数的54.6%；生产总值68亿多元，占全部工业总产值的63.2%。私营商业在1950年共有402万户，占全国商业总户数的98.4%，从业人员662万人，商业销售额182亿元，占全国商业机构批发额的76.1%，零售额的85%。④ 到1952年，资本主义工业在全部工业总产值中的比重仍占39%，⑤ 私营工业比重虽下降，但私营工业总产值则增加至105亿余元。私营商业零售额占商业

---

① 周太和主编：《当代中国经济体制改革》，中国社会科学出版社1984年版，第5页。
② 《关于建国以来党的若干历史问题的决议注释本》（修订），人民出版社1985年版，第203页。
③ 周太和主编：《当代中国经济体制改革》，中国社会科学出版社1984年版，第6~7页。
④ 薛暮桥等：《中国国民经济的社会主义改造》，人民出版社1978年版，第104页。
⑤ 国家统计局：《伟大的十年》，人民出版社1959年版，第32页。

第三章　计划经济体制下国营企业管理思想（1949~1978）

企业零售总额的比重为57.2%，[①]同样比重下降，但绝对额有所上升。

从新中国成立至1952年，我国基本实现了国民经济恢复。"国营企业（不包括文委、军委、军工及地方国营企业）的固定资产原值为223.6亿元，折旧后净值为158.8亿元；流动资金原有16亿元，经核定，1952年定额计划为8.6亿元，形成初具规模的国有资产。1952年底，全国国营工业企业已有9500多个，职工510多万人，资产总值由1949年的68.9亿元增长到108.4亿元。全国一级建立起3万多个国营商店，比1950年增加3倍，有职工57.7万人。国有企业上缴国家的利税占国家财政收入的比重逐年提高，由1950年的33.4%上升到1952年的58.1。"[②]

1952年底，中共中央根据毛泽东的提议，提出了从新民主主义向社会主义过渡时期的总路线："要在一个相当长的时期内，基本上实现国家工业化和对农业、手工业、资本主义工商业的社会主义改造"[③]。在向社会主义过渡时期的新民主主义经济体系中，包含五种经济成分：国营经济、合作社经济、个体经济、公私合营经济、私人资本主义经济。国营经济在新民主主义经济体系中居于领导地位，在国民经济中发挥着主导作用。在社会主义总路线的表述中，当时还是强调"在一个相当长的时期内""基本上实现"社会主义，大体用三个五年计划完成向社会主义的过渡，但后来的实践一定程度上偏离了最初的设想，加速进入了社会主义。

在我国过渡时期的新民主主义社会，就已经按照"苏联模式"，初步构建了中国计划经济体制和与之相应的国有企业管理体制。但在计划经济实践中，按行业设置政府管理部门、管理职能"条块分割"、权力过于集中的弊端很快就开始显现。我国党和政府领导人，已经注意到经济管理权力过于集中的问题，毛泽东就要求我们要吸取苏联的教训，主张要发挥中央和地方两个积极性。1956年毛泽东在《论十大关系》中说："把什么东西统统都集中在中央或省市，不给工厂一点权力，一点机动的余地，一点

[①] 国家统计局：《伟大的十年》，人民出版社1959年版，第34页。
[②] 潘岳主编：《中国国有经济总论》，经济科学出版社1997年版，第59页。
[③] 《中国共产党中央委员会关于建国以来党的若干历史问题的决议》，人民出版社1981年单行本，第12页。

利益，恐怕不妥。"① 毛泽东提出"中央的部门可分为两类。有一类，它们的领导可以一直管到企业，它们设在地方的管理机构和企业由地方进行监督；有一类，它们的任务是提出指导方针，制定工作规划，事情要靠地方办，要由地方去处理。"② 毛泽东还说："我们不能像苏联那样，把什么都集中到中央，把地方卡得死死的，一点机动权也没有。"③ 据薄一波（1991）的回忆，毛泽东"在1955年底就提出了'以苏为鉴'的问题。……同时陆续发现苏联的某些经验并不适合我国国情。"④ 回顾历史可以看出，从新民主主义向社会主义转变的20世纪50年代中期的中国社会，既有超越生产力发展的实际状况，过快而匆忙进入社会主义的一面；也有从中国实际出发，适当改造"苏联模式"的一面。

随着社会主义改造的完成，1956年中国共产党第八次全国代表大会上宣布社会主义经济制度基本建成，我国正式进入社会主义。其时，社会主义公有制经济完全占据统治地位，国营经济在国民经济中居于支配地位。陈云概括了当时我国社会主义生产资料所有制结构和性质，"我们的社会主义经济的情况将是这样：在工商业经营方面，国家经营和集体经营是工商业的主体，但是附有一定数量的个体经营。这种个体经营是国家经营和集体经营的补充。"⑤ 1956年，我国社会主义改造完成，我国生产资料所有制结构，由国营经济为领导、五种所有制并存的结构，转变为公有制占绝对优势的所有制结构，同时建立了计划调节为特征的社会主义经济管理体制。公有制经济和非公有制经济是主体和补充的关系。至1956年，社会主义工业产值占总产值的67.5%，国家资本主义工业即公私合营工业企业占32.5%。资本主义工业基本消灭（见表3-1）。在商业领域批发额中，国营商业占82%、供销合作社商业占15.2%、国家资本主义及合作商业占2.7%、私人商业仅占0.1%。在商业零售额中，国营商业及供销合作社占68.3%、国家资本主义及合作化商业占27.5%、私人商业占

---

① 毛泽东：《论十大关系》，人民出版社1976年单行本，第8页。
②③ 毛泽东：《论十大关系》，人民出版社1976年单行本，第11~12页。
④ 薄一波：《若干重大决策与事件的回顾》（上卷），中共中央党校出版社1991年版，第472页。
⑤ 陈云：《在社会主义改造基本完成以后的新问题》（1956年9月），引自《陈云同志文稿选编》（1956~1962年），人民出版社1980年版，第15页。

4.2%（见表3-2）。1956年是我国社会主义的开局之年，我国第一个五年计划提前一年完成，计划经济体制的基本框架已经形成。

表3-1　　过渡时期工业总产值中各经济类型比重的变化　　单位：%

成分	1949年	1950年	1951年	1952年	1953年	1954年	1955年	1956年
社会主义工业	34.7	45.3	45.9	56.0	57.5	62.8	67.7	67.5
国家资本主义工业	9.5	17.8	25.4	26.9	28.5	31.9	29.3	32.5
其中：公私合营	2.0	2.9	4.0	5.0	5.7	12.3	16.1	32.5
加工订货	7.5	14.9	21.4	21.9	22.8	19.6	13.2	—
资本主义工业（自产直销部分）	55.8	36.9	28.7	17.1	14.0	5.3	3.0	—

注：过渡时期工业不含手工业。
资料来源：周太和主编：《当代中国经济体制改革》，中国社会科学出版社1984年版，第28页。

表3-2　　过渡时期批发商业与零售商业中各经济类型比重的变化　　单位：%

	成分	1950年	1951年	1952年	1953年	1954年	1955年	1956年
批发额	国营商业	23.2	33.4	60.5	66.3	83.8	82.2	82.0
	供销合作社	0.6	1.0	2.7	2.9	5.5	12.6	15.2
	国家资本主义及合作化商业	0.1	0.2	0.5	0.5	0.5	0.8	2.7
	私营商业	76.1	65.4	36.3	30.3	10.2	4.4	0.1
零售额	国营商业及供销合作社	14.9	24.4	42.6	49.7	69.0	67.6	68.3
	国家资本主义及合作化商业	0.1	0.1	0.2	0.4	5.4	14.6	27.5
	私营商业	85.0	75.5	57.2	49.9	25.6	17.8	4.2

资料来源：周太和主编：《当代中国经济体制改革》，中国社会科学出版社1984年版，第28页。

表3-3反映了过渡时期我国国民收入在各经济成分的结构状况，国营经济在1952年占国民收入的19.1%，至1956年国营经济占国民收入达

到32.2%；而合作社经济1952年占国民收入的比重只有1.5%，至1956年上升至53.4%。而资本主义经济至1956年已经消灭，个体经济也由71.8%下降到7.1%。从国民收入结构状况也可看出，全民所有制的国营经济和集体经济的合作社经济开始一统天下。

表3-3　　1952~1956年国民收入中各种经济成分所占比重　　单位：%

成分	1952年	1953年	1954年	1955年	1956年
国营经济	19.1	23.9	26.8	28.0	32.2
合作社经济	1.5	2.5	4.8	34.1	53.4
公私合营经济	0.7	0.9	2.1	2.8	7.3
资本主义经济	6.9	7.9	5.3	3.5	—
个体经济	71.8	64.8	61.0	31.6	7.1

资料来源：谢明干、罗元明：《中国经济发展四十年》，人民出版社1990年版，第9页。

第二节　社会主义计划经济的国营企业管理体制

计划经济体制，顾名思义按计划配置生产要素的机制和制度体系。社会主义国家在初期，往往采取计划经济体制，这是源于对马克思主义关于社会主义条件下，有计划组织社会化大生产的思想。我国从决策层、理论界到实践环节，都是将经济计划作为社会主义的基本属性甚至将有计划按比例作为社会主义经济的规律。1979年的高校教科书曾表述："国民经济有计划发展规律是社会主义的经济规律。"[①]"国民经济的有计划按比例发展，不仅是社会主义大生产的客观要求，而且是社会主义公有制存在和发展所必需的。……社会主义经济不仅能够而且必须有计划按比例的发展，

---

① 教育部政教司组织编写：《中国社会主义经济问题》，人民出版社1979年版，第48页。

第三章 计划经济体制下国营企业管理思想（1949~1978）

这是社会主义制度优越性的表现，也是区别于资本主义经济的一个基本特征。正是从这个意义上说，社会主义经济是计划经济。"① 对计划经济的教条化理解，影响了新中国几代人。

新中国伊始，从政权建设转向经济建设，必不可少要建设国民经济管理体制，经济管理机构的组建就是按照计划经济体制的"苏联模式"来进行。新中国成立初期，中央人民政府即政务院成立，下设35个工作部门。其中的财政经济委员会，负责统一领导财经工作，指导海关总署、中国人民银行、劳动部、财政部、贸易部、重工业部、燃料工业部、纺织工业部、食品工业部、轻工业部、铁道部、交通部、邮电部、农业部、林垦部、水利部。1950年增设了人事部，撤销了食品工业部。1952~1953年，增设了国家计划委员会，被称为"经济内阁"，与政务院平行。从重工业部中分出第一机械工业部、第二机械工业部、建筑工程部和对外贸易部；财政部分出粮食部；贸易部分成商业部和对外贸易部。1953年，海关总署并入对外贸易部。国有经济管理部门由原来的17个增加至23个，政务院的部门由35个增加至42个。这些经济管理部门延伸到大行政区、省（自治区、直辖市）、地、县，并直接管理各级政府所属国有企业。

社会主义经济制度的基础是全民所有制企业。全民所有制的国营企业是执行国家计划的基本单位，在过渡时期和社会主义建设时期，对国营企业的生产安排就是直接计划，国家下达指令性指标，生产资料各主管部门计划供应，享受国家计划调拨价。产品由国有商业、物资部门收购或调拨。我国全民所有制的实现形式，在计划经济时期主要是照搬"苏联模式"，国家工业化和农业集体化。"苏联模式"专指苏联计划经济体制和在该体制所决定的经济运行机制。第一个五年计划时期，我国的计划经济体制基本形成，这一时期，社会主义阵营的"老大哥"——苏联，不仅156个重大项目给中国以大力支援，而且在经济管理体制上也向我国全面输出。正是在这一背景下，模仿"苏联模式"，形成了我国计划经济体制和国营企业管理模式。

斯大林曾根据苏联社会主义实践的经验，阐释了国家与国有企业的委

---

① 教育部政教司组织编写：《中国社会主义经济问题》，人民出版社1979年版，第50页。

托关系与所有权性质。企业或企业经营者在国家手中接过生产资料，并不会改变所有权的性质。"第二，生产资料所有者——国家，把生产资料交给某一个企业，丝毫不失去对它们的所有权，相反地，是完全保持着所有权的。第三，企业的经理从国家手中取得了生产资料，不但不会成为这些生产资料的所有者，相反地，是被确认为受苏维埃国家的委托，依照国家交下的计划，来使用这些生产资料的。"① 但在经济实践中，企业作为受托人，并不具有经营自主权，也缺乏激励机制。社会主义经济决策者做到了保持国有企业全民所有权的性质，却忽略了企业经营权和激励机制建设。

我国第一个五年计划（1953~1957年）的实施正处在新民主主义向社会主义过渡的阶段。第一个五年计划实施期间，我国计划经济体制框架初步形成。"一五"是新中国重要的发展阶段，具有鲜明的时代特征：一是新中国成立初期治理了战争的创伤，顺利完成国民经济的恢复，新生政权得以巩固；抗美援朝战争结束，大量人力、物力、财力转入经济建设，国民经济发展步入"快车道"。二是1956年苏联援助重点建设项目156项全面开展，为重点建设这些涉及国民经济的重大领域的现代工业项目，与此相适应的对国营企业计划管理体制应运而生，并由此推广至整个国民经济，形成计划经济体制。"'一五'时期，全国由694个限额以上建设项目组成的工业建设大军，建设了904个大型项目，其中包括156个重点建设项目。在这些建设项目中，国有经济总投资为612亿元，新增国有股东资产492亿元，其中对工业建设投资260.1亿元，占整个基本建设投资的42.5%，用于工业221亿元，占工业投资的85%。"② 三是我国社会主义改造完成，社会发展由新民主主义进入社会主义，以国有经济为领导、以国有和集体经济为主体的社会主义经济体系已经形成。1956年以后开启了社会主义的伟大历程，全民的社会主义热情高涨，正是这一时期建立起来集权模式的计划经济体制，并持续整个新中国的前30年。

我国国民经济计划管理体制起步于新民主主义向社会主义的过渡时

---

① 斯大林：《苏联社会主义经济问题》（1952年2~3月），引自《斯大林选集》（下卷），人民出版社1979年版，第578页。
② 盛毅主编：《中国经济改革30年》（企业卷），西南财经大学出版社2008年版，第8页。

期，形成于社会主义建设时期。新中国成立初期，国家行政区划一度实行"中央—大区—省—地—县"的五级管理体制，1954年取消了大区，由中央政府直接管到省（自治区、直辖市）级政府。按照行政区划设立，从上到下逐级管理、从下到上逐级负责的方式来实行经济管理。在国务院下设立综合经济部门——计划委员会、经济委员会、财政委员会等，各委员会再协调若干专业职能部门，大型国营企业由中央专业职能部门直接管理；其他企业由省（自治区、直辖市）及以下政府部门分级管理。1950年3月，中央实行了统一财经工作体制，将国营企业分为三类：中央所属企业、中央所属委托地方代管企业、地方所属企业。前两类称国营企业，后两类称地方国营企业。计划经济体制下的国营企业管理体制，如图3-1所示。

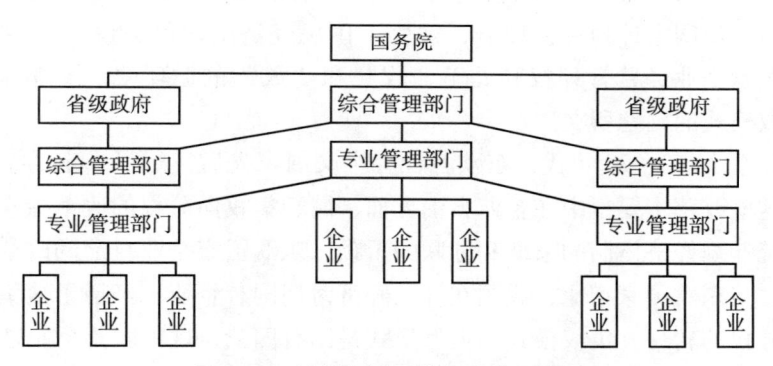

图3-1 计划经济国营企业管理体制

1956年以后，我国社会主义进程进一步加快，对国有经济的计划管理也越来越趋于集中。"1957年同1953年比较，国务院各部门管理的工业企业由2800多个增加到9300多个；国家计划委员会管理的工业产品由115种增加到290种；国家统配物资由227种增加到532种；基本建设的投资和建设任务，包括地方工业和城市建设，绝大部分由国务院各部门直接安排；国家财政的75%由中央支配。"[①]

[①] 刘仲藜主编：《新中国经济60年》（下册），中国财政经济出版社2009年版，第507页。

随着集中管理的弊端逐步出现，党和政府对国有经济也进行了适当放权的调整。"1958年，从调动地方积极性的目的出发，进行了以扩大地方经济管理权限为主要内容的计划体制改革。其内容：一是把大部分中央所属的企业交给了地方管理；二是下放计划管理权限，计划编制程序改为自下而上逐级编制；三是建立协作区，实现三级管理体制，让地方自成体系……国务院只保留1200多个重要企业，其余8000多个工业企业下放给地方管理。1959年，国家计划委员会管理的工业产品减少到215种；国家统配和部管物资减少到132种，减少了75%；地方兴办限额以上项目，除了提出简要的计划任务书报送中央批准外，其他设计和预算文件都交由地方审查批准；限额以下项目，完全由地方自行决定。国家财政收入，由中央支配部分下降到50%。这一变革调动了地方的积极性，促进了规范工业的发展。但由于过于追求脱离实际的高速度，加上权限下放得过多、过急，结果使国家计划失去控制，加剧了国民经济的比例失调。"[1] 这一时期，国营企业经营管理权利处于"收"和"放"的循环中，没有真正找到集权模式的问题所在。

20世纪50~70年代，东欧各社会主义国家先后实行了一定的企业改革。这些改革主要集中在企业自治方面，属于集权向分权的改革探索。由于传统计划经济体制的束缚和苏联的干预，东欧国家企业自治的改革基本失败。与东欧国家相比，我国在计划经济时期国有企业也经历了从集权到适当分权的转变。集权模式的典型形式是国有国营，这种国营企业是"苏联模式"的翻版。从1953年实施第一个五年计划开始，我国全面引进苏联的国营企业管理体制。1956年对农业、手工业和资本主义工商业的社会主义改造基本完成，为高度集权的国有企业产权制度提供了物质基础。从20世纪50年代中期计划经济的国有企业管理体制形成，至80年代初以放权让利为主要内容的改革，1984年城市经济体制改革全面铺开，对国有企业实行所有权和经营权分离，着重扩大企业自主权，推行了承包制、租赁制和资产经营责任制等分权模式的改革。

计划经济体制下国营企业是一种集权模式的管理体制，国营企业的产

---

[1] 刘仲黎主编：《新中国经济60年》（下册），中国财政经济出版社2009年版，第507页。

第三章　计划经济体制下国营企业管理思想（1949～1978）

权性质、管理方式、运行机制、分配机制和领导体制具有明显的计划经济特点。

第一，国营企业产权性质与归属。我国经济的社会主义性质决定，全民企业的财产属全体劳动者共同所有，而全民的代表必须由国家来充任，故全民企业就是国家所有制企业。根据《中华人民共和国宪法》规定，国家是国有资产的唯一所有权主体，并禁止任何组织和个人用任何手段侵占或者损害国有资产的行为。产权归属的唯一性决定财产所有权高度集中在国家，企业没有所有权。这使得国有企业当时采用国有国营的单一形式。全民产权性质决定产权结构的统一性。国有资产是不能分割的整体，但全民共有和全民共享只是一个抽象的所有权，并不能具体分解到每一个居民。由此，决定政府对企业的行政管理和企业管理一体化。国家计划管理机构按行业分系统设立，从中央到地方，乃至延伸至每个国营企业，行政管理和企业管理合二而一，企业成为行政机构附属物。国有资产的所有权不仅在政府手中，而且作为对国有资产占有、支配、使用的经营权实际上也控制在国家手中，尽管其物质和价值形态存在于企业。国有资产虽然在国有企业中使用，但所有权和经营权由政府和各级管理部门统一行使，企业执行政府制订的指令性计划。财政财务统收统支，生产资料统一调拨，劳动力统包统配，企业人财物产供销都由上级行政机关控制。在这种情况下，国营企业不是作为一个独立的工厂，而只是作为一个车间，作为国民经济的一个基本核算单位，在执行政府部门的经营决策。所有权决定受益权，与产权归属的国家唯一性相适应，产权所带来的收益也不可保留地归国家。除了国家之外，任何个人或团体都不能分享国有资产的受益权。由此决定了国家对企业实行统收统支，企业不论亏盈都仰仗国家。国家在得到全部资产收益后，再在国家、企业、劳动者个人之间进行分配。

第二，国营企业计划管理方式。国家制订指令性生产经营计划，各级政府逐级分解计划，直到每一个企业，并以行政手段实施。计划经济体制下的国营企业的人财物等生产要素按计划由政府部门配给，企业产供销活动按计划组织运行，以行政手段贯彻落实，企业按国家计划和行政指令组织生产经营活动。国营企业的生产和流通以计划目标为导向，接受国家计划的硬约束。国有经济管理系统以"条条"为主、分级管理，国家通过

"条条"和"块块"层层分解计划，将资源配置到各个企业中去，并以行政手段加以实现。从计划制订到生产经营，对国营经济按"条条"（行业职能管理系统）和按"块块"（行政区划系列）层层下达，上对下管理，下对上负责。企业生产资本由政府管理部门计划下拨，生产产品所需物资由主管部门调拨，利润全部上缴，所需建设经费流动资金由财政拨款，职工人数和工资总额由政府核定。"1956年前后国家给企业下达的计划指标体系有：产品产量、产值、职工人数、工资总额、劳动生产率、成本降低额和降低率，流动资金周转次数、利润总额、材料储备定额等。"[①] 经济管理权限集中于各级政府手中，以指令性计划配置生产要素，通过行政手段逐级落实到企业，产品也按计划定价和销售。国家建立了一套针对国有资产和国营企业的行政管理系统，按行政管理层次，用行政手段管理企业，并按企业的规模和隶属关系，赋予企业相应的行政级别，企业领导人按照"官本位"对应行政级别，享有相应待遇。权利配置以行政本位为基础，逐级分解国有企业的经营管理权，中央政府各经济部门的职权按系统层层延伸到地方和企业，同时按行政区划确定的地方政府权力也逐步延伸到基层企业。这种管理方式难免出现"条块分割"，带来管理交叉或职能缺位，企业经营难以决策和决策不当。尽管计划经济时期对国有企业管理体制也进行了适当的改革，但仅局限于放权和收权的调整，并出现了"一放就乱，一乱又收；一收又死，一死又放"的循环。

第三，国营企业经济运行机制。计划经济时代国营企业经济运行管理主要方法是企业经济核算制。1951年政务院发布《关于1951年国营工业生产建设的决定》以后，经济核算制在全国国营企业普遍推行。其主要内容是："（1）根据政务院发布的计划表格，编制生产、劳动、材料供应、成本、财务等各项具体计划。（2）按政务院的要求清产核资，确定国家拨给工厂自有固定资金和流动资金的数量。（3）确定合理的平均先进的定额、定质、定量、定料、定工。（4）建立独立的银行往来账户，完善财务成本管理制度。（5）建立各种报告制度，加强统计工作。主要通过会计报

[①] 吴敬琏：《现代公司与企业改革》，天津人民出版社1994年版，第66页。

表进行成本核算"。① 在计划配置生产要素基础上的经济核算制，有利于加强成本核算和提高经济效益；但经济核算旨在强化对企业经营的计划管理，把企业经营全过程都管起来，也在一定程度上抑制了企业经营的积极性、主动性和创造性。

第四，国营企业的分配体制。计划经济体制时期国营企业分配体制表现为国家与企业的分配关系和企业内部的分配关系，表现为国民收入的初次分配和再分配。一方面，在企业和国家分配机制上，企业盈利全部上缴，企业开支由主管部门报计划调拨，企业不承担盈亏责任，企业经营好坏一个样，企业躺在国家身上吃"大锅饭"，抑制了企业的创造性。另一方面，与计划经济体制相适应的企业内部职工收入分配机制表现为高度的平均主义。在企业内部分配上，近乎平均的分配差距，全社会统一标准的按劳分配，"大锅饭""铁饭碗""铁交椅"抑制了企业职工的积极性。

第五，国营企业领导体制。计划经济体制下企业领导体制虽然经历了多次调整，总体上是行政管理方式的领导体制。新中国成立初期，我国国营企业领导体制处于摸索阶段，1949年，实行了厂长领导下由工人参加的工厂管理委员会制度，这种领导体制突出了工人群众参与企业民主管理，体现工人的企业主人翁地位。1951年，开始推行厂长在生产行政管理中的责任制。1954年，基本模仿苏联的"一长制"，推行厂长负责制。1965年以后实行党委领导下的厂长负责制。随着"文化大革命"的到来，又实施了革命委员会制，以及党的一元化领导体制。总之，计划经济体制下的企业领导人，都是政府机构的代理人，代表政府管理企业；企业领导体制无论是厂长负责制，还是党委领导下的厂长负责制，都是行政权力的调整，行政管理方式基本不变。企业领导人并无企业经济活动的实际决策权，企业领导人的权力是政府机构权力的延伸，企业领导人是具有行政级别的干部而非企业家。当然，在各个不同时期坚持强调厂长的行政决策权还是具有科学精神。

潘岳对计划经济体制下的国营企业即传统国有企业的特征，概括为三点：首先，传统国有企业只是一个生产单位。"这个生产单位缺乏真正意

---

① 吴敬琏：《现代公司与企业改革》，天津人民出版社1994年版，第67~68页。

义的企业所具备的除生产功能之外的其他功能。同样，也缺乏实现这些功能而必需的各项自主权"。[1] 其次，传统国有企业是行政单位。政府对企业按照行政方式进行管理。"国有企业都是有一定的行政级别的……分别隶属于各级政府机关"[2]。"国家政府在企业中的代理人，即所谓的厂长、经理及一般职工都已取得了'干部'身份，且干部的级别与企业的级别相对应的"[3]。最后，传统国有企业是社区。"传统国有企业承担了大量的社会保障和社会管理职能，它便必然是将有生产、社会保障、社会福利和社会管理智能的社区单位。"[4] 这种分析也基本上反映了计划经济体制下的国营企业的基本特点和先天不足。

计划经济体制下国营企业产权制度在新中国成立之初的国民经济恢复时期，发挥了积极作用，有其存在的合理性。首先，计划经济体制的国营产权制度有利于集中有限的人力、财力和物力，在较短的时间内满足战时军需、国民经济恢复和加快国家重点建设的需要。其次，将有限的资源集中在国家手中，有利于实现社会公平，计划配给有限的消费资料，解决新中国成立初期资源短缺条件下人民的基本生活需要。最后，计划经济的国营企业管理体制有利于社会主义思想建设和对资产阶级、小生产者的改造，有利于发挥工人主人翁精神和实行经济民主，调动广大劳动者的积极性。正因为此，我国在20世纪50年代初很快就医治了战争创伤，与此同时还承担着抗美援朝的重任，并很快恢复了国民经济，接着在1953～1957年提前完成了国民经济发展的第一个五年计划。这一时期是国民经济发展速度较快的时期，国营企业在国民经济中起到了主导作用。在"一五"期间，工业总产值年均递增18%，其中生产资料生产年均递增25.4%，消费品生产年均递增12.9%，1957年工业总产值达704亿元，比1952年增长128.6%。五年内全民职工实际工资增长了42.8%。[5]

然而，计划经济体制下的国营企业管理体制，只是特殊时期较短时间内有其合理性，时间一长，缺乏激励机制、效率下降的弊端就逐渐暴露出

---

[1] 潘岳主编：《中国国有经济总论》，经济科学出版社1997年版，第214页。
[2][3] 潘岳主编：《中国国有经济总论》，经济科学出版社1997年版，第217页。
[4] 潘岳主编：《中国国有经济总论》，经济科学出版社1997年版，第219页。
[5] 周太和主编：《当代中国的经济体制改革》，中国社会科学出版社1984年版，第51页。

来。国有国营的企业产权制度的弊端主要表现在以下方面：

一是国有资产所有权集中在政府，企业缺乏经营自主权。计划经济体制下的国营企业虽然直接使用国有资产，但其所有权与经营权不可分割，且集中在国家手中。这种产权关系决定国有企业由国家直接经营，由各级主管部门分级管理。企业不具有自己的独立财产，不是一个真正独立的经济实体，而只是一个进行财务核算的基础生产单位。企业没有独立的产权，没有独立的利益，也没有自主决策能力；企业不具有经营自主权，不承担经营盈亏责任，也缺乏激励机制。长期下来，企业难免低效益。

二是政企合一，国有产权主体行政化。由于我国全民所有制采取了国家所有制的实现形式，对国有企业则采取了国家直接管理的方式。国家政府机关既对企业履行行政管理职能，又作为国有资产的代理人行使资产管理职能，这就必然导致国有产权主体的行政化。国有产权主体实际在国家，企业只是国有资产的受托人，以社会利益为目标，企业不能以利润最大化为目标，政府对企业也不以经济效益指标来评价其绩效。

三是财产收益权的唯一性，企业缺乏激励机制。财产所有权决定收益权，这决定国有企业盈利只有国家享有，企业无权直接获利。企业只能在国家收取全部盈利后，再通过分配的形式返还一部分利益给企业，而且这种分配并不必与企业经济效益挂钩。国有企业盈利全上缴、亏损国家包，这使得企业无自己的独立物质利益，缺乏自我激励的内在动力。这正是国有企业缺乏活力的主要原因。

四是国有产权运行计划化，资产运营与市场脱节。传统国有企业的产权运营完全以国家计划为导向，以行政手段来推动。由于政企合一，行政约束违背市场经济规律，企业行为完全遵照主管部门行政指令和指令性计划的硬约束。企业在经济活动中无须按市场信号来调整经营行为，当行政指令和计划滞后于市场时，企业也不能利用市场经济规律来灵活决策以提高效率。企业脱离市场和缺乏自主权，难免效率下降。

五是企业权责利配置不当，国家承担无限责任。由于企业没有经营自主权，也没有盈利控制权力，更没有法人财产权，也就不能承担经营责任。由政府承担企业经济活动的全部责任，而且这种责任又是无限的。由于企业无责任约束，势必出现职工躺在企业身上吃"大锅饭"，企业躺在国家身上吃"大锅饭",国营企业不能破产、职工不能失业等问题日益突出,由此带来企业效益下降和社会包袱加重。

计划经济体所决定的国营企业的上述弊端,不可避免地带来生产效率和经济效益的下降。如1960年与"一五"末的1957年相比,生铁合格率由99.4%下降至74.9%,全国工业企业每百元产值的生产费用从51.1元增加至56.4%元;每亿元工业总产值平均耗用的煤炭由10万吨增加至21万吨;每亿元工业总产值平均耗用的电力从2501万度增加至3443万度;全国国营工业企业全员劳动生产率下降了7.8%。[①] 至20世纪70年代,国民经济比例关系失调,1965年回升的经济形势又转为停滞与下降,市场商品匮乏,人民群众的物质生活得不到改善,1965~1975年国营企业职工平均工资下降6%,整个国民经济陷于困境。国有企业效率下降与国民经济整体波动也是一致的,这里既有经济体制的原因,也有当时政治路线的偏差、国际经济政治格局和自然灾害的影响等。

1950~1978年,虽然国民经济增长率总体也在增长,有些阶段还比较高,但由于国家经济建设、国防建设以及国际援助等因素,使得优先发展重工业、积累优先而消费滞后,居民收入的增长和社会质量的改善较为缓慢,直至改革开放之初,总体还没有解决温饱问题,人均国民收入处于世界的后列。

第三节　计划经济体制的国营企业领导体制

我国国有企业经营管理领导体制或治理机制最早可追溯到红色割据时期。20世纪30~40年代,我党在中央苏区和陕甘宁边区就建立了公营经济。为适应当时军需生产和军民生活需要,公营企业采取"三人团"的领导体制。据1934年4月《苏维埃国有工厂管理条例》规定,国有工厂厂长"对于厂内一切事务,有最后决定之权"。在厂长之下,设立工厂管理

[①] 周太和主编:《当代中国的经济体制改革》,中国社会科学出版社1984年版,第79页。

委员会，负责解决厂内重大问题。管理委员会"以厂长为当然主席"，由厂长、党支部书记和工会委员长组成"三人团"，以"协调统一处理厂内的日常问题"。以后"三人团"被"工厂联席会议"所取代，联席会议发挥集体智慧，同时确定厂长对生产问题有最后决定权。到新中国成立前夕，1948年8月华北人民政府公布了《关于在国营、公营工厂企业中建立管理委员会和工厂职工代表会议的实施条例草案》。根据该条例，管理委员会是工厂企业统一领导的行政组织；管理委员会以厂长为当然主席；管理委员会讨论决定生产与管理的重大问题，以厂长的命令颁布实施；管理委员会多数委员通过的决议，厂长认为或在实践中发现不符合上级指示，或与该厂理由相抵触，厂长有权拒绝或停止执行。如果多数委员不同意厂长决定，可将意见向上级报告，但上级未有指示之前，应执行厂长的决定。这种企业领导体制的演变表明，企业管理民主和厂长决策权威处在不断调整过程中。[①] 1950年2月28日，中央人民政府财政经济委员会发布《关于国营、公营工厂建立工厂管理委员会的指示》，要求对国营、公营工厂企业中原官僚资本统治时期遗留下来的不合理管理制度，进行有计划有步骤的改革，改革的中心环节，是建立有工人参加的工厂管理委员会。

早期的国有企业领导体制及其演变，体现了工人主人翁地位、民主管理和决策效率之间的平衡。1953年我国开始实施第一个五年计划，这一时期我国全面引进苏联的企业管理体制，在企业领导体制上，国营企业实行厂长对企业经营管理全面负责的"一长制"的领导体制。列宁在俄国十月革命后在国有工业企业推行了"一长制"，他主张"某种工作过程中，在某种纯粹执行职能方面实行个人独裁制。"[②] 1954年5月28日，中共中央转发华东局《关于在国营厂矿企业中实行厂长负责制的决定》，厂长负责制在国营企业推广开来。"一长制"有利企业管理到位和高效决策，但在实践过程中逐渐出现变形，企业的民主管理和决策权威、企业党组织和行政管理等关系不顺，由此影响了企业经营效率。

---

① 何玉长：《国有公司产权结构与治理结构》，上海财经大学出版社1997年版，第50~51页。
② 《列宁选集》（第3卷），人民出版社1995年版，第545页。

1956年中国共产党第八次全国代表大会政治报告确定：在企业中，应当建立以党为核心的集体领导和个人负责相结合的领导体制。凡是重大的问题都应当经过集体讨论和共同决定，凡是日常的工作都应当由专人分工负责。这就是"党委领导下的分工负责制"。这种体制削弱了厂长的经营管理决策权，是对"一长制"的调整。这种体制被随后而来的"文化大革命"所中断，"文化大革命"时期一度流行"革命委员会"的工厂领导体制。"文化大革命"结束后，我国推行"党委领导下的厂长（经理）负责制"，其原则是：党委集体领导、厂长（经理）行政指挥、职工民主管理。党委领导下的厂长经理负责制是对党委领导下的负责制的修正，提高了厂长（经理）在行政班子中的地位和作用，有利于企业管理水平提高。党委领导下的厂长（经理）负责制这种企业领导体制一直延续下来。到1984年5月，第六届全国人民代表大会第二次会议《政府工作报告》宣布在国营企业逐步实行厂长（经理）负责制。1984年10月《中共中央关于经济体制改革的决定》正式提出厂长（经理）负责制。第七届全国人民代表大会第一次会议通过的《中华人民共和国全民所有制工业企业法》（以下简称《企业法》）第七条规定："企业实行厂长（经理）负责制。厂长依法行使职权，受法律保护。"《企业法》第八条规定"中国共产党在企业中的基层组织，对党和国家的方针、政策在本企业的贯彻执行实行保证监督。"

计划经济时期，我国也曾改革经济管理权限过于集中的问题，但当时主要限于中央和地方的权利调整，而未对企业自主权予以扩大。针对"大跃进"的经验和教训，1961年1月，中共八届九中全会通过了对整个国民经济实行"调整、巩固、充实、提高"的八字方针。提出利用2~3年时间对国民经济进行调整。调整时期，对国营企业管理体制也进行了改革探索。1961年9月，中共中央颁发《国营工业企业工作条例（草案）》（以下简称《条例》），共10章70条，故称"工业七十条"。《条例》对国营企业的计划管理、经济核算、企业财务、生产协作、责任制度、党委领导下的厂长负责制、工会和职工代表大会、党的工作等重大问题作出明确规定。此外，还推行固定工和合同工制，以及扩大地方管理权限等。

经济学家孙冶方当时就意识到传统体制的问题正是没处理好国家集中

领导和企业独立经营的问题。"国民经济管理体制改革的核心是正确处理国家集中领导和企业独立经营的关系。"① 同时还主张，国民经济运行要遵循价值规律，价值规律是贯穿经济的一条红线，国有企业要讲经济效益。传统经济体制下，所谓"国家集中领导"总是演变为政府直接干预企业，"企业独立经营"如果不以产权改革和现代企业制度为前提，独立性也是无从谈起的。在计划经济时期能批评"政府干预"和倡导"企业独立经营"，重视价值规律的调节作用等，是难能可贵的。

第四节　计划经济时期国营企业改革探索

计划经济时期国营企业也进行了一定范围的改革。总体上，在固守传统计划经济体制的前提下，国营企业也创造了一系列行之有效的管理方法和制度，适时调整国营企业管理权限，改进了国营企业领导体制。改革的焦点主要集中在政府对企业、中央对地方的放权和收权的调整上。

第一，以国营工业企业管理体制改革为主线。

我国新民主主义阶段就初步形成计划经济体制及国营企业管理体制框架，进入社会主义阶段，这种计划经济体制就逐步完成。在我国国民经济体系中，工业是主体产业，国营工业企业是国有企业的主体，加快工业化进程是社会主义总路线的核心内容，以国营工业企业改革为主线带动其他产业发展正体现了国民经济发展的重点。1957年9~10月，中共八届三中全会通过了《关于改进工业管理体制的规定（草案）》，以后又经国务院和全国人大通过，并由国务院颁发1958年起试行。关于改进工业管理体制的规定：一方面，适当扩大省、自治区、直辖市的管理工业的权限：（1）调整现有企业的隶属关系，把由中央直接管理的一些企业，下放给省、自治区、直辖市领导，作为地方企业；（2）增加各省、自治区、直辖市人民委员会在物资分配方面的权限；（3）原来属于中央各部管理现在下

---

① 孙冶方：《社会主义经济论稿》，广东经济出版社1998年版，第409~410页。

放给地方政府管理的企业，全部利润的20%归地方所得，80%归中央所得。所有地方政府参与利润分成的企业，上述规定的二八分成的比例，三年不变。(4)在人事管理方面，都按照地方企业办理。对仍归中央各部管辖的企业的所有干部，在不削弱主要厂矿领导力量的条件下，可以进行适当调整。另一方面，适当扩大企业主管人员对企业内部的管理权限：首先在计划管理方面，把国务院下达给企业的12个生产计划方面的指令性指标减少至4个，扩大企业主管人员对计划管理的职责；其次，国家和企业实行利润分成，改进企业的财务管理制度；最后，改进企业的人事管理制度，除企业主管负责人员、主要技术人员以外，其他一切职工均由企业负责管理。企业有权在不增加职工总数的条件下，自行调整机构和人员。

第二，以商业管理体制和财政体制相应配套改革。

与工业企业管理体制改革相适应，也启动了相关领域的体制改革。在颁发工业企业改革条例的同时，也颁发实行了《关于商业管理体制的规定（草案）》，《关于改进财政管理体制的规定（草案）》。国营商业企业的管理体制改革与工业企业体制改革相似，商业管理体制也主要是向地方和企业下放管理权限，实行中央和地方的利润分成，在劳动人事、利润分配、外汇管理上赋予地方和企业更多的权限。财政管理体制改革总体上也是向地方放权，经济利益向地方流动。由于随之而来的"大跃进"的冲击，1957年确定的对国民经济的调整实际上半途而废，向地方和企业放权并未实行，国营企业改革也半途而废。

第三，企业内部管理改革聚焦于经济核算制。

计划经济体制的初期，国务院经济工作领导人就强调国营企业内部管理要着重于规章制度建设。1959年1月26日，邓小平在各省（自治区、直辖市）委书记会议上讲话提出："工矿企业，在生产方面，同样还要提出加强经营管理，经济核算，责任制。规章制度，只能废除那些必须废除的，有的废除之后要新建，不能统统否定规章制度。"[①] 在"大跃进"和

---

① 薄一波：《若干重大决策与事件的回顾》（下卷），中共中央党校出版社1993年版，第954页。

第三章　计划经济体制下国营企业管理思想（1949～1978）

三年困难时期之后，国民经济严重衰退。在这一背景下，为贯彻"调整、巩固、充实、提高"的方针，国务院有关部门在调查研究的基础上，着手起草关于工业整顿的文件。1961年9月16日发布并开始实施《国营工业企业工作条例（草案）》。工业整顿的目标和企业工作条例的制定都在加强企业内部的规章制度建设。经济学家孙冶方就此提出，财经管理体制的中心问题是独立核算企业的权力、责任和它们同国家的关系问题，也是企业经营管理权问题，国家和企业之间管理权的划分依据是简单再生产和扩大再生产，简单再生产范围内的"小权"应该由企业拥有，而扩大再生产范围内的"大权"应该由国家拥有。①

第四，国民经济调整再度加强集中统一领导。

根据1961年发布《国营工业企业工作条例（草案）》（70条），对计划经济体制下国有企业管理改革涉及以下八个方面：一是规定国家与企业之间实行"五定""五保"。五定：定产品方向和市场规模；定人员、机构；定主要的原料、材料燃料、动力、工具的消耗定额和供应来源；定固定资产和流动资金；定协作关系。五保：企业对国家保证产品的品种、数量和质量；保证不超过工资总额；保证完成成本计划，并且力求降低成本；保证完成上缴利润；保证主要设备的使用年限。五定是国家对企业市场条件的提供；五保是企业对国家的义务。以及确定三年不变。二是限制企业党组织对生产行政工作的干预过多，禁止把党委领导下的厂长负责制引申到车间、工段和科室。三是建立严格的责任制度。《条例》对有关计划管理、技术管理、劳动管理、经济核算和财务管理等章，也规定了相关的责任制度。主要是以厂长为首的全厂统一的生产行政指挥系统及其责任制；以总工程师为首的技术管理责任制；有条件的企业，设立总会计师，实行以总会计师为首的财务管理责任制。四是将职工代表大会制度载入《条例》。五是明确规定技术人员和职员是工人阶级的一部分。六是规定企业必须实行严格的经济核算，讲求经济效果。企业的厂部、车间、小组三级都要实现经济核算，建立和健全经济活动分析制度。七是重申社会主义

---

① 孙冶方：《关于全民所有制经济内部的财经体制问题》（1961年6月2日），引自《社会主义经济的若干问题》，人民出版社1979年版，第140～141页。

分配原则是按劳分配。八是规定企业的主要管理权力机制在厂部。《条例》规定"国营工业企业内部的管理，一般分为三级：（1）厂部，（2）车间或分厂，（3）工段或小组。""企业的主要管理权力，集中在厂级，联合企业的主要管理权力，集中在公司。"这是防止国家对企业下放权力时，企业也对基层逐级下放权力，造成生产指挥失灵。①

第五，探索企业民主管理和领导体制改革。

在"大跃进"时代突出强调尊重群众的首创精神，充分肯定社会主义国营企业的民主管理。如1960年3月，毛泽东在中共中央批转鞍山钢铁公司的管理经验时，提出了著名的《鞍钢宪法》，其含义是"两参一改三结合，干部参加劳动，工人参加管理；改革不合理的规章制度；工程技术人员、管理者和工人群众在生产实践和技术革新中相结合"。又例如，1964年毛泽东发出"工业学大庆"的号召，对全国工业战线提出开展"工业学大庆"活动，学习大庆油田自力更生、艰苦奋斗的精神，大力推广大庆油田的经验。这一时期，对国营企业领导体制也进行了改革探索，先后经历了"厂长经理负责制""党委领导下的厂长经理负责制"，"文化大革命"期间也经历了"革委会领导体制"和"党的一元化领导"的体制，此后又恢复到"厂长经理负责制"。计划经济时期提出的"多快好省地建设社会主义"的总路线也具有辩证和创新思维。

第六，在国际封锁背景下进行了有限的开放。

计划经济时期，我国在坚持独立自主方针的前提下也实现了有限的开放。20世纪50年代，全球范围内出现社会主义和资本主义两大阵营，形成了政治、经济、军事的全面对立，"冷战"格局形成。在西方封锁的背景下，我国被迫走上独立发展国民经济的道路，仅在社会主义阵营内部实行有限的开放。"一五"时期苏联对我国156个援建项目的实施，就是社会主义阵营的国际开放成果。我国计划经济时期已经建成了较完整的国民经济体系；同时在有些范围开展国际经济活动，由于都是"一边倒"的外交政策和"冷战"思维的影响，对外经济往来仅局限于所谓社会主

---

① 薄一波：《若干重大决策与事件的回顾》（下卷），中共中央党校出版社1993年版，第960~971页。

义的"友好国家",并且主要是不计经济成本的对外经济援助的对外关系。计划经济时期也开展了战备经济与"大三线"建设,这在当时都是非常必要的。国有企业为计划经济时期的社会主义建设提供了强大的物质基础。

第七,探索国有工业企业走托拉斯公司发展道路。

20世纪60年代初期,我国党和国家领导人就关注到了发展托拉斯公司对国民经济发展具有重要意义。据薄一波的回忆,60年代,在毛泽东等的提议下,"中央决定借鉴西方工业发达国家管理企业的组织形式,在工业、交通部门试办托拉斯(产品相同的企业或生产有密切联系的企业组成的联合经营公司),以改善我国的工业组织管理工作,提高企业的经营效益,加快国民经济的发展。这应该说是我国改革经济管理体制的一次有益实验。然而,在'文化大革命'中,却被污为所谓'复辟资本主义'的一大'罪状',使这一工业管理改革工作被迫中断。"[1] 薄一波回忆说:"毛主席几年前就提出了这个问题,说我们的工业建设可以走托拉斯的道路,托拉斯是工业发达国家找到的比较进步的组织管理形式,机器设备利用得比较合理,搞得也比较快。组织托拉斯,是生产关系的改革,也是上层建筑的改革。"[2] 1963年9月,中央组织起草的《关于工业发展问题》的文件,将组织托拉斯视为工业管理体制改革的主要措施。指出:"管理工业企业,主要是要用经济办法,而不能片面地依靠行政手段。""可以考虑利用像托拉斯这一类生产、交换和科学实验的综合性的组织形式,来为社会主义服务。这是用经济办法管理工业企业的一种组织形式。"[3] 发展托拉斯公司实际是发展联合企业,组建企业集团。今天看来,发展托拉斯公司也具有重要的实践意义。

虽然在计划经济体制下,我国以"苏联模式"为样板,构建国营企业管理体制,但在经济实践中,也不是完全照搬,也在一定范围内和一定程

---

[1] 薄一波:《若干重大决策与事件的回顾》(下卷),中共中央党校出版社1993年版,第1171页。
[2] 薄一波:《若干重大决策与事件的回顾》(下卷),中共中央党校出版社1993年版,第1173页。
[3] 薄一波:《若干重大决策与事件的回顾》(下卷),中共中央党校出版社1993年版,第1174页。

度上结合中国实际，对计划经济体制有所调整。这一时期，对国营企业的体制改革有几个特点：一是在计划经济框架范围内的改革和调整，主要集中于地方自主权和企业自主权的放与收，没有突破传统计划经济体制的束缚。二是改革没有持续性，总是处于摇摆之中，时而被政治运动所冲击。如国营企业领导体制的反复，地方和企业管理的集权与分权，"一五"末期大好局面被"大跃进"所中断，1965年调整好的经济局面被"文化大革命"所中断。三是计划经济时期的国营企业改革缺乏制度约束、法律制度保障。这一时期实践主要依赖党和政府领导人的个人意志和决策，而缺乏规范的制度安排。四是计划经济时期国有经济和国有企业理论滞后。计划经济体制受到苏联模式的局限，国有企业管理理论也受"苏联范式"尤其是斯大林公有制"二元模式"和全民企业有关论述的影响，这一时期我国学界对国有企业的理论研究也很薄弱。

第五节　东欧社会主义国家国有企业分权模式改革经验与教训

由于对马克思的社会主义公有制设想的教条化理解，俄国十月革命后建立起来"苏联模式"的国有企业集权管理体制。而这种模式在社会主义阵营中成为"标配"。东欧国家和亚洲部分国家，在第二次世界大战结束后，都采取了"苏联模式"。中国曾是"苏联模式"的最大实验地，与中国同时期的东欧国家也都是复制"苏联模式"建立起计划经济管理体制和国有企业管理体制。苏联模式背景下的国有企业的基本特点在于：一方面，生产资料的全社会集中。在社会主义企业发展史上，最初是高度集权的全社会作为一座大工厂的企业制度，"全体公民都成为了一个全民的、国家的'辛迪加'的职员和工人"，"整个社会成了一个管理处，成为一个劳动平等、报酬平等的工厂。"[1] 另一方面，生产资料所有权和经营权

---

[1] 列宁：《国家与革命》，引自《列宁全集》（第3卷），人民出版社1975年版，第258页。

高度集中在政府主管部门手中。这种国有企业不但没有法人财产权,甚至没有经营自主权。从苏联到第二次世界大战后的东欧国家以及我国,都是采用这种所有权与经营权高度集中在政府手中的国有企业产权制度模式。

随着社会主义改革的进程,采取这种集权模式的国有企业制度逐渐向分权模式的企业制度转变。在这个转变过程中东欧社会主义国家先后出现了四种模式。考察这四种分权模式,对我国国有企业改革也能得到有益的启示。[1]

第一,兰格的"自主企业"模式。

这是波兰经济学家奥斯卡·兰格在1957年设计并在波兰实行的国有企业分权模式。自主企业的基础是资产国有和管理自治,兰格认为"企业资产国有"和"企业管理自治"二者并不矛盾。"国民经济管理的基础应是自主的社会主义企业。……社会主义企业是属于全民的财产的受托人,它们在国民经济计划和国家政策的一般指示的轮廓内自主地管理这些企业。"[2] 全民所有制企业,一方面是作为属于全民财产的生产资料的受托人,按社会一般利益行动;另一方面,企业必须高度自治,企业应成为"自治工人的团体",具有自治利益,从而使经济刺激、利益追求对企业起作用。从纵向来看,自治分为三个层次:一是企业层次的普遍自治,这将导致"工业中的上层及中央机关形成自治"。二是企业集团的自治,以主体企业为核心,将相关企业联合成企业集团。三是中央机关、工业中的上层的自治,这是以"某种企业集团的自治为基础"。从横向来看,企业之间的关系是直接的合同关系,"社会主义企业之间的关系,一般地应当基于一种直接的合同制度,它可以代替从上面分配的现行制度。"国家对宏观经济的管理是通过"社会主义银行系统"来进行,通过银行系统实施投资,并通过银行系统来实施监控。企业经济自治将进一步导致政权机关的变革,并使国民经济管理与政府行使政治权利分离。

第二,霍瓦特的"自治企业"模式。

南斯拉夫自治社会主义由来已久,这也是南斯拉夫被社会主义阵营排

---

[1] 何玉长:《国有公司产权结构与治理结构》,上海财经大学出版社1997年版,第40~42页。
[2] [波兰]兰格:《社会主义经济理论》,中国社会科学出版社1981年版。

斥的主要原因。至20世纪70年代，经济学家霍瓦特根据民主和效率的"互补性"原则，建立了著名的"自治企业"模式。霍瓦特认为自治是社会主义的基本特征，社会主义企业组织（或政治的）目标应是在实现效率的同时使决策中的民主最大化。企业自治的最高决策机构是工人委员会，企业自治表现在两个方面：一方面，在全社会范围内实行企业自治，反对国家垄断，企业之间的关系通过有控制的市场和社会计划来协调，企业是独立的商品生产者；另一方面，在企业内部实行工人自治，反对企业管理主义和领导专制，企业领导者如经理等只是决策的执行者和生产的管理者，工人有权通过工人委员会对企业生产和分配作出决策。社会主义自治必须既否定私有制，又否定国有制，社会所有制是社会主义企业的组织基础。与自治形式存在的国有经济分为联邦、共和国、联合体和劳动组织（企业）。实行有调节的市场和社会计划相结合。国有经济采取"自治企业"模式，带来了南斯拉夫经济增长绩效，在20世纪后期的南斯拉夫经济就达到中等发达国家水平，领先于社会主义阵营的其他国家。

第三，诺夫的国有企业"二元模式"。

英国经济学家亚·诺夫长期研究苏联东欧社会主义经济制度。在1983年设计了他的社会主义国有企业模式即"集权国营公司"和"自治社会化企业"模式。[①] 亚·诺夫提出了"可行的社会主义经济"，诺夫主张可行的社会主义应该是："国有财产、社会化公有财产及合作社财产，占主导地位。"其中国有财产有两种企业组织形式：一种是"中央集权的国营公司"；另一种是"有充分自主权的社会化企业"。集权化国营公司主要适应于大型重化工业、公用事业。而自治的社会化企业，主要适应于竞争性行业的企业，其财产是国家所有，但企业享有自治权；企业的经理由工人民选的委员会任命，企业经理对工人全体委员会负责；这种自治的社会化企业参与市场竞争。英国学者诺夫的理想模式只是一个设想，并未付诸实践。倒是在我国20世纪80年代放权让利、搞活国有企业的改革实践，与诺夫的国有企业二元模式有些相似，诺夫的二元模式也与我国国有企业

---

① ［英］亚·诺夫：《可行的社会主义经济学》，华夏出版社1991年中文版。

第三章　计划经济体制下国营企业管理思想（1949~1978）

分类改革思路接近。

第四，锡克的"合作公司"模式。

1968年的捷克斯洛伐克，在国家副总理、经济学家奥塔·锡克的领导下，试行了国有企业改革为重点的经济改革。改革的核心是将国有企业改造成为"资本财产中立化"的合作公司模式。[①] 合作公司的财产组织基础是"中立化的资本"。这种财产形式的特点是，企业的资本财产不再同个人发生联系，也不能在单个人之间进行分配，财产不能量化到个人，财产的承担者是合作公司，也是全体职工的"生产集体"。这个集体由选出来的委员会依法对资本进行管理并享有利益。财产管理机构以委托方式来管理财产，将国有财产交给企业经营管理机构来有效地在生产中使用。依托这种中立化资本组织起来并发挥职能的企业就是合作公司，所谓"中立化资本"是相对于个人而言的"中立的资本"。合作公司的组织结构包括两个层面，一是合作公司内部的组织结构，二是合作公司联合的组织体系。"合作公司由财产管理机构和财产经营机构组成。两者的社会基础是全体职工组成的'生产集体'，它是唯一有权选举、监督甚至撤销两个机构的机关。"在合作公司之间存在相互联合，以及与之相适应的管理组织体系，大型企业建有二级甚至三级组织；在联合企业中，设有董事行使管理职能。公司对于"实际的实力政策和财政上的大笔交易需实行集权"，对于那些"可以更有效的共同来发展的活动领域，如研究与开发，企业内部的训练开辟新的市场和原料资源及能源资源，创造新的企业并提供资金以及其它"等重要部门需实行集权。同时，成立比较独立的经营组织和销售组织来实施运营。合作公司广泛实行职工民主管理，具体方法是职工"参与决策制度"和"自治的劳动小组制"。

由于东欧国家均是在社会主义计划经济体制内进行分权模式的改革，始终没有摆脱"苏联模式"的束缚，只是在经营权上做文章，没有真正建立企业独立的法人财产权，国有资产所有权与控制权无法分离。由于国有企业的分权难以实现，同时东欧国家的经济改革也遭到苏联的极力反对乃

[①] ［捷］锡克：《一种未来的经济体制》，中国社会科学出版社1989年版。

至镇压，改革无一成功。苏联和东欧社会主义国家在经历了多次改革失败后，随着苏联的解体，纷纷走向另一个极端——私有化。苏联和东欧社会主义国家国有企业走到这一步，是当初东欧各国分权模式倡导者绝对料想未及的。

第六节 对计划经济时期国营企业的理论思考

我国社会主义建设的前期，曾经历了30年的计划经济体制。对此要一分为二客观评价，计划经济时期国营企业管理体制有许多弊端，但计划经济和传统国营企业也不能全盘否定，新中国成立前30年的发展历程有其历史的合理性。实际上，国民经济恢复时期（1949～1952年）、"一五"建设时期（1953～1957年）、国民经济调整时期（1961～1965年），我国经济社会发展都取得非常重大的成就。对计划经济时期的国有经济和国营企业的理论分析，既要看到其历史作用，也要看到其局限性，要客观辩证的思考和评价。

一、计划经济体制下国有经济和国营企业的历史功绩

国有经济和国营企业作为新兴的社会主义生产关系的实现形式，曾经解放了我国社会的生产力，促进了我国经济社会的发展。计划经济体制下的国营企业也推行了有限的改革并取得一定成效，国有经济作为国民经济的中坚力量，推动了国民经济增长和社会全面发展，国营企业存在有其历史和客观的必然性。应该肯定计划经济体制下的国有经济和国营企业的历史功绩。

第一，国有经济在促进国民经济恢复和新民主主义经济建设发挥了重要作用。

我国国有经济在第一个五年计划期间发展壮大，并成为国民经济的中

坚力量。1952年现代工业产值在工农业总产值的比重由1949年的17%上升至26.7%[①]新中国成立以来，过渡时期的国有经济、国营企业和社会主义建设时期的国有经济、国营企业都烙下了深刻的"苏联模式"印记。"一五"时期以156个重点项目、694个大中型建设项目为中心，进行了大规模的投资，基本上是工业制造业所承担，这些项目的布局和建设完成，打下了现代工业体系的基础。建成了一批为建设国家工业化所必需的冶金、汽车、机械、煤炭、石油、电力、通讯、化学、国防等基础工业项目，为国民经济的发展奠定了坚实的基础。"一五"计划目标的提前完成，为国民经济的发展奠定了良好基础。国有经济作为新民主主义经济体系中的社会主义因素，这种新型生产关系带来了生产力的极大解放。国营企业和计划配置资源方式，也发挥了集中力量办大事的社会主义国有经济计划配置资源的优势。

第二，计划经济在社会主义探索时期曾创造了较高的经济绩效。

新中国成立之初的国民经济恢复时期、"一五"计划实施时期和国民经济调整的20世纪60年代前期，我国的经济增长、财政收入、居民收入都创造了历史纪录，这体现了新中国新型生产关系对生产力的解放。"1963年到1965年，国营工业企业全员劳动生产率平均每年增长23.1%，1965年达到8943元，比1960年提高53%，为历史最高水平；每百元产值占用的流动资金，1965年比1962年减少三分之一以上；1965年的资金利税率为29.8%，已经接近1957年的34.8%的水平；工业部门亏损额由1961年的46.5亿元下降为6亿元，盈亏额由1962年的76.3亿元增加到217亿元，增长了近两倍。"[②] 但国营企业机制僵化的内生因素主要是体制的弊端，而外生因素是长期政治运动的冲击，并非国有企业固有低效率。相反，国营企业在计划经济时代为国家创造巨大财富的同时，还承担了繁重的社会福利负担。尽管前30年我国经济波幅较大，但国有经济总体维持在较高的增长水平，促进了前30年国民经济的发展。

---

① 何理主编：《中华人民共和国史》，中国档案出版社1985年版，第86页。
② 薄一波：《若干重大决策与事件的回顾》（下卷），中共中央党校出版社1993年版，第976页。

第三，计划经济时期国营企业是国民经济的中坚力量。

以国营企业为主体，我国初步建设成了较为完整的独立自主的国民经济体系，包括能源、交通和制造业，尤其是自力更生建设成了现代工业和国防工业体系；国营企业是我国重工业和轻工业发展的主要承担者；我国国营企业为发展生产、保障供给、改善人民群众的生活提供了重要的物质产品和服务产品；尤其是20世纪60~70年代，以战备为主要目标的"大三线"建设在特殊的时代背景和国际形势下，国营工业企业尤其是国防军工企业，为巩固国防、为国家战备提供了强大的保障；国营企业更为我国社会发展提供了强有力的财政支持，国有经济和国营企业是社会主义经济的坚实基础。

由表3-4可见，我国"一五"以后国有工业企业总产值占全部工业总产值的比重呈抛物线趋势，以1965年为顶点，从1957年的54%上升至1965年的90%，随后开始下降，但始终保持在80%左右的份额。而工业总产值中，国有工业与集体工业在1962年后就全部覆盖。在工业总产值的增长中，国有经济发挥着主导作用，国营企业产值增长了3144亿元，占工业总产值增长中的80.86%。工业总产值增长了3888亿元，增长了11.14倍。

表3-4　　　　　　1952~1978年工业总产值按经济类型分布

年份	工业总产值（亿元）	国营企业产值（亿元）	国营企业占比（%）	集体企业占比（%）	个体企业占比（%）	其他企业占比（%）
1952	349	145	41	3	21	35
1957	704	378	54	19	1	26
1962	920	808	88	12	—	—
1965	1402	1263	90	10	—	—
1970	2117	1855	88	12	—	—
1975	3207	2601	81	19	—	—
1978	4237	3289	78	22	—	—

资料来源：《中国统计年鉴》（1999），中国统计出版社1999年版。

表 3-5 中分别为：Y 是国有企业总产值，K 是国营企业总资本额，L 是国营企业总劳动人数。根据表 3-5 中 γ 值，可见，在计划经济体制下，"一五"期间企业制度的经济绩效最大，达 52%，随后在"大跃进"的影响下，逐渐减弱。"文化大革命"之前，绩效还是正向的，大约从 1967 年开始，企业经济绩效就转为负向。集中计划统一的管理体制和政治上的问题使国民经济陷入混乱。但总体上，国有企业的规模报酬是递增的（a+β>1）。[①]

表 3-5　　　　　计划经济体制下国营企业制度绩效

年份	Y*	K	L	Y	A	k	β	l	γ
1952	189	339	1580						
1957	493	784	2451	1.61	0.68	1.31	0.35	0.55	0.52
1962	1054	1666	3309	1.14	0.64	1.12	0.65	0.35	0.19
1965	1647	1994	3738	0.56	1.81	0.20	1.38	0.13	0.03
1970	2420	2884	4792	0.47	0.87	0.45	0.73	0.28	-0.13
1975	3393	4760	6426	0.40	0.52	0.65	0.60	0.34	-0.14
1978	4290	6925	8019	0.26	0.41	0.45	0.56	0.25	-0.06

注：Y*：由于没有国营企业的总产值统计，所以此值以国内生产总值和国有工业企业产值拟合而成，因为只计算增量的变化，所以影响不大。

资料来源：《中国经济年鉴》(1999)，中国经济出版社 1999 年版。

二、"苏联模式"对国有经济和国营企业的束缚

对计划经济体制的反思，要充分认识到计划经济时期"苏联模式"集权经营管理体制对国营企业生产力的束缚，要充分认识到国有经济采取国营企业经营方式的弊端。也正是因为此，我国才有必要探索国有企业改革路径，并且将国有企业改革作为整个经济体制改革的中心环节。"苏联模式"的消极影响主要有以下方面。

[①] 何玉长等：《新中国经济制度变迁与经济绩效》，中国物资出版社 2002 年版，第 80~84 页。

第一,"大跃进"时期脱离经济规律的国营企业的激进冒进。

1958年5月,中共八届二次会议通过了"鼓足干劲、力争上游、多快好省地建设社会主义"的总路线,但随之却演化成1958~1969年的"大跃进"运动,社会主义经济体制和国有企业经历了成长中的挫折。由于集权和僵化的国有经济和国营企业管理机制,违背经济规律的客观要求,盲目追求"以钢为纲",僵化理解列宁的"生产资料的生产优先增长"理论,片面发展重工业,经济增长指标放"卫星",中央与地方的权利划分不当,政府与企业权利划分不当,造成资源配置不当和国民经济的比例失调。脱离经济规律的"大跃进"和严重自然灾害的发生,我国随之陷入严重的经济衰退。

第二,政企不分的国营企业管理体制。

计划经济时期的国营企业,行政管理和企业经营管理职能不清,政企一体化,国营企业实际是行政机构的附属物,企业缺乏经营管理的自主权,也缺乏经营责任制度,缺乏经济激励和竞争力,也就没有企业的独立经济利益。在政企不分的制度约束下,企业不计成本、不讲盈亏、不担责任的经营方式,以行政管理手段管理经济运行,企业经营管理只需执行行政命令和计划指令,而往往偏离经济规律的要求。长期下来,企业经营绩效下降在所难免。

第三,偏离市场要求的资源配置方式。

计划经济时期的国营企业,按政府管理部门的指令性计划和行政命令来配置资源和生产经营,相对稳定的计划尤其是指令性计划,常常滞后于经济形势和瞬息万变的市场。由于偏离经济规律尤其是供求规律的要求,在资源配置上排斥市场机制的作用,使得企业生产经营成本高、耗能多、效益低的乃至亏损的问题,长期得不到解决。

第四,以农补工的产业政策失误。

我国在计划经济时期的现代工业体系建设中,长期牺牲农业补贴工业,农产品价格低于价值,而工业品价格高于价值,通过工农业产品价格"剪刀差",在工农业产品交换中,使农业为工业积累资金。这虽然在一定程度上加快了现代化产业体系建设,加快了我国工业化进程,但也造成长期的工业和农业的二元结构,城市和乡村社会发展的"鸿沟",城乡居民收入的过大差距。农村、农业和农民问题长期制约了社会经济的发展，也造成新中国成立之后的前30年我国城市化、现代化进程的停滞不前。

第五，频繁的政治运动干扰企业生产经营。

新中国成立后的前30年，各种政治运动一直没有消停，政治挂帅干扰企业经营。尤其是"文化大革命"时期，对国民经济形成持续全面的冲击，在理论上批"奖金挂帅"、批"唯生产力论"，以所谓"抓革命"来"促生产"，国民经济一度失去正常的生产经营秩序。计划经济时期以政治动员、军事化管理、群众运动等方式运用到国营企业生产经营中，由此违背经济活动的内在规律，漠视对企业的科学管理。由于政治运动从外部对企业生产经营的冲击，企业内部又缺乏应有的经济激励，国营企业也不可能有持续的动力和活力。

三、客观评价计划经济体制和"苏联模式"

在第二次世界大战之后，一系列社会主义国家在东欧和亚洲相继出现，形成与西方抗衡的社会主义阵营，"苏联模式"也成为社会主义国家经济体制的"标配"。新中国成立后，随着社会主义的进程，我们模仿"苏联模式"并在苏联的直接帮助下，建立了高度集权的计划经济体制，包括集权模式的国营企业管理体制，计划经济体制及其国营企业管理体制一直延续至20世纪80年代。计划经济体制的"苏联模式"在中国长期实行并产生了长远影响，对此需要理性反思和客观评价。

第一，集权模式的计划经济体制及其国营企业管理体制是基于对马克思主义教条化理解的产物。

马克思、恩格斯虽然为无产阶级社会主义革命提供了强大的思想武器，但马克思、恩格斯本人并未经历社会主义建设的实践，尤其对东方国家社会主义的实践并没有体验，其对社会主义的设想也不能顾及各国生产力发展的具体国情。无论是在苏联、东欧各国还是在新中国，由于社会主义探索者受到马克思关于公有制实现形式"全社会所有"的思想束缚，教条化理解马克思"全社会共同占有生产资料"的主张，故生产资料的全民所有制采用国营企业组织形式，并逐渐形成所有制结构的单一公有化；同时在组织社会生产时，按照社会化大生产的要求全社会有计划配置生产要素，也就必然采取集权模式的国营企业管理体制。对马克思主义理论教条化的理解，导致社会主义实践的挫折，这恐怕也是有违马克思、恩格斯本人的意愿。

第二，国民经济计划管理体制和国营企业管理体制全面复制"苏联模式"既是历史必然，也是历史局限。

社会主义在苏联、东欧和亚洲一系列国家诞生，从根本上说，是社会生产关系和生产力矛盾运动在这些国家的作用结果。苏联作为第一个社会主义国家，开辟了人类进步的新纪元，到20世纪50年代，已经历了几十年的社会主义革命和建设，具有基本成功的经验。同时由于苏联在第二次世界大战期间反法西斯战争中，起到了中流砥柱的作用，苏联共产党领袖斯大林在第二次世界大战后的社会主义国家形成了极高的威望，这些历史决定"二战"后建立的社会主义国家在社会主义建设实践中，不可避免地选择了"苏联模式"。正如薄一波所思考的那样："从1953年开始，在苏联帮助下，我国开展了大规模的经济建设，成绩卓著，举世瞩目。但是，同社会主义改造比较起来，在建设方面我们自己的创造比较少，农业方面、商业方面比较好一点，工业（特别是重工业）、计划管理、金融、统计等方面，基本是照搬苏联的。这在当时是不可避免的。因为我们没有管理现代经济的经验，知识不足，经济技术落后，以美国为首的资本主义国家又对我国进行了全面封锁和禁运。而苏联有了近20年管理社会主义经济的经验，他们的经济和技术，相对来说已经达到了较高的水平。那时苏联帮助我们也确实是真诚的，例如：他们把全苏计划和管理机构动员起来，帮助我们搞出了一个有计划（按比例）建设的轮廓，又承担了第一个五年计划中156项骨干工程的设计、设备供应和技术指导的任务。"[①] 当然，将"苏联模式"不分国情地复制到欧亚一系列社会主义国家，"水土不服"难以避免。毛泽东和第一代中国共产党人在"苏联模式"的框架内也进行了一定的改革探索，包括对国营企业经营管理体制的有限改革。

[①] 薄一波：《若干重大决策与事件的回顾》（上卷），中共中央党校出版社1991年版，第471~472页。

第三章 计划经济体制下国营企业管理思想（1949～1978）

中国改革开放前30年既有"苏联模式"的消极影响，又有中国道路的探索经验。

第三，新中国国民经济迅速恢复是新的生产关系对生产力的解放。

对于计划经济体制和"苏联模式"要辩证和客观分析，既要反思其教训，也不可全盘否定其历史作用。在我国国民经济建设初期，按照"苏联模式"建立起的计划经济管理体制，还是发挥了一定的积极作用。例如，在国民经济恢复时期和"一五"计划建设时期，集权模式的计划经济体制下，短时期内集中全社会有限的人财物，调动各方面的资源，办好国民经济亟须的事务，计划经济手段加政治动员也曾表现出高效率，具有一定的历史作用。这在以下五个方面可以得到验证："（1）到1952年国民经济恢复，根据第一次全国清产核资结果，国营企业（不包括文委、军委、军工及地方国营企业）的固定资产原值为223.6亿元，折旧后净值为158.9亿元；流动资金原有15亿元，经核定，1952年定额计划为8.6亿元。这笔财产构成我国新中国成立初期社会主义公有制成分中的主要物质基础，形成我国初具规模的国有资产。（2）1952年底全国国营工业企业已有9500多个，职工510多万人，资产总值由1949年的68.9亿元增长至108.4亿元。（3）1952年国营对外贸易占进出口总值的93%。（4）1952年底，全国已建立起3万多个国营商店，比1950年增加3倍，有职工57.7万人，国营商业已控制了很大部分社会产品的流通，基本控制了市场价格，并通过加工订货、价格政策来调节资本主义经济和个体经济的市场过程，把它们初步纳入国家计划的轨道。（5）到1952年底国营银行逐步变成了现金、短期信贷和结算中心，掌握了99%的银行存贷款，巩固了国营经济在社会信贷体系中的领导地位。（6）国营企业上缴国家的利税占国家财政收入的比重逐年提高，由1950年的33.4%上升为1952年的58.1%。国营经济成为国家财政收入的主要来源。"[1]

第四，"一五"时期国民经济发展为社会主义经济奠定了基础。

"一五"期末，我国工业总产值比五年计划规定的1957年指标超过

---

[1] 潘岳主编：《中国国有经济总论》，经济科学出版社1997年版，第59页。

21%，比1952年增长128.6%，平均每年增长18%。①"一五"期间国营企业职工工资增长42%②。到1956年我国就提前一年完成"一五"计划。苏联援建的156个重大建设项目，到1957年底，有135个已经施工建设，有68个已经全部建成或部分建成投产。③这为国民经济体系和国家工业化奠定了基础。在20世纪60年代前期，我国坚持国民经济进行"调整、整顿、充实、提高"的方针，通过贯彻落实"八字方针"，也带来国民经济在一定时期的繁荣。但从长远看，"苏联模式"毕竟远离市场、不适合经济规律的内在要求，抑制了各经济主体的积极性，终究会落入效率递减的"陷阱"。当中国从计划经济体制转向市场经济体制，"苏联模式"也就失去了存在的意义。根据薄一波的回忆，"'156项工程'，实际进行施工的为150项，其中在'一五'期间施工的有146项。这150项施工项目的构成是：军事工业企业44个，其中航空工业12个、电子工业10个、兵器工业16个、航天工业2个、船舶工业4个；冶金工业企业20个，其中钢铁工业7个、有色金属工业13个；化学工业企业7个；机械加工企业24个；能源工业企业52个，其中煤炭工业和电力工业各25个、石油工业2个；轻工业和医药工业3个。……苏联援建的这些项目，主要是帮助我国建立比较完整的基础工业体系和国防工业体系的骨架，起到了奠定我国工业化初步基础的重大作用。"④

第五，客观评价计划经济体制下国营企业效率。

我国计划经济时代，也并非国营企业必然低效率，国营企业经济效率在不同时期有一定差异。如百元资金实现利润最高的是1957年，达34.6元，最低的为1975年的22.7元；百元工业产值实现利税最高的年份1965年的21.3元；百元工业产值实现利税最低的是1975年的14.2元。经济效益最好的是"一五"末期的1957年和国民经济调整后期的1965年。与1957年相比，整个新中国成立后的前30年，国营企业经济效益不升反降，到1975年的国营企业经济效益指标下降到低谷（见表3-6）。计划经

---

①③ 何理主编：《中华人民共和国史》，中国档案出版社1995年版，第93页。
② 刘钟黎主编：《新中国经济60年》（下册），中国财政经济出版社2009年版，第506页。
④ 薄一波：《若干重大决策与事件的回顾》（上卷），中共中央党校出版社1991年版，第297页。

济时期国营经济的效率尤其与政治形势的变化有很大的相关性，在政治运动对经济的冲击下，随之而来的就是经济下滑。另外，评价国营企业的效率，不能单纯以盈利为标准。计划经济时期，国营企业在提供就业岗位、保障社会供给、保障国民经济稳定发展等方面都具有无可替代的作用；此外，计划经济时期本应由社会承担福利负担也由企业承担下来。因此，不应忽视国营企业所带来的社会效益。

表 3-6　　　　　1957~1978 年国营企业主要经济效益指标

年份	百元资金实现利润（元）	百元工业产值实现利税（元）	工业产值指数（%）	全员劳动率指数（%）
1957	34.6	16.9	100.00	100.00
1965	29.8	21.3	211.65	141.13
1970	30.6	18.2	380.22	159.79
1975	22.7	14.2	556.87	157.73
1978	24.2	15.5	713.86	174.94

资料来源：《中国工业经济统计资料》（1986），中国统计出版社 1986 年版。

第六，新民主主义阶段所有制结构多样化有利于经济激励和竞争。

相比较于社会主义建设时期公有制的单一化，国民经济恢复的新中国成立初期和"一五"时期，我国尚处在新民主主义阶段，多种所有制经济并存。然而，国民经济增长速度和经济效益却超过历史，也超过了计划经济体制下的其他时期。这在一定程度上也验证了多种所有制经济比单一所有制更具激励和效率。新民主主义阶段的多种所有制经济，其中公有制尤其是国有经济保障了国民经济的稳定发展和社会宏观发展的需要，也保障了向社会主义过渡的方向；多种所有制并存有利竞争和多个积极性的发挥。而进入社会主义阶段后，新的生产关系一方面促进了生产力的发展和社会进步；另一方面因没有循序渐进，而是一定程度上脱离生产力发展多层次性的实际，一味追求"一大、二公、三纯"的全民所有制，抑制了多个积极性和经济竞争，从而抑制了生产力的发展。

总之，对计划经济体制和市场经济体制的评价，对国有企业改革前30年和后40年的评价，都需要客观公正、实事求是。正确评价前30年和后40年的历史功过，客观评价前30年和后40年的相互关系，是深化改革和新时代中国特色社会主义建设的前提。中共十七大报告指出："改革开放和社会主义现代化建设，是新中国成立以后我国社会主义建设伟大事业的继承和发展。"[①] 我们既要看到新中国成立后的前30年独立自主的国民经济体系和现代工业体系的初步形成的历史功绩，也要看到社会主义经济探索发展中遭受的一系列挫折与教训；既要看到改革开放40年渐进式改革的成功经验，也要看到市场化改革过程中相伴随的诸多失误。新中国成立后的前30年国营企业不仅发挥了国民经济中流砥柱的作用，也在计划经济体制框架内进行了有限的改革，这已经成为40年来国有企业改革的实践基础。从某种程度上说，新中国成立后的前期是后期的基础，是改革开放的出发点。改革开放40年是对新中国成立后的前30年的继承与发展，是保留社会主义的制度优势，是坚持公有制主体地位和国有经济主导地位的前提下，将僵化的计划经济体制改革为充满生机和活力的社会主义市场经济体制，本质上是社会主义生产关系的自我完善。

[①] 胡锦涛：《高举中国特色社会主义伟大旗帜，为夺取全面建设小康社会新胜利而奋斗》，在中国共产党第十七次全国代表大会上的报告，人民网，2017年10月15日。

第四章

转型期国有企业经营权改革思想
（1978~1992）

我国计划经济体制时期，尤其是在"文化大革命"期间，由于集权模式的计划经济体制的束缚，加上频繁的政治运动，导致国民经济严重衰退。经过1976年以后短暂的徘徊，1978年的中国实现了重大的历史转折，1978年12月中共十一届三中全会召开，拉开了中国改革开放的大幕。从1978~1992年的14年时间，中国改革还是以有计划的商品经济体制为目标，但毕竟是市场经济体制改革的前奏。且为体制转型期，即由计划经济体制向市场经济体制转型的一个过渡期。转型期之初，得益于农村家庭联产承包责任制改革的启示，城市改革以国有企业改革为主线，从利益分配为切入点，承包经营责任制为主要形式，以改革企业内部分配关系和企业与国家的分配关系为突破口，力图赋予企业经营自主权，增强企业活力，提高企业经济效益。整个20世纪80年代，中国在经济建设为中心的正确轨道上持续发展，国有企业由国家经营的方式得到改变，进行了经营权改革为主要内容的多种形式的改革探索。总体来看，1978~1992年的国有企业在计划经济体制框架内，主要经历了"放权让利"和"两权分离"（国有企业所有权与经营权分离）的改革探索，一定程度上搞活了国有企业，促进了经济增长。随着国有企业自主经营权的落实，国营企业的提法逐渐消退。转型期国有企业经营权改革，为90年代的社会主义市场经济体制改革奠定了基础。这一时期虽然依然是计划经济体制，但经济体制改革的大幕已开启，国有企业管理体制及其相关的财政体制、投资体制和金融体制度等领域的改革均已起步，计划经济体制已经有根本性触动。随着人们从市场和计划的性质讨论，尤其是从姓"社"姓"资"的争论中解脱出来，市场经济体制呼之欲出。

第一节　有计划商品经济体制下国有企业改革思路

我国经济体制改革以国有企业改革为中心环节，以扩大企业经营自主权为主要方法，以调整国家与企业的分配关系和企业内部的分配改革为重点。这一时期突破了传统体制的框框，提出了有计划的商品经济体制。商品经济活动是社会经济活动的基本内容，公有制企业是相对独立（国有企业）和独立（集体企业）的商品生产者。这一时期在有计划商品经济体制下逐步推进国有企业改革。

一、国有企业经营自主权改革的顶层设计

1978年12月，具有历史意义的中共第十一届三中全会召开。会上对我国传统计划经济管理模式的弊端有所认识，《中国共产党第十一届中央委员会第三次全体会议公报》（以下简称《公报》）指出："现在我国经济管理体制的一个严重缺点是权力过于集中，应该有领导地大胆下放，让地方和工农业企业在国家统一计划的指导下有更多的经营管理自主权；应该着手大力精简各级经济行政机构，把它们的大部分职权转交给企业性的专业公司或联合公司；应该坚决实行按经济规律办事，重视价值规律的作用，注意把思想政治工作和经济手段结合起来，充分调动干部和劳动者的生产积极性；应该在党的一元化领导之下，认真解决党政企不分、以党代政、以政代企的现象，实行分级分工分人负责，加强管理机构和管理人员的权限和责任，减少会议公文，提高工作效率，认真实行考核、奖惩、升降等制度。采取这些措施才能充分发挥中央、地方、企业和劳动者个人四个方面的主动性、积极性、创造性，使社会主义经济的各个部门各个环节普遍地蓬蓬勃勃地发展起来。"[①]《公报》客观分析了现行经济管理体制弊端，在肯定国家统一计划指导的原则下，提出了国有企业改革目标。中共十一届三中全会拉开了我国改革开放的序幕，而国有企业改革正是经济体制改革的重要领域。

在中共十一届三中全会之前开了一个中央工作会议，邓小平在会议闭幕式（1978年12月13日）上发表了著名的"解放思想，实事求是，团结一致向前看"的讲话，讲话中特别提到经济民主问题。"我想着重讲讲

[①] 《中国共产党第十一届中央委员会第三次全体会议公报》（1978年12月22日通过），引自《三中全会以来重要文献选编》（上），人民出版社1982年版，第6~7页。

发扬经济民主的问题。现在我国的经济管理体制权力过于集中，应该有计划地大胆下放，否则不利于充分发挥国家、地方、企业和劳动者个人四个方面的积极性，也不利于实行现代化的经济管理和提高劳动生产率。应该让地方和企业、生产队有更多的经营管理的自主权。我国有这么多省、市、自治区，一个中等的省相当于欧洲的一个大国，有必要在统一认识、统一政策、统一计划、统一指挥、统一行动之下，在经济计划和财政、外贸等方面给予更多的自主权。""当前最迫切的是扩大厂矿企业和生产队的自主权，使每一个工厂和生产队能够千方百计地发挥主动创造精神。"① 他还说，"要切实保障工人农民个人的民主权利，包括民主选举、民主管理和民主监督。"② 针对计划经济体制下的国有经济，改变权力过分集中，就成为改革的突破口。这也是我国高层领导人最早提出赋予企业更多经营管理自主权。

邓小平在讲话中还说，"现在，我们的经济管理工作，机构臃肿，层次重叠，手续繁杂，效率极低。……如果现在再不实行改革，我们的现代化事业和社会主义事业就会被葬送。"③ 这也是我国高层领导人最早明确提出改革经济管理工作。"在管理制度上，当前要特别注意加强责任制。……要使责任制真正发挥作用，必须采取以下几方面的措施：一要扩大管理人员的权限。……二要善于选用人员，量才授予职责。……三要严格考核，赏罚分明。"④

1979年4月5日，时任党中央副主席、国务院副总理李先念在中央工作会议上讲话，代表中央和国务院部署国民经济三年调整工作，而调整工作涉及国有企业管理体制改革。讲话提出，"企业整顿工作必须抓紧。……各级领导要建立严格的责任制。要正确贯彻执行党委领导下的厂长负责制，改变那种党政不分、以党代政的现象。建立健全党委领导下的职工代表大会制度，认真搞好民主管理，充分发挥广大职工当家作主的社会主义积极

---

①② 邓小平：《解放思想，实事求是，团结一致向前看》（1978年12月13日），引自《三中全会以来重要文献选编》（上），人民出版社1982年版，第24~25页。

③ 邓小平：《解放思想，实事求是，团结一致向前看》（1978年12月13日），引自《三中全会以来重要文献选编》（上），人民出版社1982年版，第29页。

④ 邓小平：《解放思想，实事求是，团结一致向前看》（1978年12月13日），引自《三中全会以来重要文献选编》（上），人民出版社1982年版，第30~31页。

第四章　转型期国有企业经营权改革思想（1978～1992）

性。厂长是企业的行政领导人，对全厂的生产工作实行统一指挥，对全厂的经济活动负全部责任。副厂长和总工程师、总会计师在厂长的领导下进行工作，各负其责。企业党委要大力支持工程技术人员和经济管理人员的工作。"①

　　李先念讲话还特别指出：我们现行的经济管理体制，弊病很多，非逐步改革不可。比如，在国家同企业的关系上，统得太多，管得太死，企业在计划、生产、物资、劳动、财务等方面权力太小，缺乏应有的自主权。企业经营好坏一个样，同职工的物质利益又不结合，使企业容易安于现状，缺乏竞争性。企业的供产销脱节，生产与需要脱节，不能随着国民经济、人民生活和国内外市场需要的变化而变化。……在整个经济的管理体制上，总的看来是集中过多，计划搞得过死，财政上统收统支，物资上统购包销，外贸上统进统出，'吃大锅饭'的思想盛行，不讲经济效果。②这里比较系统地揭示了传统计划经济体制的弊端，也是当时全党和全民的基本共识。

　　李先念提出了经济管理体制改革的几点意见："第一，在我们的整个国民经济中，以计划经济为主，同时充分重视市场调节的辅助作用。……第二，扩大企业的自主权，并且把企业经营好坏同职工的物质利益挂起钩来。……第三，按照统一领导、分级管理的原则，明确中央和地方的管理权限。……第四，精简行政机构，更好地运用经济手段来管理经济。"③1982年1月2日《中共中央、国务院关于工业企业进行全面整顿的决定》（以下简称《决定》）发布，这是在贯彻执行党的国民经济调整、改革、整顿、提高的方针背景下，提出从1982年起，用2～3年时间分期分批对国营工业企业全面整顿。围绕提高经济效益，着重做好五项工作："第一，整顿和完善经济责任制，改进企业经营管理，搞好全面计划管理、质量管理和经济核算工作。"《决定》提出，加强经济责任制，"它是调动企业与

---

　　①　李先念：《在中央工作会议上的讲话》（1979年4月5日），引自《三中全会以来重要文件选编》（上），人民出版社1982年版，第137～138页。
　　②　李先念：《在中央工作会议上的讲话》（1979年4月5日），引自《三中全会以来重要文件选编》（上），人民出版社1982年版，第140页。
　　③　李先念：《在中央工作会议上的讲话》（1979年4月5日），引自《三中全会以来重要文件选编》（上），人民出版社1982年版，第141～142页。

职工的积极性,解决企业与企业之间、企业内部职工之间'吃大锅饭'问题的有效途径,是整顿企业的关键的一环。""在企业内部实行经济责任制,同样要按照责、权、利相结合的原则,从科室、车间到班组、个人,建立和健全岗位责任制,使个人的经济利益与集体成果、个人劳动贡献相联系,贯彻按劳分配原则。""第二,整顿和加强劳动纪律,严格执行奖惩制度。""第三,整顿财经纪律,健全财务会计制度。""第四,整顿劳动纪律,按定员定额组织生产,有计划地进行全员培训,坚决克服人浮于事、工作散漫的现象。""第五,整顿和建设领导班子,加强对职工的思想政治教育。""所有的企业都要遵循党委集体领导、职工民主管理、厂长行政指挥的根本原则。"[①] 在企业整顿工作中,《决定》还提出了国有企业生产经营与生活服务分工,建立集体所有制的生活服务公司,职工生活福利逐步企业化、社会化等。

总的来看,这一时期还是在计划经济框架下实行有限的改革,但已经触及了传统的计划经济的国有企业管理体制。如加强企业内部的责任制,强调责权利相结合,重视调动企业和职工的积极性,重点解决分配问题,贯彻按劳分配,解决企业和职工"吃大锅饭"的问题。同时,成立企业内部的生活服务公司。这种出发点也许是好的,但这种权宜之策造成了企业办社会和增加企业负担的后果。企业办三产(劳动服务公司)也成为企业效率不高的重要原因,企业劳动服务公司的推广,也导致了劳动服务公司向全民经商的蔓延,带来了消极后果。

二、企业本位论:理论创新引领国有企业改革

改革开放之初,理论界开始突破传统思想的束缚,在尚未触动计划经济体制的前提下对国有企业的性质和地位进行再认识。受传统的计划经济体制和"苏联模式"僵化理念的影响,计划经济时代,我国官方和经济学界均视全民所有制企业是天下一家,国营企业的生产经营计划是"全国一

---

① 《中共中央、国务院关于国营工业企业进行全面整顿的决定》(1982年1月2日),引自《三中全会以来重要文件选编》(下),人民出版社1982年版,第1082~1086页。

第四章　转型期国有企业经营权改革思想（1978～1992）

盘棋"，没有国营企业的独立利益，只有国家利益，也不认可企业间的商品交易关系。改革开放初期的思想解放大潮推动人们对商品生产条件下国有企业的市场地位问题的再认识。比较有代表性的是经济学家蒋一苇提出的"企业本位论"。1979 年 6 月，蒋一苇在《经济管理》月刊发表《"企业本位论"刍议》，首次提出"企业本位论"思想，1980 年 1 月在《中国社会科学》创刊号上正式发表《企业本位论》。蒋一苇认为，中央高度集中的体制，实际上是把全国作为一个单一经济体、一个经济组织的基本单位，进行内部统一管理、统一核算，可以说是一种"国家本位论"；而把权力下放到地方，由地方作为经济组织的基本单位，进行统一管理、统一核算，这是一种"地方本位论"；而企业作为基本的经济单位，实现独立经营、独立核算，这就是相对于"国家本位论""地方本位论"的"企业本位"。蒋一苇在改革之初的 1979～1980 年陆续发文，针对国有企业体制改革，着重对国有企业的地位问题，阐述了"企业本位论"、企业具有独立的经济利益，等观点。[1]　其主要论点是：

第一，企业是现代经济的基本单位。社会主义经济体系应该是无数具有独立性的基本单位所构成。蒋一苇说："社会主义经济的基本单位仍然是企业，而且是具有独立性的企业。社会主义经济体系只能是由这些具有独立性的企业联合组成。企业保持独立性，并不违反社会主义原则；恰恰相反，具有独立性才能充分实现社会主义的经济民主。在社会主义国家的统一组织下，既有企业的独立性，又有国民经济的统一性，社会主义的民主集中制原则才能在经济体系中完整地体现出来。"[2]　社会主义经济也是现代经济，现代经济的细胞或微观基础就是无数具有自主决定权和独立利益的企业。既要"企业独立性"，又要"国民经济统一性"也只是计划经济体制内国有企业改革的基本原则。

第二，企业必须是一个能动的有机体。社会主义企业也必须是既有权利，也有义务，是自主经营和自我发展的能动主体。"把企业看作一个能动的有机体，就必须使企业具有能够呼吸、吐纳的条件。企业进行生产要

---

[1]　这些论文收录在蒋一苇《论社会主义的企业模式》中，广东经济出版社 1998 年版。
[2]　蒋一苇：《论社会主义的企业模式》，广东经济出版社 1998 年版，第 31 页。

具备三个要素，即劳动力、劳动手段和劳动对象。对这三方面都能呼吸、能吐纳，企业才会有能动性。具体地说，就是对劳动力、劳动条件、劳动对象这些要素，企业都应当有增减权和选择权。"① 蒋一苇实际提出了企业对生产要素的一定配置权："从劳动对象来说，企业生产什么、生产多少，除了接受国家安排的任务外，应该发挥主观能动作用去承担计划外的任务，并且应当主动预测市场需要的发展，积极发展新品种或提高产品质量水平，以满足新的需求。作为劳动对象的原材料，除了依靠国家按计划供应外，还应当有市场的来源，允许它向其他企业进行计划外订货；并且对任何方面供应的材料，有选择权和一定条件的增减权。从劳动手段来说，企业应当有扩建、改建厂房和生产设施的一定的自主权，有增减和选择设备和工具的自主权。从劳动力来说，企业对职工也应当有选择权和增减权。对新职工可以择优录用，对多余的职工可以裁减。至于被裁减职工的生活问题，则应当由国家以社会保险的方式予以保证，不应当由企业包干。三要素在价值上所形成的资金，企业同样也应当有增减权，以取得更好的经济效果。"② 蒋一苇认为，"作为社会主义企业，既有权利，也有义务，包括优先保证完成国家计划订货的生产任务，按规定向国家纳税，或以其他方式向国家提供积累，等等。在保证履行这些义务的前提下，企业应当具有独立经营和自主发展的条件。"③

第三，企业应当具有独立的经济利益。企业谋求自己的经济利益是社会主义企业的动力，蒋一苇认为，"所谓企业的独立性，归根到底表现在具有独立的经济利益。"④ "企业作为商品生产的基本单位，就必然要以一个商品生产者的身份出现，也必然有它作为一个商品生产者的独立利益。"⑤ "企业具有独立的经济利益，并使它和职工的个人利益相联系，就是要求职工对所在企业的经济效果共同负责。一句话，就是要'共负盈亏'。"⑥ 由企业职工与企业"共负盈亏"也是用经济方法管理经济的根本前提。在改革开放初期，蒋一苇就将国有企业看作商品生产经营者，企业应有独立利益，职工应有个人利益，以及企业职工和企业"共负盈亏"等

---

①② 蒋一苇：《论社会主义的企业模式》，广东经济出版社1998年版，第33页。
③④ 蒋一苇：《论社会主义的企业模式》，广东经济出版社1998年版，第34页。
⑤⑥ 蒋一苇：《论社会主义的企业模式》，广东经济出版社1998年版，第35页。

思想是非常超前和深刻的，这为改革国有企业分配制度提出了要求。

第四，社会主义制度下国家和企业的关系应该是政企分离。蒋一苇认为：" 国家应当从外部领导和监督经济组织，而不是作为经济组织内部的上层机构，直接指挥经济单位的日常活动。"[①] 蒋一苇提出，"国家可以把整个国民经济当作一个'大企业'，而把许许多多的经济单位作为这个'大企业'的分支机构，而直接指挥它们的活动；也可以把整个国民经济看作一个经济联合体，由许许多多具有独立性的基本单位联合组成，在高度民主的基础上，实行集中统一的领导。后一种做法就是'企业本位论'的中心思想。"[②] 蒋一苇的国家与企业的关系概括为联合企业和分支机构的关系，经济民主和集中统一的关系，这些思想作为"企业本位论"的主要内容也具有创新性。在计划经济的坚冰尚未打破，政企不分根深蒂固的时期，"企业本位论"尤为可贵。经济学家蒋一苇更超前提出国有企业是独立商品生产者，国有企业具有独立的经济利益。蒋一苇的企业本位论思想为有计划的商品经济理论奠定了基础。

关于国家与企业的关系、国有企业自主权、国有企业的商品生产经营者地位等问题，是改革开放之初的学界热门话题。我国官方直至1984年10月通过并颁发《中共中央关于经济体制改革的决定》，第一次提出改革目标是建设有计划的商品经济体制，以此取代传统的计划经济体制。在发展商品生产和商品交换的背景下，理论界也一直在讨论商品经济条件下国有企业的性质，国有企业也在积极探索改革路径。这一时期，人们对国有企业是相对独立的商品生产者或经营者的定位取得了共识，但难就难在如何实现这一地位，因为"相对独立"实际上模棱两可，难以界定。刘国光（1979）认为，"涉及整个国民经济发展方向、速度和结构变化等重大宏观经济问题，应由国家来管理，只与企业有关的微观经济活动由企业自己来管理"。[③] 在扩大企业自主权问题上，问敏（1979）主张把全民企业看成一个相对独立的商品生产者，按照商品生产者所应当具有的地位和权力

[①] 蒋一苇：《论社会主义的企业模式》，广东经济出版社1998年版，第36页。
[②] 蒋一苇：《论社会主义的企业模式》，广东经济出版社1998年版，第36~37页。
[③] 刘国光：《对国民经济体制改革中几个重要问题的看法》，载于《经济管理》1979年第11期。

来扩大企业的权限。这些独立自主权包括经营上的、资金使用上的、物资使用上的、销售产品上的以及分配上的必要独立自主权。① 当然，这一时期的讨论基本没有超越计划经济体制框架，甚至也有人担心企业自主权的放宽，会带来国家的失控和经济的混乱。然而，改革开放之初，学者则能提出扩大国有企业自主权，甚至强调国有企业是相对独立的商品生产者，这为有计划的商品经济体制改革提供了依据。

第二节 改革探索：放权让利与两步"利改税"

1978年以前，在高度集中的计划经济体制下，国营企业是附属于政府主管部门，按政府指令性计划执行政府主管部门行政决策的生产单位。企业不具有经营自主权，生产经营与市场需求脱节，企业也缺乏激励动力和竞争压力，传统计划经济体制严重制约了社会生产力的发展。中共十一届三中全会实行改革开放的重大决策，提出让企业有更多的经营管理自主权，国有企业"放权让利"的改革由此起步。

一、国有企业放权让利从试点到推广

最早突破国有企业计划管理体制是从地方国有企业试点开始。1978年10月，经国务院批准，四川省重庆钢铁公司、成都无缝钢管厂、宁江机械厂、四川化工厂、新都县氮肥厂和南充钢铁厂6家地方国有工业企业率先实行扩大企业自主权试点。试点的主要做法是给企业核定增产增收的年度指标，允许企业完成年度指标后提留少量利润作为企业发展基金和给职工发放少量奖金。1979年2月，四川省出台《四川省地方工业企业扩大

---

① 问敏：《价值规律与扩大企业自主权限关系问题讨论情况》，载于《经济学动态》1979年第6期。

企业权力、加快生产建设步伐的试点意见》，将试点工业企业扩大至100户，并选择40户国有商业企业进行扩大经营管理自主权试点。在四川省试点地方国有工业企业的基础上，1979年5月，国家经委、财政部等六部委联合发文，选择首都钢铁公司、北京清河毛纺厂、天津自行车厂、天津动力厂、上海柴油机厂、上海汽轮机厂等京津沪8家大型国有企业进行扩大企业自主权改革试点。试点从地方工业企业到商业企业，从地方企业到国家大型企业的逐步推进，扩大企业自主权主要是赋予企业留利的支配权。

在局部扩权试点的基础上，进而扩大试点和全面推广，接着再全面实行企业经济责任制。1979年7月，国务院发出改革国有企业管理体制试点的五个文件：《关于扩大国营工业企业经营管理自主权的若干规定》《关于国营企业实行利润留成的规定》《关于开征国营工业固定资产税的暂行规定》《关于提高国营工业企业固定资产折旧率和改进折旧率使用办法的暂行规定》《关于国营工业企业实行流动资金全额信贷的暂行规定》。明确了企业作为相对独立的商品生产者和经营者应具有的责权利，并在全国26个省级区域的1590家企业进行了试点。尽管当时文件还称国营企业，但国家经营的方式正在改变，这五个文件颁发标志着开始以扩大企业自主权为主的国有企业改革。

上述文件中最重要的是《扩大国营工业企业经营管理自主权的若干规定》，该文件提出了扩大国营工业企业自主权的10条内容。（1）企业必须保证完成国家下达的各项经济计划。企业的各项经济计划，应由一个主管部门统一下达，并保证企业生产建设所必需的物质条件。国家下达的产品计划，要逐步建立在产销合同的基础上。在完成国家计划的前提下，允许企业根据燃料、动力、原料、材料的条件，按照生产建设和市场的需要，制订补充计划。（2）实行企业利润留成。改变目前按工资总额提取企业基金的办法，把企业经营的好坏同企业生产的发展和职工的物质利益直接挂起钩来。根据不同行业、不同企业的具体情况，确定不同的利润留成比例。企业用利润留成建立生产发展基金、集体福利基金和职工奖励基金。（3）逐步提高固定资金折旧率。折旧基金大部分归企业支配，小部分按企业隶属关系，由企业主管部门调剂使用。（4）实行固定资产有偿占有制度。（5）实行流动资金全额信贷制度。（6）鼓励企业发展新产品。企业有关新产品的实验研究、设计和试制等费用,除增添设备等措施所需的费用仍由企业更新改造资金开支外,可以规定一定比例,从企业实现的利润中留用。(7)企业有权向中央或地方有关主管部门申请出口自己的产品,并按国家规定取得外汇分成。(8)企业有权按国家劳动计划指标择优录用职工。(9)企业在定员、定额内,有权根据精简和提高效率的原则,按照实际需要,决定自己的机构设置,任免中层和中层以下的干部。(10)减轻企业额外负担。除国家有明确规定以外,任何单位和个人不得向企业摊派各种费用。①

据刘国光的研究报告披露,"从1978年10月四川省宁江机床厂等六个企业进行扩权试点开始,到1980年底,全国试点的全民所有制工业企业已占预算内企业总数的16%和产值的60%左右、利润的70%左右。到1982年底,推行经济责任制的全民所有制工业企业占80%,商业企业占35%。"② 1979年~1980年6月,"全国扩大企业自主权试点企业6600多个。这些企业约占全国预算内工业企业数的16%左右,产值占60%左右,利润占70%左右。"③ 从上述几个重要文件和执行情况来看,20世纪80年代的国有企业改革主要还是集中于国家与企业之间的利益分配关系调整,旨在增加企业利益、激励企业经营活力。

1980年9月2日,国务院批转国家经委《关于扩大企业自主权试点工作情况和今后意见的报告》,批准自1981年起,在国营工业企业中全面推广扩大企业自主权的工作。为了解决在扩大企业自主权过程中"企业多占、财政难保证"问题,1981年初,山东省率先对企业试行行业利润包干、亏损企业包干和地区包干等盈亏包干方式,在企业内部则实行多种形式的计件工资制度,将职工收入和劳动成果直接挂钩。这些包干办法和扩大企业自主权的相关规定逐步发展成为工业经济责任制的主要内容:利润留成;盈亏包干;以税代利、自负盈亏。1981年11月11日,国务院批转国家经委、国务院体改办、国家计委、财政部、劳动总局、人民银行、全

---

① 潘岳主编:《中国国有经济总论》,经济科学出版社1997年版,第89页。
② 刘国光:《中国经济体制改革的模式研究》,广东经济出版社1998年版,第662~663页。
③ 人民出版社编辑部:《中共十一届三中全会以来大事记》,人民出版社1998年版,第49页。

国总工会等讨论制定的《关于实行工业生产经济责任制若干问题的暂行规定》，在全国推广工业经济责任制。到1982年底，全国有80%的预算内国营工业企业实行了经济责任制，商业系统也达35%，涌现了首都钢铁公司、第二汽车制造厂等一批先进典型企业。

我国城市的经济体制改革曾滞后于农村经济体制改革。1978年我国农村家庭联产承包责任制在安徽、四川省发端，此后在全国农村蓬勃开展。而城市国有工业和商业企业20世纪80年代初期，才开始了"放权让利""两步利改税"的改革。改革初期，党中央和国务院对国有企业改革主要从放权让利，扩大国有企业经营自主权入手，旨在改革国家和企业的利益分配关系，增加企业留利比例，调动企业积极性。即使随之而来的"利改税"，依然是改进国家与企业的分配关系，增强企业的激励机制。此外，为适应国有企业这种改革，同时改革国有企业的投资体制，国家不再向企业无偿拨款，取而代之由银行贷款，以此促进国有企业逐步走向自主经营、自负盈亏。

1981年10月，国务院批转国家经委、国务院体改办《关于实行工业生产经济责任制的意见》，通知全国遵照执行。到1982年底，全国实行各种形式经济责任制的国有企业达80%以上。改革坚持所有权与经营权适当分离的原则，根据行业的特点、企业规模和在国民经济中的地位，企业实行不同的经济责任制形式。"（1）对军工、铁路、航空、海运、电力、邮电、银行和部分骨干企业，实行'国家所有，部门或国家经营'。（2）绝大多数工商业企业实行'全民所有，企业经营'。到1984年底仅国有商业改为'企业经营'的就有46587个。（3）部分企业实行'全民所有，企业承包经营'，包括首都钢铁公司等少数大型骨干企业实行的'利润递增包干'形式和建筑企业实行的招标承包责任制形式。（4）部分国有小企业实行'全民所有、集体或个人承包或租赁经营。'到1984年底，国有商业租赁或承包给个人经营的有5917个。（5）国有企业间的联合经营或混合经营，还将一部分国有小企业转为集体所有制。1984年，国有工业企业由此比上年减少3000多个，国有商业企业转为集体所有制的有5554个。"[①]

---

① 潘岳主编：《中国国有经济总论》，经济科学出版社1997年版，第90页。

1984年5月10日，国务院颁发《关于进一步扩大国营工业企业自主权的暂行规定》（以下简称《规定》），《规定》从生产经营计划、产品销售、价格制定、物资选购、资金使用、资产处置、机构设置、人事劳动管理、工资奖金使用、联合经营10个方面放宽对企业的约束。1984年10月，中共十二届三中全会进一步明确了企业是自主经营、自负盈亏、自我约束、自我发展的独立经济实体。当然，在传统计划经济体制下，国有企业的独立性和自负盈亏的产权基础并不具备，但这毕竟为国有企业改革提出了新的目标。

二、国有企业两步"利改税"

鉴于传统计划经济体制下的国营企业，不具有对剩余的控制权，企业全部利润上缴国家，企业没有对盈利、奖金、折旧资金的支配权。"放权让利"的改革开始赋予国营企业对盈利有一定程度的支配权，并结合企业经济责任制来实施。"放权让利"一定程度上调动了企业的积极性，但在实践中由于确定利润基数的科学性和公平性难以实现，存在"苦乐不均"和"鞭打快牛"现象，国家财政收入稳定性也无法得到保证。为此，1983年初，国务院决定全面停止以利润分成为主的经济责任制，全面实行"利改税"。各种不同类的企业在企业留利和企业自主权上操作非常复杂。由此，需要简便易行的方式来实施，以税代利则是一个可行的方法。

第一步"利改税"实施于1983年。实际上此前的1979年就开始在湖北、广西、上海和四川等地部分国营企业进行了"利改税"试点，1980年试点扩大至18个省市的几百户国有企业。在试点基础上，1983年1月1日启动第一步"利改税"，采用"利税并存"，对凡是有盈利的国有大中型企业均按55%税率计征所得税。利改税前，国家对国有企业投资全部承担，企业创造利润全部上缴，企业亏损也由国家承担。改革之初也在一定范围内实施了利润留成和利润包干等办法。为了搞活国有企业，调动企业积极性，我国政府从改善国家与企业的利益关系入手，大力推行了"利改税"举措。"利改税"的核心内容是将所得税引入国有企业利润分配，把国有企业向国家上缴利润改为缴纳税金，税后利润归企业支配。具体的做法是主要对有盈利的国营企业征收所得税，即把企业过去上缴的利润大部分改为所得税的形式上缴国家。小型国营企业在缴纳所得税后，由企业自负盈亏，少数税后利润较多的，再上缴一部分承包费。大中型国有企业缴纳所得税后的利润，除了企业合理留利外，采取递增包干、定额包干、固定比例和调节税等多种形式上缴国家。1983年国营工业企业增加利润42亿元，国家所得占61.8%，企业所得占38.2%。第一步"利改税"，税制还比较单一，实际也是税利并存。

第二步"利改税"实施于1985年。此前，1984年10月，国务院决定国有企业由税利并存过渡到完全"利改税"，并在1985年1月1日起，实行全面以产品税和资金税的分类税收方式规范国有企业和政府之间的关系。第二步"利改税"的具体做法是，将国有企业原来上缴国家的财政收入改为分别按11个税种向国家缴税。（1）把现行工商税分解为产品税、增值税、盐税和营业税4个税种，分别适用于不同的企业。在产品税、增值税中，对一些产品的税率适当调整。（2）对采掘业，凡矿体质量好，开采条件优越，利润率较高的，开征资源税，促进企业合理利用国际资源。先对原油、天然气、煤炭等矿产品开征，其他矿产品缓征。（3）开征和恢复城市维护建设税、房产税、土地使用税、车船使用税4个地方税，以利合理、节约利用房产、土地。这类税拟逐步开征。（4）对有盈利的国有企业征收所得税。大中型企业按55%的比例征收，小型国有企业按新的八级超额累进税率征收。（5）对国有大中型企业征收调节税。即企业缴纳所得税后的余利，超过改革前企业留利的，再征收一定比例的调节税。（6）对小型国有企业的利润，再按新的八级超额累进税率征收所得税后，一般可以留给企业支配使用，只对留利过多的企业收取一定数额的承包费。（7）对微利和亏损企业，亟须实行盈亏包干、减亏分成的办法。"利改税"对于扩大企业自主权，保障国家稳定的财政收入，改善国家和企业的分配关系，调动企业生产经营积极性有直接的作用。但"利改税"还是在原有计划经济体之内的改革，也没有放弃国家对国有企业行政管理与资产管理不分的局面，又由于税率过高严重影响了企业积极性，导致具体实施后并未达到预期效果，很快被承包经营责任制所取代。

"利改税"是国家与企业的分配关系调整。由企业向国家全部上缴盈利，有利就缴、无利不罚的模糊分配关系，转向企业按章纳税，税后利润由企业支配的清晰分配关系。企业上缴额"心中有数"，也有了纳税压力，企业对盈利增量的追求有利于经济激励和竞争，也在一定程度上克服了企业"搭便车""大锅饭"行为。

"利改税"和扩大企业经营自主权是同步进行的，"利改税"也是在对企业"扩权"的基础上，进而通过"让利"而调节国家与企业分配关系的一种方式。在"利改税"政策推行时，1984年以后国家对企业逐步缩小指令性计划，扩大指导计划和市场调节。1984年5月10日，国务院颁发《关于进一步扩大国营工业企业自主权的暂行规定》，从生产经营计划、产品销售、价格制定、物资选购、资金使用、资产处置、机构设置、人事劳动管理、工资奖金使用、联合经营10个方面放宽对企业的约束。1984年7月，国务院批转商业部《关于当前城市商业体制改革若干问题的报告》指出，商业体制改革的方向是：实现政企分开、建立以国营商业为主导的，多种经济形式、多种经营方式、多种流通渠道的商业流通体制。

在当时历史背景下，在计划经济体制框架内对国有企业进行了"放权让利"的改革，虽然改革的程度和效果有限，但却是中国改革由农村到城市推进的必然过程，也是中国经济体制渐进式改革的历史过程。1984年10月《中共中央关于经济体制改革的决定》（以下简称《决定》）提出："在服从国家计划管理的前提下，企业有权选择灵活多样的经营方式，有权安排自己的产供销活动，有权拥有和支配自留资金，有权依照规定自行任免、聘用和选举本企业的管理人员，有权自行决定用工办法和工资奖励方式，有权在国家允许的范围内确定本企业产品的价格，等等。总之，要使企业真正成为相对独立的经济实体，成为自主经营、自负盈亏的社会主义商品生产者和经营者，具有自我改造和自我发展能力，成为具有一定权利和义务的法人。"《决定》明确了国有企业的相对独立性，以及国有企业商品生产者和经营者的地位。在这一基础上对国有企业明确了6个方面的自主权。1985年9月，国务院批准国家经委、国家体改委《关于增强大中型国营工业企业活力若干问题的暂行规定》，进一步扩大企业权力，发挥企业优势和潜力，改善外部条件。

但由于整体配套改革并未完全出台，国有企业单兵突进改革实际难以到位。如政企不分的原因本不在企业,而在计划经济集权模式的政府部门管理体制。又如,企业要走向自主经营、自负盈亏,不改革国家与企业的产权关系,国家对企业的资产管理体制不改革,而只集中于企业经营权改革,企业有经营自主权,而没有企业完整、独立的法人财产权,企业可能自主决策,却不可能自负盈亏。此外,在有计划的商品经济体制下,强调国有企业的"相对独立性",这本来就是模糊不清的,何谓"相对独立性"?法律上无法界定,实践中无法操作。

再从国有企业改革直接相关的税收体制来看,也对企业分配产生一定的不利影响。1980年,我国财政体制为适应整个经济改革的要求,实行了"财政分灶吃饭"的体制改革。将地方财政全额上缴中央改为按比例分成;而到了1983~1984年的两步"利改税"时期,将原有国有企业利润全额上缴制度和改革初试行的比例上缴制度,改为企业所得税制度。这对激发国有企业积极性是有利的。但20世纪80年代以后,为扩大对外开放和引进外资,却对不同类企业实行不同税率:外资企业享受15%~30%的特殊优惠,国有大中型企业税率高达55%。至1993年,内资企业所得税率统一为33%,直至2008年根据《中华人民共和国企业所得税法》规定,内外资全部企业所得税才统一到25%。这种纳税非国民待遇对国有企业的利益伤害甚大。如果加上国有企业办社会的福利负担因素,国有企业市场竞争不公更为明显,而长期以来对国有企业非效率的评价也非常不公。

第三节　承包经营责任制的探索与推广

企业承包经营责任制的思路是源于农村家庭联产承包责任制。改革开放之初,以家庭联产承包责任制为主要形式的农村经济体制改革兴起;随后,城市经济体制改革开始,以"放权让利"为手段,以"利改税"为主要形式的国有企业改革从试点到推广,逐步演变为多种形式的经济责任制。如果说两步"利改税"只是在国家与企业的分配关系上改革,着力调动企业的积极性。而承包经营责任制就是以扩大企业自主权为重点的经营权方面的改革，旨在搞活企业经营机制。承包经营责任制对传统体制和经营机制将有较大触动。

一、承包经营责任制的制度设计与改革实践

1984年10月，中共十二届三中全会通过的《关于经济体制改革的决定》（以下简称《决定》）指出，传统经济体制的弊端"就是在经济体制上形成了一种同社会化生产力发展要求不相适应的僵化的模式，这种模式的主要弊端是：政企职责不分，条块分割、国家对企业统得过多过死，忽视商品生产、价值规律和市场的作用，分配中平均主义严重。这就造成了企业缺乏应有的自主权，企业吃国家的'大锅饭'、职工吃企业的'大锅饭'的局面，压抑了企业和广大职工群众的积极性、主动性、创造性，使本来应该生机盎然的社会主义经济在很大程度上失去了活力。"《决定》提出，"增强企业活力，特别是增强全民所有制的大、中型企业的活力，是以城市为重点的整个经济体制改革的中心环节。""围绕这个中心环节，主要应该解决好两个方面的关系问题，即确立国家和全民所有制企业之间的正确关系，扩大企业自主权；确立职工和企业之间的正确关系，保证劳动者在企业中的主人翁地位。"[①] 中共十二届三中全会进一步明确了企业是自主经营、自负盈亏和自我发展的独立经济实体。会议提出国有企业的所有权和经营权可以适当分开，以利润包干为主要内容的承包经营责任制由此快速发展起来。当然，这在企业不具有法人财产权的条件下，要使国有企业成为独立的经济实体，实在勉为其难。

1984年前后，"承包制"从农村嫁接到城市，中国出现了新形势下的"农村包围城市"。国有企业承包经营的主要形式有四种：一是上缴利润基数包干，超收分成；二是上缴利润递增包干；三是微利企业上缴利润定额包干；四是亏损企业减亏包干。同时，坚持"双保一挂"：保上缴利税，保批准的技术改造项目，工资总额与实现利润挂钩。在国家自然垄断行业实行全行业投入产出包干。承包经营责任制的特点可归结为：以利润承包

---

① 《中共中央关于经济体制改革的决定》，1984年10月中共十二届三中全会通过。

为内容，包死基数、确保上缴、超收多留、欠收自补，确保国家与企业的利益同步增长。这些特征体现了承包制的目的，提高经济效益，增加企业利润，改善国家与企业的分配关系，在保证国家税收和承包利润的前提下，企业多产多收，尤其是企业更多享有增量利润的支配权。承包制的关键是厘清国家和企业的利益分配关系，同时以相应的企业经营自主权来保证。

从1984年起，我国国有企业改革全面铺开，高度集权的国家所有、国家经营逐渐转为适当分权的企业经营。先后出现了国有承包经营、国有租赁经营、国有资产经营等责任制形式。这一时期的改革，还是围绕着国家所有权和企业经营权的调整、国家与企业的利益分配与激励两个方面。承包经营责任制即企业资产所有权依然在国家，政府主管部门代表所有者将国有财产委托给承包者（个人或集体）经营，并以承包合同的形式保障双方的责权利的制度。在承包期间，企业向国家缴纳一定基数的收益，超额部分归承包人所有或按一定比例在所有者（由政府主管部门代表）和承包人之间分配。国家赋予承包人独立的经营自主权，按合同规定承担经营责任。

1986年12月，国务院颁发和实施《关于深化企业改革增强企业活力的若干规定》。其中规定，国有企业推行多种形式的承包经营责任制，给经营者以充分的经营自主权。小型企业可以积极试行租赁、承包经营，大中型企业实行多种形式的承包经营责任制；各地可以选择少数有条件的大中型企业进行股份制试点；有些小型商业、服务业，可以拍卖或折股出售，等等。配合国有企业改革这个中心环节，涉及的相关领域改革加快了步伐。1986年，实施《国营企业实行劳动合同制暂行规定》，实施《中华人民共和国企业破产法（试行）》。1987年8月，全面推行厂长（经理）负责制。

国有大中型企业全面实施承包经营责任制是在1987年。首都钢铁公司、第二汽车制造厂等企业走在改革的前列。1987年3月，全国人民代表大会六届五次会议的《政府工作报告》提出在所有权和经营权适当分离的原则下实行承包经营责任制。1988年2月27日，国务院发布的《全民所有制工业企业承包经营责任制暂行条例》提出按照"包死基数、确保上交、超收多留、欠收自补"的原则，进一步规范和完善承包经营责任制。

至20世纪80年代中后期，承包经营责任制已经在全国各类国有企业广泛推行。1984～1987年，全国预算内国营企业有78%，全国大中型企业有80%实行了承包经营责任制。"截至1988年底，全国独立核算国有企业承包经营面已达80%以上，预算内国有企业承包面达90%以上，其中有大中型企业达95%。从1991年开始大多数企业进入第二轮承包。"[1]

二、承包经营责任制的绩效与存在的问题

国有企业承包经营责任制推行后，在一定时期内确实调动了企业经营和职工生产的积极性，经济效率明显提高。具体说来，一是实现了国家财政收入稳定增长。承包制实施以后，随着企业经济效益的提高，企业上缴税金也得到保证，国家财政收入连年增长。二是激发了企业超额完成利润计划、增产增收的动力机制。全面实施承包制的第一年（1987年）全民所有制独立核算工业企业的总产值增加了11.3%，实现利税增长了12.9%，上缴利税增长了12.2%。第二年（1988年）这些工业企业的总产值增长了12.6%，实现利税增长了17.2%。[2] 当然，对此持不同意见的也有，吴敬琏（1994）认为1987年虽然总产值增长了11.3%，由于物价上涨了7.3%，实现利税只增长了5.2%，上缴利税只增长了4.6%，比总产值的增长率低得多。1988年的情况更差，由于物价上涨了18.5%，实现利税实际下降了1.1%，上缴利税下降得更多。[3] 其理由是总产值的增长是以不变价格计算的，而利税价值以现价计算包含有通货膨胀因素，二者并没有同步增长，因而承包的效益是不佳的。笔者认为这个结论是片面和武断的。因为在同等条件下，不同年份总产值（不变价格计算）和利润的增长，真实体现了企业增产增收，也体现了经济效益。至于对利税增长作通货膨胀指数扣除后增长幅度不大，这只是承包合同签订时，双方没有事先考虑通货膨胀因素，而企业履行承包合同按现价缴纳利税并无不当。

---

[1] 潘岳主编：《中国国有经济总论》，经济科学出版社1997年版，第94页。
[2] 吴敬琏：《现代公司与企业改革》，天津人民出版社1994年版，第160页。
[3] 吴敬琏：《现代公司与企业改革》，天津人民出版社1994年版，第161页。

第四章 转型期国有企业经营权改革思想（1978～1992）

如果说国家未收到实际应该增长的利税，那只是因合同签订时未考虑通胀因素而出现国家与承包者之间分配合理与否的问题，并不能据此判断承包没有效益。从另一个角度看，通货膨胀直接造成企业和居民受损，而发行货币的国家却是受益的，这样一来国家少了税收也得到补偿。

来自国家发展改革委有关部门的研究报告也充分显示，1987年国有企业承包经营的改革绩效，尤其是承包经营企业的经济效益明显高于未实行承包经营企业的效益。"同1986年相比，1987年实行承包的国有大中型工业企业产值增长11%，比未实行承包经营的企业增幅高出0.5个百分点；销售收入增长18.2%，比未实行承包的企业增幅高出2.3个百分点；实行利润增长14.8%，比未实现承包的企业增幅高出10.2个百分点；上缴国家财政收入增长4.7%，而未实行承包的企业还下降21.8%。"[1]

当然，从长期来看，承包制也没有根本解决企业经营机制不活的问题，出现承包效益递减，而且问题不断出现。笔者曾对此有过分析，揭示承包制存在的六个方面的问题。[2]

第一，承包制企业没有成为独立的经济主体。国有企业虽然承包经营，但企业经营权并非法人财产权。承包人只能在承包期内作为政府部门的代理人经营国有资产，承包企业没有独立的法人财产，政府部门作为国有财产委托人时而干预企业经营，承包企业难以真正做到自主经营、自负盈亏，往往是负盈不负亏。同时，国家对亏损企业及其承包人也缺乏有力的制约机制。

第二，承包制企业没有摆脱政企不分的束缚。政府主管部门作为发包人与企业承包人实际还是上下级行政隶属关系，承包人并不是拥有经营权的企业家，而是国家行政干部。承包合同实际上也不是对等谈判确立，投标招包、竞争承包机制也不完善。承包制并没有形成契约关系，而是新的行政上下级关系，承包人的经营自主权也很有限，虽然政府赋予企业14项经营自主权，但政企不分问题没破除的情况下，经营权随时被行政截

---

[1] 国家发展和改革委员会经济体制综合改革司、国家发展和改革委员会经济体制与管理研究所：《改革开放三十年：从历史走向未来》，人民出版社2008年版，第195页。
[2] 何玉长：《国有公司产权结构与治理结构》，上海财经大学出版社1997年版，第47~48页。

留。同时，承包人也缺乏风险意识，进而缺乏激励机制。

第三，承包制企业强化了内部人控制和企业短期行为。由于企业承包是有期限的，承包人往往只追求承包期内的效益，在确保上缴利润的前提下，主要关注承包期内为自己和职工谋取内部人利益，而损害企业长远利益；有的承包人随意为企业员工涨工资、滥发奖金，将管理者的职务消费和职工福利转入生产成本。承包人为实现任期内的效益，往往不搞积累，不搞技术改造，不注重企业安全生产；为偷税漏税，一些企业不惜做假账、两本账、阴阳发票等。

第四，承包制缺乏行业标准，不利于企业公平竞争。由于承包合同是主管部门与企业间一对一的谈判所确立，承包条件和标准由承包人与主管部门讨价还价而定，承包成本和承包收益取决于各自的谈判能力，缺乏全行业的同一标准，甚至承包人的"公关"手段也左右承包合同，这最终造成同行业的企业之间的不平等竞争。

第五，承包制缺乏监督机制。政府作为发包人只注重承包结果，对企业经营过程不再关注，于是出现了经理人员权力膨胀，职工的民主管理缺失，企业经营行为缺乏必要的监控。在承包期内，承包人滥用权力、违法乱纪时有发生，使得一些素质不好的人掌握了企业大权，造成企业损失。由于缺乏权力约束，有些素质好的经理人员也走向腐败。按照经济体制改革的要求，围绕国有企业改革中心环节，除了要解决国家和企业的关系，另一个就是，"确立职工和企业之间的正确关系，保证劳动者在企业中的主人翁地位"，显然，改革实践中，劳动者主人翁地位不是加强而是削弱了。

第六，承包制缺乏外部市场环境。承包制仅局限于企业内部管理机制改善，缺乏完备的市场体系和外部市场环境的支撑。当时主要是消费品的商品市场，生产要素供给和产品销售的市场并不成熟，也缺乏资本市场、技术市场和人才市场的支持，以及社会配套管理体制不健全。

从一定意义上讲，承包经营责任制实践成效取决于经营自主权的落实。1992年7月，国务院颁布《全民所有制工业企业转换经营机制条例》，规定了14项企业经营自主权。生产经营决策权；产品劳务定价权；产品销售权；物资采购权；进出口权；投资决策权；税后利润支配权；资产处置权；联营兼并权；劳动用工权；人事管理权；工资奖金分配权；内部机构设置权；拒绝摊派权。当然，在实践中 14 项经营自主权的落实还步履维艰。

20 世纪 80 年代计划经济体制框架内的国有企业改革为全方位市场经济体制改革奠定了基础，这一时期承包经营责任制是较普遍形式。与此同时，苏联"改革新思维"导向的国有企业自由化改革正走向低谷，而我国国有企业改革虽然不如非公经济发展迅速，却获得了经济的较快发展。1980~1992 年国有工业增长率达 7.8%。但与此反差的是国有企业的效益却呈下降趋势，大多数国有工业部门的盈利率大幅下降，一些基础产业部门，如煤炭、石油、天然气开采以及炼焦，还出现了全行业的亏损现象。正因为如此，为国有企业进一步推行产权改革提出了新要求。

第四节 租赁经营责任制与资产经营责任制改革

在国有企业承包经营责任制广泛推行的同时，也出现了国有企业的租赁经营责任制和资产经营责任制，这是以扩大企业自主权和转变企业经营机制为目的的制度创新，在一定范围和程度上具有适应性，也取得了经济绩效。

一、租赁经营责任制改革

租赁经营责任制是又一种企业经济责任制形式。国有企业实行租赁经营是指国家作为全民企业的所有者，通过公开招标，签订租赁合同，将企业的经营权在规定的期限内让渡给承租者的一种经济责任制形式。这也是国有企业资产所有权与经营权分离最为彻底的一种方式。为了防止经营不善给所有者造成损失，租赁者需要将自己的一部分财产做抵押，并需要拥有资信的第三者做担保，承担经营风险。租赁经营责任制一般适用于小型企业或微利企业，或亏损的中小型企业。租赁经营从主体来看，主要有个人或家庭租赁，也可以是企业全员集体租赁和集团租赁等；从租赁对象来看，可以对整个企业租赁，也可以对企业下属部门或门店、柜台租赁等。

国有企业租赁经营并不改变企业的全民所有权性质，企业资产的全民所有权是通过租金来实现的。同时，租赁经营方向和经营方式也以不损害所有者利益为前提。

租赁经营责任制是搞活国有企业的一种探索，也是承包经营责任制的一种补充。租赁经营责任制也是以实行所有权和经营权分离为基础的，这种经营权方面的改革，只限于中小企业的推行。租赁经营责任制从1984年开始在国有商业、饮食服务业实行，以后引入国有工业企业。总体看，中小企业，尤其是微利或亏损企业租赁经营效果较好。1987年底，在88000个国有中小型工业企业中，实行租赁经营、承包经营和转让的达40000个，占总量的46%。依据对43935个国有小型工业企业的调查，至1988年底，实行租赁经营和其他经营方式的企业已经达24660个，占总数的56.1%。实行租赁制的企业也普遍取得了较好的经济效益。[①] 1988年国务院颁发《全民所有制小型工业企业租赁经营暂行条例》，规范了国有企业租赁经营。从经济实践来看，租赁经营责任制主要在一部分国有亏损小企业实行，并且有较好效果。但这只是局部范围的短期的效果，从长远看，这并不代表国有企业改革的方向。由于计划经济统治时期，国有企业全面覆盖各产业领域，许多中小企业本身也是国有企业布局不合理的结果。由于国有企业的骨干是大中型企业，搞好企业的主要目标是大中型骨干企业，对这类企业从资产规模、经营风险承受能力、产业内生产协作复杂性和产品生产的综合性等方面来说，都是不适合租赁经营的。可以说，租赁经营只是国有企业改革的权宜之策。大量中小型竞争性国有企业当初有不少企业是盲目过渡的产物，其分布就欠合理，在新形势下，大量中小国有企业的改革需要结合国有经济产业布局的调整，通盘考虑。

与承包制相比，租赁制实现所有权和经营权分离程度更大，企业的自主权也更大。承租者要依照合同规定履职相关责任和义务，就完全享有企业经营自主权，包括人财物产供销的全部权利，并享有上缴租金后的全部利润的支配权。当然，在经济实践中，其弊端与承包制类似，且内部人控制更名正言顺，局部私有化、短期行为、任人唯亲和排除异己现象也在所

---

① 盛毅主编：《中国经济改革30年》（企业篇），西南财经大学出版社2008年版，第65页。

难免，在传统计划经济体制框架内的实施租赁经营责任制改革，这在落实企业经营自主权方面是到位的，但租赁经营只适合在国有小企业进行。随着20世纪90年代后期国有企业战略重组和改组，这些中小企业基本被出售或改为股份制企业。

二、资产经营责任制改革

资产经营责任制是国有企业经济责任制的另一种形式。这是在规范国家与企业的责权利关系的前提下，由企业接受国家的委托经营管理国有资产的责任制形式。政府部门与企业责任主体签订经营责任制合同，明确企业资产的收益分享和经营责任来实施企业自主的经营管理。资产经营责任制主要实施程序如下：(1) 资产评估和报价。由政府部门组织有关专业机构对企业资产价值进行评估，核算企业的资产现值。明确企业对国家投资形成的资产所承担的责任，确定国家和企业对税后利润的分配比率及使用途径。在此基础上，由投标人对企业预期产出能力所决定的未来预期利润和资产增值进行投标报价。(2) 选聘经营者。由主管部门和专家组成考评委员会，按照资产增值和利润的报价，根据标书对投标人逐一考核，择定中标人。中标人及其团队应以一定数额的个人财产做抵押，以及对企业资产的增减负责，由此获得的经营权。(3) 确定和实施收益分享。履行资产经营责任合同期满后，由主管部门再对企业的资产进行招标评估，并根据本次中标的报价利润数折算成资产的价格，与上一期的资产价值比较，并据此对原中标人进行奖罚，形成国家与承包人的收益分享比率。(4) 确定和履行经营责任。由企业主管部门确立中标人任职期间对国有资产处理、人员安排、机构设置和企业内部分配形式等方面的权限，以及任期内逐年利润、任期结束时对资产价值等方面所承担的责任。第(3) 和第(4) 项既是合同签订前的确认，也是合同执行后履行结果的检验。

资产经营责任制实际是以国有资产价值考核为标准的责任制形式，这种经营形式对国有大中型企业，尤其是大型机械装备和基础设施建设的企业有一定适应性。这种责任制的主要目标是国有资产的保值增值，而不像承包制的直接目标就是利润承包。当然预期利润折算成资产价格，说明利润依然是重要的指标。但其存在的问题仍与承包制存在的问题相似，依然是政企不分，企业难以成为独立的经济主体，经营者激励与约束机制不完善，也容易出现内部人控制，尤其是资产评估和经营者选择上缺乏科学的量化标准，而且经营责任还不如承包制落实到个人来得直接。因此，资产经营责任制也不是国有企业改革的总体方向。

第五节　转型期国有企业改革的评价

　　1978年中国改革率先在农村拉开序幕，当农村改革如火如荼时，计划经济体制下城市国营工商企业却尚未触动。直到20世纪80年代初，农村改革才推动了城市全民所有制企业改革。当年还没根本改革传统的计划经济体制，经济体制改革的主要目标是建立有计划的商品经济体制，国有企业改革主要目标是转换经营机制和搞活国有企业，将企业建成为相对独立的商品生产经营者。80年代国有企业改革主要形式是推行承包经营责任制，而租赁经营责任制只在中小企业推行，资产经营责任制只在特定行业尤其是大型企业推行，三种形式的国有企业改革都有其适应性。这一时期国有企业以经营权改革为主要内容，以转换企业经营机制，搞活国有企业为目标。由于历史的局限，整个80年代，都没有涉及传统国有企业分布合理性进行思考。这一时期也实施了局部的股份制改革，但基本上也没提出产权改革的建议。1978~1992年，可以视为我国从计划经济体制向社会主义市场经济体制的转型时期。

　　转型期我国国有企业改革的主要特征体现在两个方面：

　　一方面，在计划经济体制框架内国有资源配置权力下移。即中央权力向地方下放、政府权力向企业下放，以调动地方和企业的积极性。这一阶段，国家计划经济体制没有改变，政府部门对企业的行政管理方式没有改变，条块分割、政企不分的局面没有改变，改革的重点是扩大了企业自主权，国家对企业的管理权下移，赋予企业人财物产供销一定的自主权，国有企业改革以经营权改革为主线，从本质上讲，这是围绕经营权进行的改

第四章 转型期国有企业经营权改革思想（1978~1992）

革，这在一定程度上一定时期内激发了企业积极性和经营效率。但计划经济体制没改变，经营权改革就难以到位。1988年2月，国务院发布《全民所有制工业企业承包经营责任制暂行条例》规定，承包经营责任制是在坚持企业的社会主义全民所有制的基础上，按照所有权与经营权分离的原则，以承包经营合同形式，确定国家与企业的责权利关系，使企业做到自主经营、自负盈亏的经营而制定。1988年4月13日，第七届全国人民代表大会第一次会议审议通过《中华人民共和国全民所有制工业企业法》，确立了国有企业是独立的法人主体而不是政府附属物的法律地位，使国有企业成为自负盈亏的责任主体。

另一方面，以分配关系改革为主线经济利益向企业和职工转移。一是改革国家和企业的利益分享关系，兼顾企业利益，赋予企业更多的利益分享权。通过改革使经营好的企业得到更多的利益，改变企业躺在国家身上"吃大锅饭"现象。调整国家和企业的分配关系，锁定盈利存量，保障国家财政收入，赋予企业拥有对盈利增量的部分控制权。与此同时，国家投资体制和财政税收体制也相应改革，以与国家和企业分配改革相适应。二是改革企业内部分配关系，打破分配上的平均主义。通过劳动和分配制度改革，砸掉"铁饭碗""铁交椅"，奖勤罚懒、奖优罚劣、拉开收入分配差距，改变职工躺在企业身上"吃大锅饭"现象，激励企业职工的生产经营积极性，促进搞活企业。改革企业分配制度有一定的激励作用，但不改变原有经济体制和不改革国有产权制度，国有企业改革也难以到位。

转型期国有企业经营权为主的改革一定程度上激发了经济效益，尤其是确保了国家税收的增长。1978~1993年，国有企业实现利润由1978年的733.5亿元上升至1993年的1667.3亿元，增长1.27倍；上缴税金由1978年的331.3亿元上升至1993年的1975.8亿元，增长4.96倍；利税总额由1978年的1064.8亿元上升至1993年的3643.0亿元，增长2.42倍（见表4-1）。国有企业上缴税金增长最快，说明国有企业对国家贡献增长率高于企业盈利增长率。根据笔者（2002）对转轨时期国有企业改革绩效的研究，以独立核算工业企业效益为分析对象，在1978~1992年间，我国国有独立核算工业企业的固定资产净值增长了3.93倍，利税总额增长了1.46倍，但同时利润总额经历了从增长到下降的过程，1992年比

1978年基本没有大的增长，亏损企业亏损总额也增长了7.78倍。而且，国有独立核算工业企业的资金利税率和资金利润率明显下降；1992年分别比1978年下降了83%和60%……从1980年开始，国有企业的可比成本降低率一直是负数[①]（见表4-2）。

表4-1　　　　1978~1993年预算内国有企业实现利润和税金　　　单位：亿元

年份	实现利润和税金	工业企业	实现利润	工业企业	税金	工业企业
1978	1064.8	726.2	733.5	466.4	331.3	265.8
1980	1051.6	858.3	669.2	552.3	382.4	307.0
1981	1050.8	849.6	643.1	521.2	407.7	328.4
1982	1070.3	870.3	631.5	519.3	438.8	351.0
1983	1152.0	938.9	696.5	571.3	455.5	367.6
1984	1303.6	1025.5	788.9	614.6	514.7	410.9
1985	1693.7	1183.3	988.8	622.0	694.9	561.1
1986	1540.4	1188.8	795.1	571.5	745.2	617.3
1987	1846.6	1283.1	981.5	608.9	865.1	674.6
1988	2215.5	1516.7	1164.9	702.1	1050.6	814.7
1989	2233.5	1543.6	1001.2	573.1	1232.3	970.5
1990	1722.6	1200.2	491.5	525.9	1231.0	947.3
1991	2137.4	1312.5	744.5	537.5	1392.9	1075.4
1992	2510.5	1503.4	955.2	311.2	1555.4	1192.2
1993	3643.0	2109.2	1667.3	660.2	1975.8	1449.0

资料来源：《中国统计年鉴》（1995年），中国统计出版社1995年版。

表4-2　　　　1978~1992年国有独立核算工业企业主要财务指标

财务指标	1978年	1980年	1985年	1990年	1992年
固定资产净值（百万元）	2225.7	2528.0	3980.8	8088.3	10982.7
亏损企业亏损总额（百万元）	42.1	34.3	32.4	348.8	369.3

[①] 何玉长：《新中国经济制度变迁与经济绩效》，中国物资出版社2002年版，第91页。

第四章　转型期国有企业经营权改革思想（1978～1992）

续表

财务指标	1978年	1980年	1985年	1990年	1992年
利润总额（百万元）	508.8	585.4	738.2	388.1	535.1
利税总额（百万元）	790.9	907.1	1334.1	1503.1	1944.1
资金利润率（％）	15.5	16.0	13.2	3.2	2.7
资金利税率（％）	24.2	24.8	23.8	12.4	9.7
可比成本降低率（％）	4.6	-1.1	-7.7	-7.0	-6.5

资料来源：《中国统计年鉴》（1999年），中国统计出版社1999年版。

在计划经济体制向市场经济体制转型期，我国国有企业改革也取得了一系列成功的经验。

第一，在政府与企业关系上注重增强企业生产经营的自主性。通过企业承包经营等责任制的推行，激励了企业生产经营的积极性、创造性，提高了企业的经营效率，控制和减少了亏损，降低了企业生产成本，增加了企业盈利。无论是"利改税"，还是承包经营责任制、资产经营责任制，都是在向企业扩权、向企业让利，从而在一定程度上引导企业面向市场，调动了企业增产增收的积极性，激发了企业经济活力。值得说明的是，亏损企业主要是国有企业分布结构和历史积淀的问题。

第二，改革企业内部分配制度以刺激企业职工的积极性。改革开放初期，在国有企业实行"效率优先"的分配政策，国家对企业放松了工资总额控制，下放了企业内部分配权限，加大了企业利润分成比例，企业经营绩效与企业利益分配结合起来，通过"奖勤罚懒"拉开收入档次，砸碎"铁饭碗"以增强竞争机制，鼓励一部分人先富起来，激励了职工积极性，提高了职工的生产效率。随着企业效益提高，企业分配也水涨船高，总体增加了企业职工收入，改善了职工生活质量。

第三，通过企业内部管理体制改革，落实各种经济责任制。在企业内部确定岗位责任制，从管理层的岗位责任制，到每个生产岗位的生产责任制，从企业各部门到各生产岗位全面推行财务核算制，并将责任制与经营效益挂钩。企业科学管理的措施节约了生产成本、提高了生产效率，带来了经济效益的提升。当然，由于传统经济体制的束缚，市场机制和激励机制不健全时，管理效益也受到限制。

第四，企业通过上缴税金和利润分成增加了对国家的贡献。通过改革，提高了企业利税缴纳水平，由此增加了国家财政收入。20世纪80年代的多元形式的改革，在企业增效的基础上，保证了国家税收，提高了对国家的贡献率。这一时期也是国家财政增长最好的时期，实现了国家、企业和劳动者三方面的增收。但国有企业在宏观分配上，还存在"鞭打快牛"，奖优不罚劣，对亏损企业缺乏制约的现象。

第五，搞活国有企业抓住了经济体制改革的"牛耳"。社会普遍认识到国有企业改革是经济体制改革的中心环节。无论是从经济总量，还是从对国家贡献，以及广大国有企业职工的角度来看，国有企业改革将覆盖和涉及全社会最大的领域。从企业内部来看，涉及企业经营权的确立、企业收入分配、企业领导体制、劳动用工制度等方面。从企业外部来看，涉及国家与企业的关系，以及相关的投资体制、税收体制、劳动就业体制和金融体制等方面的改革。可以说，是国有企业改革带动了整个经济体制改革。

第六，配套改革为国有企业向现代企业制度过渡奠定了基础。金融领域尤其是资本市场加快了改革步伐，1990年11月26日上海证券交易所成立，1990年12月1日深圳证券交易所成立。投资体制的"拨改贷"在20世纪80年代初就推行，财政分灶吃饭实行国家税和地方税分类改革，为即将到来的市场经济体制改革做好了准备。

中国特色社会主义建设以"摸着石头过河"的方式逐渐推进，实行渐进性改革。这一时期的国有企业改革，也是实践先行，政策调整跟进，进而理论总结在后。在这一时期改革过程中也出现这样或那样的问题，国有企业改革也存在一定的局限性，甚至出现局部改革失误的教训。

一是以分配改革为主线既有合理性也有局限性。分配改革主线的合理性在于抓住了经济体制改革的关键因素，利益关系是最根本的经济关系，通过调整分配关系、激发利益机制，才能激发企业和劳动者的积极性。通过改革分配制度，国有经济的增产增收效果明显，职工收入、企业利润和国家财政都同步增长。分配改革主线的局限性在于，分配改革只是经济体制改革的一部分，还不是体制改革的根本和全部，分配改革只能在一定时期激发效率，要保持长期绩效和经济活力需要经济体制的系统改革。

二是企业改革集中在经营权上的有限性与局限性。现代市场经济条件下，国有资产的所有权和经营权是可以也应该分开的。以经营权为改革的主要目标，一定程度上激发了企业的积极性，各种经济责任制的落实促进了企业效率的提高。但经营权改革终究不是根本，这一时期，虽然国家对企业的放权让利，下放了一系列经营管理权，但由于产权不明晰，局限于经营权改革，企业还是不具有独立的法人财产权，企业经营权并不具有法律保障，且时而因地方政府截留和变相收回，经营权改革落实难、改革效果不能持久。

三是国有企业相关体制改革有待跟进。社会主义市场经济体制改革，国有企业改革是核心，国有企业要满足市场经济体制改革的需要，成为市场的主导力量。通过国有企业改革，必定促进企业经营机制的完善，企业活力的激发和收入分配的改善；国有企业改革促进理顺政企关系，亟须国有资产管理体制改革；国有企业改革也需要加快为之服务的投资体制、财政税收体制和金融体制的改革；国有企业劳动人事制度改革也需要跟进。

四是市场引导企业与国家调控市场还是局限于计划经济体制内。"国家调节市场，市场引导企业"这是中共十三大报告明确提出来的，是对企业与政府关系的经典解读。在市场经济体制还未明确提出来的20世纪80年代，提出市场、企业与国家的三者关系，实际说明了市场的中心地位。这一提法在当时来说是符合经济发展客观要求和渐进式改革的策略需要。但总体上局限于计划经济体制，还没有上升到市场经济体制层面，国有企业改革逐渐也遭遇计划经济的制度"瓶颈"。

五是改革与开放的"两张皮"，国内市场与国际市场的脱节。改革开放之初，理论上还受到传统思维姓"社"姓"资"的困扰，改革旨在搞活国民经济和国内市场；对外开放还是非常有限地进行，主要是经济特区、沿海开放城市和沿海开放区进行，广大内陆地区开放有限，国际市场的占有率还非常低，进出口贸易还是在国家统制下进行，外贸企业自主权不到位，进出口规模也非常有限，我国还没有成为国际经济舞台的主要力量。

六是国有企业内部人控制的泛滥。国有企业改革扩权让利，但监控机制没有跟上去，尤其是承包制、租赁制的实践中，出现承包人权限膨胀，失去监督和制衡，企业经营者脱离发包人和发租人的意愿，任意为企业领导人和职工提高待遇、增长工资、扩张职务消费，损害国有出资者的利益；甚至在人事上搞任人唯亲，排斥异己；一些企业在承包期间，不思技术改造和积累，只顾承包期内的短期效益，损害企业的长期效益。企业承包制时期的企业治理机制相对混乱，1982年1月，中共中央、国务院颁布《关于国营工厂厂长工作暂行条例》，指出全民企业的根本原则是党委集体领导、职工民主管理、厂长行政指挥。而这些原则在承包制企业和租赁制企业已成虚设，承包人和承租人权力独大也是内部人控制的主要原因。

七是改革初期"双轨制"的政策漏洞造成经济秩序混乱。所谓"双轨制"，是新旧制度并存、在一定范围内区别适应的制度。一方面保留原有体制的各种规则，另一方面又出台一系列相关改革，规定在一定范围内试行。"双轨制"在执行中必然出现混乱，尤其是价格"双轨制"，计划价格和市场价格的差距就成为"寻租"的主要来源。这直接带来了20世纪80年代的"官倒""官商"的盛行，市场腐败大量蔓延。从实践来看，旧的规章制度未废止的情况下要推行新制度是不可能的。两种制度的空间差不可避免地带来新制的"陷阱"，"双轨制"必然出现制度短板，且这种制度过渡的"双轨制"往往沿用到诸多领域，"双轨制"也是诸多改革失误的基本原因，这一深刻教训不应遗忘。

八是社会保障体制建设滞后。由于传统计划经济体制的束缚，国有企业长期承担职工的福利负担。由于整个转轨时期忽略建立社会保障体系，在外资企业、私人企业迅速发展的同时，国有企业继续承担繁重的职工福利负担，除了职工退休养老、公费医疗、住房等福利负担外，还承担沉重的职工家属子女从幼儿园到高中教育的提供。企业办学校、办商店、办医院，还要解决职工子女就业，企业办社会带来国有企业高昂的福利成本，使之与非公经济处于非常不公的市场竞争状态，国有企业带着"锁链"参与市场竞争，国有企业经济效益下降在所难免，并且演变成20世纪90年代中后期的多个行业大面积亏损。

在中国改革开放初期，关于国有企业的性质和地位的研究并有没引起人们太多的关注。根据国家投资来源和全民所有制的性质，国有企业所有权和经营权合一，似乎天经地义。国有企业作为国有经济的生产经营单位，并不具有自身独立地位和独立利益。随着改革实践的推进，人们感觉到局限于旧体制，只在国有企业经营权上改革，遭遇体制"瓶颈"，企业改革难以进行下去。在当年国有企业改革研究出现困境中，蒋一苇创造性地提出的"企业本位论"思想，这成为企业放权让利的重要理论基础。以蒋一苇为代表的经济学家的理论创新为国有企业改革实践探索奠定了坚实的学术基础。转轨时期的国有企业经营权领域的改革也为现代企业制度的产权改革奠定了基础。这一时期我国已经在部分国有企业试行了股份制改革，这为现代公司制改革积累了经验，以及资本和生产要素市场的起步为市场经济体制改革做好了准备。

第五章

市场经济体制下国有企业产权改革思想（1992~2019）

20世纪80~90年代,国际上社会主义阵营发生分化。苏联、东欧社会主义国家进行了所谓激进式改革,通过"休克疗法"全面放弃社会主义制度和计划经济体制,实际上是对社会主义的自我否定,全面走上资本主义+市场化道路。与此截然不同的是,中国则通过渐进式改革,在坚持社会主义制度的基础上,通过推行市场经济体制改革并获得初步成功。在经历了80年代计划经济体制框架内的改革后,中国改革进入90年代,国有企业也从经营权改革转向产权改革。1992年春,改革总设计师邓小平南方谈话发表,扫除了市场经济体制改革的思想障碍。金秋十月,中共十四大召开,正式拉开社会主义市场经济体制改革的大幕。建立社会主义市场经济体制成为90年代中国改革的目标,而其中以建立现代企业制度为核心的国有企业产权改革成为关键。21世纪以来,历经国有经济布局和结构调整,国有经济比例下降而质量提升,国有企业做大做强并走向世界,2017年世界500强企业中,中国大陆企业已经达109家,其中64家属于国有企业,国务院国有资产监督管理委员会监管企业达48家。[①] 国有企业通过产权改革走向市场经济,是社会主义公有制与市场经济有效兼容的成功案例。市场经济体制下国有企业改革的主要形式还有股份制,由于股份制改革涉及的问题庞杂,将在第六章专论。黄群慧(2018)将国有企业改革过程大致分为四个时期:1978~1993年的以扩大国有企业自主权为主要改革内容的"放权让利"时期,1993~2003年的以建立现代企业制度为主要改革内容的"制度创新"时期,2003~2013年的以建立新的国有资产管理体制为主要内容的"国资监管"时期,以及2013年至今的以分类深化国有企业为主要内容"分类改革"新时期。[②]

第一节 国有产权改革与产权理论的兴起

从计划经济体制转变为市场经济体制,从国营企业转变为国有公司制

[①②] 黄群慧:《"新国企"是怎样炼成的——中国国有企业改革40年回顾》,载于《中国经济学人(英文版)》2018年第1期。

企业，是我国经济体制和企业体制的根本变革，国有企业从经营权改革走向产权改革。以马克思主义产权理论为指导，合理借鉴西方产权思想，国有企业改革实践才能步入正道。

一、从经营权改革走向产权改革

整个 20 世纪 80 年代，国有企业改革基本是在计划经济体制框架内围绕经营权问题而展开。历经 10 多年的承包经营为主的国有企业虽然成效明显，但承包经营责任制等也逐渐显示出弊端，并且难以继续深入，国有企业改革遇到计划经济的体制"瓶颈"。社会主义市场经济体制建设需要将国有企业推向市场，使之成为市场经济的微观主体。随着我国计划经济体制转型到市场经济体制，国有企业也从行政机构的附属物转变为相对独立的经济实体，进而成为完全独立的市场法人。从一定意义上说，国有企业能否成为市场经济的独立法人，是否成为自主经营、自负盈亏的市场主体，是整个经济体制改革成功与否的关键。国有企业公司制改革作为经济体制改革中心环节也就注入了新的内容。

1992 年 10 月，中共十四大召开，会议确定我国经济体制改革的目标是建立社会主义市场经济体制。中共十四大报告提出建设社会主义市场经济体制的基本框架，其中重要的一环是，将国有企业塑造成社会主义市场经济的微观主体。随后在 1993 年 11 月，中共十四届三中全会通过了《中共中央关于建立社会主义市场经济体制若干问题的决定》（以下简称《决定》）。《决定》提出：使市场在资源配置中起基础性作用，进一步转化国有企业经营机制，建立适应市场经济要求、产权清晰、权责明确、政企分开、管理科学的现代企业制度。紧接着《中华人民共和国公司法》出台，1994 年开始了国有企业现代企业制度改革试点。国有企业从传统的计划经济体制下行政机构的附属物，逐步向市场经济体制下的现代企业转变。为区别传统国营企业，黄群慧（2018）将现代企业制度下的国有企业称为"新型国有企业"或"新国企"[①]。这样区

[①] 黄群慧：《"新国企"是怎样炼成的——中国国有企业改革 40 年回顾》，载于《中国经济学人（英文版）》2018 年第 1 期。

分虽然也客观，但笔者更愿意更清晰的划分：国有企业可以采用不同的企业形式，计划经济体制下为国营企业，市场经济体制下为国有公司制企业。为区分以前的国营企业，现在市场经济体制下，只从产权角度称为国有企业。

社会主义市场经济体制，要求国有企业通过现代企业制度改革途径走向市场。从国家层面的经济管理体制来说，由于政府部门不再直接管理企业，行业管理部门就退出历史舞台，国务院机构改革将行业主管部门逐步裁减调整。国有企业现代企业制度改革突破了20世纪80年代经营权改革的局限，从根本上实行了产权改革。国有企业改制成为具有独立法人财产权的现代公司，国家授权国有资产管理机构行使出资者所有权职能。国有企业改革奉行16字方针："产权清晰、权责明确、政企分开、管理科学。"国有企业公司制改革关键是产权明晰和政企分开。国家作为国有企业原始投资者依法行使出资者所有权，即享有资产受益、重大决策和选择经营者等权利；企业享有法人财产权，即独立享有出资者出资组成的公司法人财产权利，依法自主经营、自负盈亏，并享有民事权利和履行民事义务。国有企业是企业法人，而不是行政组织，也就撤除了政府对企业的行政管理的通道，国家授权国有资产管理机构行使资产管理职能，又切实保障了出资者的权益。通过建立现代企业制度为目标的产权改革，国家与企业成为出资者和法人的关系，企业成为自主经营、自负盈亏的市场主体，企业内部通过构建公司治理结构来保证企业运行。

二、产权理论的探索与兴起

从经营权改革转变到产权改革，也必然伴随产权理论的突破。我国理论界积极探索和运用马克思产权理论，并合理借鉴西方产权思想，以正确的产权理论指导我国国有企业产权改革实践。

20世纪80年代末和90年代初，理论界对国有企业产权改革还很忌讳，讨论国有企业产权改革似乎就是改变国有企业的所有制性质。90年代初，以产权理论著称的美国经济学家科斯（Coase）和诺思（North）先后获得诺贝尔经济学奖，西方产权思想逐渐传入中国，并很快风靡中国。

第五章 市场经济体制下国有企业产权改革思想（1992~2019）

国内学界甚至更早也有人提出国有企业产权改革，余俊福（1985）最早提出必须赋予全民所有制企业法人财产权，企业应该在法定的范围内行使对企业财产的占有、使用、处分权利。① 唐丰义（1988）也撰文将国有企业改革从所有制改革引向所有权即产权关系的改革。②

由于西方产权理论刚传入中国，我国经济理论界和经济管理部门对产权问题的理解众说纷纭。于是，一些经济学家研究得出结论，产权理论不是资本主义的专利，马克思主义经济学就有丰富的产权思想，并主张运用马克思主义产权思想指导国有企业改革。吴宣恭（1999，1994，1995）认为，马克思也有成熟的产权思想且比科斯等西方产权理论更为科学。③ 以马克思主义产权思想指导国有企业现代公司制改革实践，需要厘清现代股份公司的产权关系、运行机制和作用，④ 重点是正确认识法人财产权的性质、含义和相关问题。⑤ 吴易风等（1996）也非常肯定马克思的产权思想，并引用西方产权学派代表人物平乔维奇的话"马克思是第一位有产权理论的社会科学家"。⑥ 将产权理论回归本位、回归中性，是对西方产权理论的正确评价。马克思主义也包含有产权思想，更是客观而理性的评价。这都有利于我国产权改革实践。

20世纪90年代初期，我国推进以法人财产权为核心的国有企业公司制改革。吴宣恭较早较系统地阐述了现代公司产权关系问题，系统阐述了现代公司的法人财产权的性质、特点和国有企业公司制改革的适用性。吴宣恭（1995）以马克思主义产权理论为基础，融合经济学和法学理论，结合我国公司制改革的实际，系统揭示了不同产权结构下的法人财产权的内涵和外延，论证公司制不同于资产经营责任制的产权特点。国有企业实行公司制以后，企业拥有包括国家在内的出资者投资形成的全部财产权利，

---

① 余俊福：《必须赋予全民所有制企业法人财产权》，载于《企业界》1985年第8期。
② 唐丰义：《应当变革传统的产权概念》，载于《光明日报》1988年1月9日。
③ 吴宣恭：《马克思主义产权理论与西方现代产权理论比较》，载于《经济学动态》1999年第1期。
④ 吴宣恭：《股份公司的产权关系、运行机制和作用》，载于《中国社会科学》1994年第2期。
⑤ 吴宣恭：《论法人财产权》，载于《中国社会科学》1995年第2期。
⑥ 高鸿业、吴易风、杨德明：《中国经济体制改革和西方经济学研究》，中国经济出版社1996年版，第49页。

即公司制的法人财产权。这种财产权包括了归属权在内的企业全部权能和利益，是完整的财产权利。公司一旦建立便成为财产实体并同它的投资者在财产上完全分离，成为互相分开、彼此独立的不同所有者，各自具有独立的法律地位。政府和公司就变成不同的市场主体，不存在直接的支配关系，政府的意图只能通过自己的股权代表在企业里间接地贯彻。所以，必须如实地认识公司财产权，预测它对全民所有制经济乃至整个国民经济可能产生的影响，正确制定改革的规划和配套措施。在公司产权制度下，为了加强国家的宏观调控并使全民所有的资产得到有效的运用，既要让公司切实行使所有者的职能，发挥公司制企业产权明晰、政企分开和自我激励等方面的积极作用，又必须看到公司制企业存在一定的"集体性产权"，在生产经营中可能更多考虑自身利益而出现一些消极作用，要研究国家如何以出资者的身份对公司进行必要的引导和约束，在转换企业经营机制方面发挥应有的作用。[①] 尚在公司制改革之初，吴宣恭便对现代公司法人财产权性质特点及国有公司制改革应注意的问题进行了深入分析，对我国国有企业产权改革实践有直接的参考价值。

吴宣恭（2012）认为在相当部分国有企业改为混合所有制股份公司之后，余下某些特定产业（如保密性强的国防、安全产业）、自然垄断性行业、重要尖端产业、高新技术产业、强公益性行业和一些基础性产业还保留国有独资公司或独资企业的产权制度。体制改革部门和理论界有一些人对这种制度持全面否定态度。为此，吴宣恭阐述了国有独资公司存在的条件和必要性，分析其产权特点和优于股份公司的积极作用，主张国有企业的公司制改革要根据不同企业的条件采用多种形式，不一定只能实行股份制，不可片面否定国有独资公司的存在意义，要让各种实现形式的国有企业在市场竞争中完善自我；同时提出应以建立和完善企业的治理结构为重点，解决国有独资公司存在的问题与不足。[②] 这里体现了国有公司制改革要分类进行，国有独资公司在国有企业改革和国民经济中具有重要作用等思想，应该说这些都是理性的思考。

---

① 吴宣恭：《论法人财产权》，载于《中国社会科学》1995年第2期。
② 吴宣恭：《国有独资公司的产权特点及其改革前景》，载于《经济纵横》2012年第6期。

第二节　走向现代企业制度的国有企业

进入20世纪90年代以来，我国国有企业走上现代企业制度改革之路，从80年代的经营权改革转向产权改革。这一时期国有企业改革围绕两条主线展开：一是基于"单个搞活"思路，从单一企业视角建立现代企业制度；二是基于"整体搞活"思路，实施国有经济战略性改组。"单个搞活"国有企业的方向是建设产权清晰、权责明确、政企分开、管理科学的现代企业制度，这在1993年开始推行。而"整体搞活"国有企业为目标的国有经济战略重组，主要是在90年代后期全面推行。

一、国有公司制企业法人财产权的确立

20世纪90年代，我国从有计划的商品经济体制向社会主义市场经济体制转变，国有企业改革步入"快车道"。1990年11月和12月，上海证券交易所和深圳证券交易所相继成立，已经为现代企业制度改革和市场经济体制改革搭建了资本市场平台。1992年10月中共十四大确立建设社会主义市场经济体制，开启了新一轮以产权改革为内容的国有企业改革。1993年12月29日，第八届全国人民代表大会常务委员会第五次会议审议通过了《中华人民共和国公司法》（以下简称《公司法》），这是我国首部为规范公司的组织和行为，保护公司、股东和债权人合法权益，维护社会经济秩序，促进社会主义市场经济发展而制定的法律。《公司法》的颁布为国有企业公司制改革提供了法律依据，为社会主义市场经济体制改革提供了法律保障。

1994年，为探索建立现代企业制度的有效途径，国务院决定选择100家国有大中型企业，按照《公司法》进行现代企业制度试点，各省（自治区、直辖市）也在各自范围内共选择2343家地方企业进行试点。本着"产权清晰、权责明确、政企分开、管理科学"的要求，这些试点企业在

清产核资、明确企业法人财产权的基础上，逐步建立了国有资产出资人制度，建立了现代企业制度的领导体制和组织制度框架，初步形成了企业法人治理结构。企业以独立法人形式走上市场，成为自主经营、自负盈亏的法人实体。至1997年，国务院选择的100家中央国有试点企业中有93家转为公司制企业，其中多元股东持股的公司制企业有17家；全国2343家地方试点企业中的1999家转为公司制企业，实现了不同形式公司制占试点企业的85.31%，法人治理结构已初步建立。在现代企业制度试点企业中，改制为股份有限公司的有540家，占23.04%；改制为国有独资公司的有909家，占38.8%。尚未实行公司制的国有独资企业有307家，占13.1%；其他类型企业有47家，占2%。1999年，中共十五届四中全会提出，国有大中型企业尤其是优势企业，宜于实行股份制的，要通过规范上市、中外合资和企业互相参股等形式，改为股份制企业，发展混合所有制经济，重要的企业由国家控股。[①]

国有企业公司制改革的关键是明晰产权，即确立国家的出资者所有权和企业法人财产权。为此，中共十四届三中全会《中共中央关于建立社会主义市场经济体制若干问题的决定》（以下简称《决定》）提出：企业中的国有资产所有权属于国家，企业拥有包括国家在内的出资者投资形成的全部法人财产权，成为享有民事权利、承担民事责任的法人实体；企业以其全部法人财产，依法自主经营、自负盈亏、照章纳税，对其资产承担保值增值的责任；出资者按投入的资本额享有所有者的权益，即资产受益、重大决策和选择管理者等权利，企业破产时，出资者只以投入企业的资本对企业债务负有限责任。《决定》厘清了国家与企业的产权关系，确定了国家出资者与企业法人的权、责、利。这为国有企业公司制改革确立了基本原则。

国有企业公司制改革，国家出资人代表全民行使财产所有权，并授权国有资产管理机构行使这种所有权。原来的经济管理部门退出市场经济舞台。国有资产管理机构行使对企业的资产管理功能，而不再具有行政管理职能。国家就是国有出资的产权主体，行使出资者所有权，按《公司法》和现代公司的产权安排行使出资者所有权。国有企业公司制改革后享有独

[①] 刘仲黎：《新中国经济60年》，中国财政经济出版社2009年版，第69页。

立的法人财产权，市场法人在市场经济活动中自主经营、自负盈亏，投资者以出资额为限承担有限责任，企业以全部法人财产承担风险和责任。

潘岳（1997）分析认为"国有企业的产权改革势在必行，是通往市场经济绕不过的门槛；产权改革不是私有化的手段，而是建立现代企业制度的前提；国有企业的产权改革既包括理顺国家与企业的财产关系，也包括理顺企业与职工的财产关系；国有企业行为的理性化既依赖于所有者到位的制度支撑，也依赖于非所有者退位的制度支撑以及这两种制度安排合理化条件下的法人治理结构的完善和良好运转。"[1]

围绕现代企业制度改革，我国实行了一系列配套改革。1992年创办了深圳和上海证券交易所，到1994年，国内上市公司就有280多家，多数是国有企业。1993年上海石化、马鞍山钢铁公司等9家企业于境外上市；1994年又有东风汽车公司、武汉钢铁公司等22家企业于境外上市。1992年，徐州市国有企业改革掀起了"砸三铁"为中心的企业劳动、工资和人事制度的改革。破除铁饭碗、铁工资、铁交椅，这在社会上引起极大反响。改革的具体措施为：按现代企业制度要求进行国有企业股份制改造、治理结构建设、用工制度市场化改革和管理人才聘用的市场化操作。这一轮改革取得了显著成果："中央企业及其下属子企业的公司制、股份制改制面由2002年的30.4%提高到2008年9月的64.2%。一批大型国有企业先后在境外资本市场上市，在A股市场的1500多家上市公司中，含有国有股份的上市公司有1100多家，在中国香港、纽约、新加坡等境外资本市场上市的中央企业控股的上市公司达78户。"[2]

二、国有公司制企业治理结构的构建

国有企业产权结构决定公司治理结构，公司治理结构实现财产权利和体现产权关系。公司治理结构理论涉及相关理论，除以马克思产权思想、所有制理论和企业理论为基础，也可借鉴现代西方产权理论、委托代理理

---

[1] 潘岳主编：《中国国有经济总论》，经济科学出版社1997年版，第272页。
[2] 刘仲黎：《新中国经济60年》，中国财政经济出版社2009年版，第66~67页。李荣融：《宏达的工程宝贵的经验——记国有企业改革发展30年》，载于《求是》2008年第16期。

论、企业理论等。国有企业产权关系根本上是出资者所有权与法人财产权的关系。国家以原始投资为限承担有限责任和经营风险。国有企业采取股份制,实际形成了混合所有制企业。从公司治理来看,股东会享有出资者所有权,行使重大事务决策;董事会享有法人财产权,对企业实施经营决策;监事会享有出资者监督权,行使经营管理监督;经理人享有法人代理权,行使日常经营管理。"三会四权"相互独立、产权制衡。①

国家享有出资者所有权。国家授权国有资产监管机构行使出资者权利,股份公司的股东会是公司企业的最高决策机构,享有对企业的资产收益、重大决策和选择经营者的权利。但股东会只是会议体机构,不是市场主体,只是在股东会上行使最终决策权,而国有独资公司不设股东会,由董事会代行股东职权,企业董事实际是出资者选派的代表。

企业享有法人财产权。企业法人财产权由董事会行使,董事长为法人代表。董事会是企业经营决策机构,代表企业承担民事责任和履行民事权利。董事会成员及其组成由股东会(出资者)决定,董事会对企业股东会(出资者)负责。出资者派出产权代表进入企业董事会,从而介入企业经营。

企业经理人享有法人代理权。经理人是个集合概念,即企业经理层或经理班子。经理人接受董事会聘用,授权从事企业日常经营管理。经理人由总经理、副总经理、总工程师、总经济师、总会计师等组成。企业经理人接受董事会的聘用,行使日常经营管理,经理人对董事会负责,接受监事会的监督。

企业监事会享有出资者监督权。监事会由股东会或出资者选派,独立行使对企业经营管理的监督权,维护出资者权益。监事会对股东会或出资者负责。监事会不能干预企业经营管理。

现代公司企业"三会四权"相互独立和相互制衡,股东会作为出资者享有最终决策权却不能日常经营管理企业,也不能以市场主体身份进入市场;董事会虽然有经营决策权,但却受股东会的制约,对股东会负责,而

---

① "三会四权"关系的分析参见何玉长:《国有公司产权结构与治理结构》,上海财经大学出版社 1997 年版,第 172~174 页。

且作为企业经营决策者，也不能干预经理人的日常经营管理。经理人接受董事会的委托进行日常经营管理，实际上执行法人代理权，不具有经营决策权。行使经营管理事务和市场运作，对董事会负责。企业监事会是出资人派出，独立行使出资者监督权，监事会监督董事会和经理人的经营管理活动，对股东会或出资者负责。但监事会却没有经营活动的管理权，也不参与企业生产经营活动。

国有企业公司制改革，建设健全的公司治理结构是改革成功的基本要义。在1994年试点改革以后，国有公司制企业基本构建了法人治理结构。由国有企业党委领导下的厂长经理负责制转变为现代公司制的法人治理结构。企业法人地位得以确立，成为自主经营、自负盈亏的市场主体。

但国有公司法人治理结构的实际运行一直不完善。由于国有独资公司不设股东会，股东会职权由董事会代行，这将使董事会权力过大，导致出资者虚位和内部人控制；董事会和经理人权责不清晰，董事长和总经理都由政府任免，经理人对董事会负责流于形式，缺乏制衡机制；而流行的"董事会领导下的总经理负责制"实际上扭曲了法人财产权和法人代理权的关系，使领导者不负责，担责的不领导。经理人制度要求经理人职业化、市场化，但职业经理人队伍一直没有形成。这使得政企不分局面改变后，政资不分又随之产生。再由于企业监事机构重叠，企业除了监事会行使监督职能外，党委系统的纪委、工会也从相关领域实施监督；企业独立董事制度普遍建立，但独立董事却没有保持独立性，流于形式；以及一度由资产管理部门向企业派出稽查特派员，金融企业还有稽核制度，多头监督形成监督结合部"陷阱"，实际削弱了监督功能。

三、中小国有企业产权改革的"诸城模式"

20世纪90年代国企改革的"诸城模式"[①]，是在国有企业建设现代

---

① 诸城模式案例参考了黄少安：《诸城模式：山东中小国有企业改革典型案例》，载于《华东科技》2002年第12期；胡定核：《从山东诸城模式解析国有中小企业改革》，载于《金融研究》2001年第3期；董迎：《山东诸城股份合作制企业跟踪分析》，载于《中国工业经济》1999年第11期；百度百科"诸城模式"词条。

企业制度和实行资产重组背景下，结合县域经济实际而形成的中小型国有企业或集体企业改革的一种模式，它是山东省诸城市以股份合作制改革为主要内容的经济模式。

股份合作制的主要特点是把合作制和股份制有机结合在一起，1992年山东省诸城市对150家市属独立核算企业进行了清产核资，并对其中部分企业进行了资产评估，评估结果显示：一是企业亏损规模大。有103家企业明亏和暗亏，占企业总数的68.7%，亏损额达1.47亿元，相当于当时全市1年6个月的财政收入。二是国有资产流失严重。从32家市属企业的资产评估来看，国有资产流失1亿元，流失率为63.7%；企业无法收回的呆账和坏账达1000万元，占应收账款的10%。此外，设备不提折旧、企业内部偷盗等也造成国有资产大量流失。三是绝大部分企业负债率偏高，全市企业资产负债率达85%左右。

鉴于上述情况，1992年9月至1994年7月，诸城市在市、乡企业全面实施了以"先出售后改制＋内部职工持股"为主要形式的股份合作制改革。其基本做法：一是对国有和集体企业进行资产评估，剔除非经营性资产，土地使用权评估但不出售。企业如果有净资产，将其折股出售给本企业的全体职工，同时将企业全部资产和负债一并转移给改制后的企业。股权出售采用配股认购和自愿认购两种方式。政府将出售经营性资产的收入部分以借贷形式留给企业有偿使用1～2年不等。对一些资不抵债或经营性资产很少的企业，采取职工募股形成净资产，补充流动资金。二是建立相应的企业治理结构。政府不定董事会和监事会的框子，不提候选人名单，全体股东一股一票直接选举产生董事会、监事会；董事会、监事会再选举出董事长和监事会主席，并由董事会聘任经理等高级管理人员。在企业内部，党组织起保证监督作用，股东会、董事会、监事会等"新三会"与党委会、职工代表大会、工会等"老三会"交叉协调。同时，进行社会保障制度改革、住房制度改革、政府机构职能改革、培育发展劳动力市场等配套改革。

诸城市以股份合作制为主要形式，对中小企业实施产权制度改革历经10年，分三步走。

第一步是1992～1997年以明晰产权关系为重点，对县域企业全面改制。针对亏损面大和债务负担重源于传统体制下企业产权关系不明晰、利益关系模糊的情况，1992 年下半年在国有小型企业电机厂试点，并从 1993 年 5 月开始，对城乡企业全面进行改制。主要采取了七种形式：股份制、股份合作制、外资嫁接、无偿转让产权、破产、租赁和兼并等，其中股份合作制为主要形式，共有 210 家，占改制企业总数的 77.2%。诸城股份制改制另一个重要特点是职工平均持股。通过改制初步实现政企分开和转换经营机制，大多数改制企业由死变活、由亏变盈。"到 1995 年底，国有改制企业资产负债率由 78.6% 下降到 69.3%，企业克服了短期行为，实现了自我发展，所有改制企业，全部盈利，无一亏损；全市国有资产总量达 16 个亿，比 1992 年增长 45%；当年大型企业由 1992 年的 1 家发展到 7 家，中型企业由 7 家变为 25 家；利税过千万的企业由 1 家增加至 12 家；当年职工人均收入达 5149 元，是 1992 年的 2.4 倍。"① 但随着企业规模扩大，光靠职工入股筹资已不能满足企业发展的需要，而且由于企业做大与个人股本份额相应变小，产权对股东的约束力明显减弱，职工对企业的关切度下降。特别是由于平均持股，经营者所持股本份额太小，缺少足够的责任感和压力感，新的"小锅饭"局面形成，改革陷入困难。

第二步是针对出现"小锅饭"的新问题，在 20 世纪 90 年代中期进入"四扩一调"的调整阶段。"四扩"，一是发动内部职工对企业追加投资，扩大股本总额。二是转让银行贷款扩股，在不改变企业与银行借贷关系的前提下，把贷款配置为贷款股，按照自愿的原则，划转到个人名下，在规定期限内还本付息，将债务变股权，变企业负债为股东负债，变法人还款为众人还款。三是量化新增资产扩股。就是对改制企业新增资产进一步明晰产权，量化配送给股东职工，记到个人名下，只作为分红的依据，不得转让、继承、赠与、抵押和变现，待转移或变现时，由出让人照章缴纳个人所得税。四是吸引社会法人资金扩股。"一调"，即调整股权结构：在"四扩"过程中，鼓励经营者和经营管理层人员多参股、持大股、控股权，形成一个持大股群体。调整后，诸城市 162 家改制企业，董事长持股 50% 以上的有 56 家，占 34.6%；其他董事会成员持股 50% 以上的有 45 家，占

---

① 王均新：《诸城模式 15 年比较》，载于《招商周刊》2008 年第 7 期，总第 296 期。

27.8%；职工或持股会持股50%以上的有32家，占19.8%；其他有29家占17.8%。在分配制度方面，有的公司扩股过程中，设置了劳动股，不仅按劳分配、按股分红，还让劳动力参与税后利润分配。

第三步是为增强企业发展后劲，促进企业组织升级，提高企业整体绩效。20世纪90年代末诸城市实施了促进企业组织升级为重点的改革。前两步改革只是完成了救活企业的目标和解决"小锅饭"问题。随着市场经济的深化，企业需要按《公司法》的要求规范和进行组织升级。为了企业组织升级，政府引导企业深化改革：（1）对具备一定规模的企业集团，将其核心企业和紧密层企业改组为规范的公司，完善出资人制度和母子公司体制，并实行增资扩股和资产重组，使母公司注册资本超过5000万元，组建5个以上子公司，使子公司注册资本之和达5000万元以上，建立现代企业制度。（2）对股东人数多、规模大的股份合作制企业，在"四扩一调"的基础上，经营管理层持大股作为自然人股东，一般职工股东组建内部员工持股联合会作为法人股东，共同出资将股份合作制企业改组为有限责任公司。（3）对股东人数少、股权相对集中的股份合作制企业，具备《公司法》规定的股东和注册资本条件的，在职工股东自愿的基础上，通过内部股权转让，直接由股份合作制转换为有限责任公司。（4）对整体嫁接改造和资产重组的企业，将原企业内部职工股整体规范为内部员工持股联合会，与其他企业法人股或外资股共同组建公司制企业，原企业予以注销。（5）对困难企业，在资产债务重组的基础上，直接按《公司法》的要求组建有限责任公司，通过老企业的淘汰和新企业的催生，实现企业组织形式的升级。

20世纪90年代诸城市产权改革，救活了大部分企业，增强了企业经济效益，促进了县域经济发展。从经济效益看，1994年比上年全市企业综合效益指数提高了16.9个百分点，资金利税率提高了4.1个百分点；1999年全市国有及年销售收入500万元以上的工业企业综合效益指数达112.2%，实现利税7.1亿元，资金利税率达9.3%，资产负债率下降至67.3%；2001年实现利税9.4亿元，增长21.8%，经济效益综合指数达128.2%。从经济发展看，地方财政1992年为1.09亿元，改制后1994年增长为2.1亿元，1995年为2.6亿元，1999年为3.3亿元，2001

年为4.64亿元，2007年突破20亿元大关；1999年完成国内生产总值78亿元，人均国内生产总值7428元；2001年国内生产总值突破100亿元。2006年位于中国百强县（市）第67位，限额以上工业企业642家。从居民收入来看，2001年城镇居民人均可支配收入达5664元，农民人均纯收入达3738元。①

"诸城模式"在20世纪90年代社会主义市场经济体制改革进程中产生了重大影响。"诸城模式"尽管一度引起了一些怀疑和非议，但总体来说，诸城市以产权改革为主线，股份合作制为主要形式的多样化改革，为地方国有企业闯出来一片天地，"诸城模式"具有重要的意义。

一是"诸城模式"为地方中小国有企业和集体企业改革提供了成功的样板。"诸城模式"的性质是社会主义市场经济体制改革，改革结果有利于改善地方经济、有利于搞活国有和集体企业、有利于改善企业职工收入，"诸城模式"是地方国有企业和集体企业改革的方向。地方国有企业改革必须坚持市场化的目标，从明晰产权关系入手，割断政府与企业之间的"脐带"，使企业成为独立的市场经济主体。"诸城模式"的"股份合作制的最根本的特点是企业内部职工持有本公司较大部分的股份，并且这种股份具有相对的稳定性，不可随意转让。"② 股份合作制企业职工买断企业产权，实行职工持股对企业和职工均为有利。

二是"诸城模式"为国有企业"抓大放小"的有效操作提供了新鲜经验。国有企业改革要正确处理"抓大"和"放小"的关系，"抓大放小"是国有企业结构调整的主要措施，国有企业"大"和"小"的关系是针对宏观经济而言的，对地方企业来说主要是"放小"，同时要避免层层"抓大"的倾向，层层"抓大"，就会把国有企业抓死。县域企业贯彻"抓大放小"方针，主要是"放小"、相对慎重"抓大"，因为县属企业绝大部分是小企业，原则上都属于"放"的范畴。在企业改革过程中，只有放开小企业才能搞活；只有先"放小"，才能在"放"的过程中培育小企业壮大。

---

① 胡定核：《从山东诸城模式解析国有中小企业改革》，载于《金融研究》2001年第3期；王均新：《诸城模式15年比较》，载于《招商周刊》2008年第15期。
② 胡定核：《从山东诸城模式解析国有中小企业改革》，载于《金融研究》2001年第3期。

三是"诸城模式"为完善企业治理结构提供了借鉴。在中小企业股份制以后，如何防范董事长一股独大，扭曲公有产权的性质，造成新的国有资产流失和对职工产权损害。"诸城模式"的董事长持大股、经理层占大股现象明显，这使得职工持股比率相对下降，削弱了职工权利，这种现象值得注意。中小企业改革，重要的是完善企业治理结构，注重企业经营管理者队伍建设，同时要注重维护职工权益，维护国家的权益。

四是"诸城模式"体现了配套改革在地方国有企业产权改革中的必要性。原来国有企业和集体企业走上股份制后，职工权益和社会保障体系建设都没引起足够的重视，制约了职工积极性和企业绩效。企业改革必须与外部改革相配套，整体推进。旧体制带来的政企不分、富余人员多、企业办社会等弊端，单靠企业自身改革是无法解决的，必须配套进行外部改革，为企业改革创造良好的外部环境和条件。

五是"诸城模式"证明多样化改革符合地方经济发展实际。股份合作制是主要形式，其他形式也有出售和兼并，"诸城模式"引起非议的主要是出售、兼并或破产，以及董事长持大股问题。从总体而言，诸城改革带来了经济增长和效益提高。出售、兼并甚至破产是产权结构优化和调整的一种方式。出售、兼并的企业本来就不必由国家承担，对这些企业出售和兼并，也是总体上对国有经济结构的改善。

20世纪90年代中后期，我国通过对国有企业"抓大放小"，实现了国有经济结构优化，与"诸城模式"类似，国有小企业改革取得明显成效。"据对全国20个省（区、市）初步统计，1996年在册的41824家国有小工业企业，2000年6月底已改革31994家，占76.5%。其中改组占12.7%，联合占4.4%，兼并占8.5%，租赁占12.8%，承包经营占8.5%，股份合作制占22%，出售占8%，破产占9.12%，其他形式（如合资嫁接、风险抵押、土地置换等）占14%。"[①] 国有中小企业改革多样化，"放小"措施在地县两级基本落实到位，由此促进了国有经济的优化，提高了地方经济尤其是县域经济效益。

[①] 国家发展改革委经济体制综合改革司、国家发展改革委经济体制与管理研究所：《改革开放三十年：让历史告诉未来》，人民出版社2008年版，第199页。

四、管理科学的"邯钢经验"

"邯钢经验"是邯钢人创造的从承包经营转变到现代公司制,并以科学管理成功转型的国有大型企业改革模式。[①] 20世纪90年代,地处河北省邯郸市的邯郸钢铁集团公司(以下简称"邯钢")在董事长兼总经理刘汉章的带领下,把市场机制引入企业内部管理,在1991年创立推行"模拟市场核算,实行成本否决的经营机制",以及在此基础上推进的技术改造和装备更新,使企业迅速改变面貌,由亏损的边缘成为行业领军企业,走上持续健康发展道路。这一做法被称为"邯钢经验"。在国有企业实行从传统的计划经济体制向社会主义市场经济体制转变、经济增长方式从粗放经营向集约经营转变的大背景下,"邯钢经验"具有重要意义。"邯钢经验"反映了国有大型企业制度创新所带来的绩效,相对于其他企业承包制取决于承包人的个人素质,而"邯钢经验"更加倚重制度建设,凸显国有企业改革16字方针中的"管理科学"。通过管理改革,邯钢把市场压力传导给全体管理人员和员工,促进企业降低成本、提高效益,重在实现企业的持久经济效益。"邯钢经验"在20世纪90年代转换企业经营机制、解决企业亏损方面为国有大型企业市场化改革提供了思路。

"邯钢经验"与企业带头人刘汉章是分不开的。1984年刘汉章上任邯钢总厂厂长,正赶上河北省首批厂长负责制试点,已连续7年盈利的邯钢要想好上加好不易。于是刘汉章大力推行企业内部改革,将大批中青年技术和管理人员提拔到各级领导岗位,实行岗位工资向一线倾斜的分配制度改革,同时加快技术改造。当年改革已见成效,利润超过亿元,位居全国地方钢企之首。到了1990年,邯钢的年产量突破百万吨。然而,当年钢材价格从2000元/吨回落到1600元/吨,而煤、油等燃料价格却持续上涨。邯钢的28个钢材品种已有26个亏损。当年盈利仅为100.4万元,人

[①] 邯钢案例参考刘青山:《刘汉章:创立"邯钢经验"》,载于《国资报告》2018年第12期;王洪江:《钢铁铸造辉煌——记全国劳模、邯钢集团公司总经理刘汉章》,载于《中国经贸导刊》1998年第21期,第22期,第23期;1999年第1期,第2期,第3期,第4期,第5期,第6期,第7期。

均创利仅38元。连续13年盈利的邯钢已经到了亏损的边缘，原本计划上缴的近两亿元的承包利润只能靠贷款解决。

当时全国钢铁行业出现了大面积亏损。同大多数国有企业一样，邯钢实行的是高度集中的管理模式，对二级厂沿用指令性计划的方式进行核算。这种核算方式越来越难以反映分厂的真实成本和真实效益。如炼钢的铁水，市场价格已经是850元/吨，内部仍然按照450元/吨核算，价差由总厂承担，这就形成了分厂盈利总厂亏损的怪现象。刘汉章为调动所有人参与市场经济的积极性，以"实行模拟市场核算、实行成本否决"的手段，把分厂和工人推向市场。所谓模拟市场核算，就是以产品和原燃料的市场价格为基准，逐个工序从后向前核定目标成本并进行考核，做到亏损产品不亏损，盈利产品多盈利。所谓成本否决，就是以成本目标作为考核单位和职工的决定性指标，指标完不成，其他工作做得再好，都百分之百否决当月的全部奖金。

为带动分厂和全体职工闯市场，公司组织人马测算出各个分厂各个工序之间的目标成本和目标利润。细化出了10万多个指标，这些指标既反映了市场信号，也符合邯钢的实际。于是，选择了包括二炼钢厂在内的几个试点单位，要求二炼钢厂全厂1700名职工，全年必须降低成本2000万元，平均每人降低1万多元。全厂员工都意识到，完不成成本指标，分厂与总厂都要亏损，企业难以生存，员工收入就要减少甚至没有。这就形成了"千斤重担人人挑，人人肩上有指标"的利益共同体，使职工真正成为企业的主人，激发企业全员的活力。通过强管理、堵漏洞，二炼钢厂到1991年底降低成本2200万元，超额完成任务。1991年邯钢在外部环境没有改变的情况下，实现利润5020万元，是上一年的20倍。

改革初步成功后，"实行模拟市场核算、实行成本否决"在邯钢各单位推广开来。邯钢管理改革刚开始是在生产一线核算成本，后来后勤管理也要计算成本，最后基建、技改，都实行成本否决。1991~1996年，邯钢的成本每年降低6%以上。在钢铁行业效益大幅下降的背景下，邯钢利润连续多年超过7亿元，跻身行业前三。以1996年为例，邯钢的25项技术指标在全国排名前三，负债率仅为39.5%。1998年，面对亚洲金融危机的冲击，在消化多种减收增支因素的情况下，邯钢可比产品成本较上年下降了2.61%，1999年又同比下降了6.16%。成功的邯钢还先后兼并了连年亏损的舞阳钢铁公司与衡水钢管厂，被兼并企业都实现了扭亏为盈。通过企业内部的管理改革和技术升级，坚持挖潜、降本、增效为企业永恒的主题。

1996年，国务院发文要求全国学习推广"邯钢经验"。1997年，"邯郸钢铁"股票上市，连续三年被上市公司杂志评为中国上市公司50强，2002年被美国《财富》杂志评为中国上市公司100强第37位。

从邯钢经验可以得出有益的启示。一是科学管理对国有大型企业至关重要。改革实践中，人们更多关注明晰产权和激励机制方面，这固然非常重要，但在产权明晰的前提下还需要科学管理来落实企业目标。邯钢科学管理的经验值得大型企业推广。二是调动职工积极性是实现企业目标的原动力。邯钢层层分解降低成本指标，调动全员的积极性，将职工利益与企业市场效益挂钩，这是企业保持长期经济效益的重要因素。三是发挥国有大型企业履行社会责任的优势。邯钢对其他长期亏损企业兼并重组，为钢铁行业扭亏为盈作出了贡献，履行了国有大型企业的社会责任，体现了国有龙头企业的优势，这是非常值得提倡的。四是企业经营始终把握市场机制的主线。邯钢对内重管理，对外重市场，围绕市场搞经营，围绕市场搞管理，以市场信号为依据设计管理指标和实施管理举措，这对各个行业都是值得借鉴的。

第三节　国有经济结构调整与国有企业重组

国有公司制企业改革着眼于企业产权改革，改革初期参与改制的企业效益显现，但到20世纪90年代后期国有企业亏损问题却日益突出。问题的症结在于计划经济体制下长期形成的国有经济布局结构不合理。于是，国有经济结构调整和企业重组走向前台。

一、国有经济结构调整

我国计划经济时代，国有经济曾"一统天下"，全盘覆盖国民经济各产业；而且国有企业不具有自主决策能力，不可能根据市场和产业的变化自由转移，到了市场经济时代，这种转移障碍就使得国有企业非常不适应。如果不进行国有产权流动，实现国有经济结构分布调整，经济效益下降就不可避免。随着20世纪90年代国际间产业结构的升级，我国基于传统产业结构布局的国有企业也就不适应经济发展的要求，这也客观要求实现国有经济布局调整。

国有经济结构调整是基于国有经济分布结构情况而提出来的。"根据全国第5次清产核资数据（1992~1995年完成），我国共有国有企业30.5万家（不含金融单位）。据对其中30.2万家国有企业统计，在对资产盘盈入账及部分损失核销后，资产总额为74721亿元，净资产为22959亿元，资产负债率为69.3%。如果加上对固定资产价值重估和初步进程的土地估价因素，资产总额为86601亿元，净资产总额为34839亿元，资产负债为59.8%。其具体分布结构如下：（1）按政府管理层次分布：中央企业为3.3万家（占10.9%），资产总额32357亿元（占37.4%），净资产总额14674亿元（占42.1%）；地方企业为26.9万家（占89.1%），资产总额54244亿元（占62.6%），净资产总额2016亿元（占57.9%）。（2）按企业组织规模分布：大型国有企业为7294家（占2.4%），资产总额53737亿元（占62.1%），净资产总额23148亿元（占66.4%）；中型企业为3.9万家（占12.9%），资产总额17723亿元（占20.5%），净资产总额6478亿元（占18.6%）；小型企业为25.6万家（占84.7%），资产总额15140亿元（占17.5%），净资产总额5213亿元（占15%）。（3）按行业分布：其中工业企业为7.9万家（占26.2%），资产总额44395亿元（占51.3%）；交通邮电企业1.3万家（占4.4%），资产总额10037亿元（占11.6%），净资产总额5940亿元（占17%）；商贸企业12.7万家（占42%），资产总额15880亿元（占18.3%），净资产总额4366亿元（占12.5%）。（4）按企业组织类型分布：其中国有独资企业24.7万家（占

81.9%），资产总额75596亿元（占87.3%），净资产总额29772亿元（占85.3%）；国有控股的股份制企业0.5万家（占1.8%），资产总额4391亿元（占5.1%），净资产总额1995亿元（占5.7%）；国有控股的中外合资合作企业0.2万家（占0.6%），资产总额1056亿元（占1.2%），净资产总额322亿元（占1%）。（5）按区域分布：沿海地区企业数、资产总额、净资产总额分别占全部的49%、60%、61.5%；内陆地区企业数、资产总额、净资产总额分别占全部的34%、25.57%、24.64%；边远地区企业数、资产总额、净资产总额分别占全部的16.8%、14%、13.85%。"①

国有经济结构调整是在国有企业公司制改革背景下提出来的。其实在公司制改革的同时，我国决策层就注意到了国有资本分布结构对公司制改革具有不利影响。1994年，在国有企业现代企业制度改革试点的同时，国家经贸委在18个城市进行"优化资本结构"的配套改革试点。优化资本结构的做法是，在整体推进国有企业转换经营机制的前提下，采取多种政策，通过破产、兼并探索建立国有企业优胜劣汰机制，补充企业资本金、减轻企业债务负担、分离社会服务功能、分流富余人员、资产多元化等方面实现了重点突破，尤其是在企业破产、兼并和职工再就业等方面取得了一定成效。随后逐步扩大了"优化资本结构"试点范围，1996年确定58个城市，1997年扩大至111个城市。"优化资本结构"试点虽然取得了一定成效，但由于国有企业亏损面太大，亏损额太高，无法从根本上为国有企业解困。②

1994~1997年，在国有企业现代企业制度改革的同时，国家启动了一系列相关改革：实施"债转股"优化资本结构、国有企业兼并破产试点；分离企业办社会职能；"减员增效""下岗职工再就业工程"；实施"三改一加强"（改组、改制和改造有机结合并加强企业内部管理）、学习"邯钢经验"，提高管理科学化水平；探索国有资产管理有效形式，设立国有控股公司；开展企业集团试点，"抓大放小"搞活国有中小型企业；等等。

---

① 潘岳主编：《中国国有经济总论》，经济科学出版社1997年版，第498~499页。
② 刘仲黎：《新中国经济60年》，中国财政经济出版社2009年版，第69页。李荣融：《宏大的工程宝贵的经验——记国有企业改革发展30年》，载于《求是》2008年第16期。

这也是国有经济布局调整的铺垫。1999年9月，中共十五届四中全会强调从战略上调整国有经济布局，国有经济要在关系国民经济命脉的重要行业和关键领域占支配地位。2002年11月，中共十六大报告在强调坚持继续调整国有经济布局和结构改革方向的同时，进一步明确关系到国民经济命脉和国家安全的大型国有企业、基础设施和重要自然资源等，要由中央政府代表国家履行出资人职责。

我国国有经济布局结构调整，国有企业迎来了又一次阵痛。这种宏观层面的国有经济改革通过企业产权流动，重点向国民经济的关键领域和行业集中，"抓大放小"，适当退出竞争性的传统领域，同时非公经济自然进入竞争性领域各产业。这在客观上形成了"有进有退"和"国退民进"的局面。中共十四届五中全会通过《中共中央关于制定国民经济和社会发展"九五"计划和2010年远景规划目标的建议》中指出："要着眼于搞好整个国有经济，通过存量资产的流动和重组，对国有企业实施战略性改组。这种改组要以市场和产业政策为导向，搞好大的，放活小的，把优化国有资产分布结构、企业组织结构同优化投资结构有机结合起来，择优择强，优胜劣汰，形成兼并破产，减员增效机制，防止国有资产流失。"

国有经济结构调整的目标是，争取从1997年起至2000年，用3年时间，通过资产重组与结构调整，使电子、纺织、机械、石化等支柱行业的工艺制造结构、企业组织结构基本趋于合理化。在直接面对国际市场，与外国竞争较激烈的电子和机械行业，重点是通过调整形成具有强大国际竞争力的中国企业集团。对于不直接面对国际市场竞争的冶金等行业，重点要搞好行业内部现有国有资产的优化配置，提高其运营效益。

通过几年的国有经济布局调整，宏观积极效益开始显现。据国务院国有资产监督管理委员会研究室对1995~2006年我国国有经济分布特征分析，得出以下结论："一是国有经济比重趋于下降，但国有经济总量不断扩大，国家综合实力增强。从1995年到2006年，国有及国有控股工业企业资产总额从5.5万亿元提高到13.7万亿元，实现利润从838亿元提高到7302亿元。1978年，我国国有及国有控股工业企业（规模以上企业）资产总额占全部工业企业资产总额的比重为92.0%，到2005年下降到48.1%。二是国有企业数量明显下降，国有经济实力进一步向大型企业集中。国有经济数由1998年的23.8万家减少到2006年的11.9万家，减少50%左右。国有资产总额由1998年的13.5万亿元增加到2006年的29万亿元，年均增长10%。三是国有经济分布范围适度收缩，资产进一步向基础性、支柱产业集中，国有经济在国家安全和国民经济命脉的主要行业和国家领域占控制地位。国有经济在市场化程度高、竞争性领域呈现进一步退出的趋势。一般加工工业和商贸业国有资本比重明显下降，国有资产向国民经济基础性和支柱产业集中趋势加快。在国防军工、石油石化、电力、电信、民用航空、航运、重要矿产资源开发等关系国家安全和国民经济命脉的主要行业和关键领域中的中央企业户数占中央企业的25%，资产总额占76.5%，国有资本占84.6%，利润占83.7%。"[1] 总之，经过近10年的结构调整，国有经济布局趋于合理，国有经济质量提高，国有经济结构调整目标基本实现。

在国有经济结构调整过程中，坚持国有企业有所为、有所不为的原则，实践中主要有三种情况。一是大量国有企业退出竞争性领域。尤其是传统的机械制造、纺织等行业长期处于亏损状态。也有一些学者不同意国有企业退出竞争性领域，应该是国有企业与其他企业自由竞争、优胜劣汰。在这一调整过程中，人为地退出了一大批经营效益不错的国有企业，造成国有经济的萎缩。二是大量中小型国有企业通过股份制、产权交易、资产重组而退出市场。这一过程出现的国有资产流失、国有资本化公为私现象。通过一系列改革，地县级中小国有企业已经基本退出市场。三是大量传统型、效益差的企业退出市场。经过几十年的发展，国有企业产业结构的十年一贯制也不适合产业更新的要求，产业结构调整必然触动国有经济的产业布局结构。这一过程也是伴随是世纪末产业结构升级换代，传统产业退出市场，或产业升级和转变经营机制。在一定程度上减轻了国有经济的负担，增强了国有经济的整体效益。这一时期，我国国有经济结构调整与产业结构升级同步，在实践过程中，出现了大量传统产业职工下岗的现象，这给企业职工生活带来生活困难，改革面临新的挑战。

---

[1] 国务院国有资产监督管理委员会研究室：《探索与研究：国有资产监管和国有企业改革研究报告》(2007)，中国经济出版社2008年版，第165页。

二、国有企业资产重组

与国有经济结构调整相配套的是国有企业的资产重组。1997年中共十五大提出国有经济战略调整和国有企业战略改组的任务，以使国有企业结构更加合理。中共十五大报告提出，对关系国民经济命脉的主要行业和关键领域，国民经济必须占支配地位，在其他领域，可以通过资产重组和结构调整，以加强重点，提高国有资产的整体质量，并且公有制实现形式可以而且应当多样化，社会主义也可以有股份制这种资本组织形式。中共十五届四中全会进一步提出股份制是公有制的有效实现形式。中共十六大提出"要深化国有企业改革，进一步探索公有制特别是国有制的多种实现形式"，探索国有制的实现形式，通俗地讲就是对原有的国有企业从产权结构上着手，实现资产重组。按照中央的要求，国有企业资产重组要着力以下方面：一是保留极少数国家独资经营企业。对极少数关乎国民经济命脉的主要行业和领域，保持由国家独资经营或控股经营。但也要求按照现代公司制的要求，明晰产权，完善法人财产权，按公司治理结构内在要求运作，按市场经济规律进行运营。二是积极推行股份制。股份制也是国有企业的一种实现形式，根据行业性质和特点，将传统单一国家投资的全民企业转变为多元投资的股份公司，包括国有控股、国有参股的股份制企业，这对一般竞争性行业比较适用；对于中小型和地方企业也采取股份合作制的形式。三是发展混合所有制。混合所有制也是多元投资的所有制形式，包括国有资本和非国有资本，包括法人投资或自然人投资。四是进一步放开搞活国有中小企业。在地方国有企业尤其是小型企业要通过股份制、股份合作制、出售、兼并、破产等方式进行资产重组，在资产重组过程中和新企业形成后，重点要保障职工持股的权益。

国有企业改革从建立现代企业制度推进到经济结构调整和企业产权重组。20世纪90年代中期以后，国有经济布局结构调整的步伐加快。按"抓大放小"、有进有退的思路，一批产业关联度高、具有互补优势和战略协作的中央企业围绕做强主业进行了联合重组。"到2007年底，中央企业户数从 196 家减少到 152 家。国有经济比重趋于下降，但总量不断扩大，综合实力增强。2007 年，国务院国有资产监督管理委员会监管的中央企业资产总额超过千亿元的有 43 家，销售收入超过千亿元的有 26 家，利润超过百亿元的有 19 家，分别比 2002 年增加 32 家、20 家和 13 家。在 2007 年公布的世界 500 强中，中央企业有 16 家，比 2002 年增加 10 家。国有经济分布范围适度收缩，国有资本逐步向关系国家安全和国民经济命脉的主要行业和关键领域集中。目前，中央企业 82.8% 的资产机制在石油石化、电力、国防、通讯、运输、矿业、冶金、机械行业，承担着我国几乎全部的石油、天然气和乙烯生产，提供了全部的基础电信服务和大部分增值服务，发电量约占全国的 55.5%，民航运输总周转量占全国的 82%，水运货物周转量占全国的 89%，汽车产量占全国的 48%，生产的高附加值钢材约占全国的 60%，生产的水电设备占全国的 70%，火电设备占 75%。在国民经济主要行业和关键领域的中央企业户数占全部中央企业的 25%，资产总额占 75%，实现利润占 80%"①。

通过改革，国有企业和国有资本已逐步从中小企业层面、竞争性产业和产品生产领域退出。20 世纪 90 年代全国有 5010 家国有大中型企业和资源枯竭的矿山有序退出了市场。② 国有企业产权重组，使国有企业战线大大收缩、国有资本布局结构较为优化，国有企业质量明显提升。到目前为止，我国中小型国有企业改制已经基本完毕，国有经济和国有资本逐步向关系国民经济命脉的重要行业和关键领域集中，在这些领域组建了国有大型企业。国有资本从一般竞争性行业中逐步退出，国有企业量多面广和过于分散的状况得到明显改善。中央企业结构调整与重组逐步展开。

2002 年以来，国务院国有资产监督管理委员会先后分七批审定并公布了 153 家中央企业的主业，积极推进中央企业联合重组和主辅分离辅业改制、分离办社会职能，促进国有资本向关系国家安全和国民经济命脉的主要行业和国家领域集中。2006 年 12 月，国务院办公厅转发国有资产监督

---

① 转引自刘仲黎：《新中国经济 60 年》，中国财政经济出版社 2009 年版，第 68 页。李荣融：《宏达的工程宝贵的经验——记国有企业改革发展 30 年》，载于《求是》2008 年第 16 期。
② 胡迟：《国企改革：40 年回顾与未来改革展望》，载于《经济纵横》2018 年第 9 期。

管理委员会《关于推进国有资本调整和公有制企业重组的指导意见》，明确了国有经济保持绝对控制力、较强控制力的领域。中央企业经过几年的重组，减少了数量而提高了质量。地方竞争性行业国有经济布局调整和国有企业重组步伐加快。[①] 2012年以来，通过强强联合、优势互补、吸收合并、共建共享，完成20组38家中央企业重组整合，国有资产监督管理委员会监管的中央企业由116家调整至96家，中央企业法人总数已由5万多家减至4万多家。同时，中央企业内部压缩管理层级改革加速，大多数中央企业管理层级由5～9层减至4层以下。

三、国有企业改革进程中的三年脱困

1992年中国启动市场经济体制改革，国有企业从经营权改革转向现代企业制度改革，国有公司制企业成为自主经营、自负盈亏的市场主体。国有企业改革本应很快收到经济效益。但由于传统体制积累下来的问题，尤其是国有企业分布不合理等历史原因，社会保障制度建设滞后等现实原因，国有企业经济效益出现明显下滑，甚至出现大面积亏损。1994年，国有大中型企业亏损面9.7%，亏损企业4220家，亏损额为322.1亿元。到1997年底，在国有及国有控股的16874家大中型企业中，亏损企业6599家，亏损面达39.1%，亏损额达665.9亿元，亏损企业涉国有及国有控股大中型工业企业总资产的21.7%，总负债率9996.4亿元，平均资产负债率79.9%。纺织、煤炭、军工等行业亏损严重。全国31个省（自治区、直辖市）中，有13个地区国有企业净亏损。[②] 据笔者（何玉长，2002）分析得出，"国有企业出现大面积亏损的原因：一是长期积累的企业债务负担，生产资金不足。二是产业结构和产品结构不合理。三是生产技术落后和设备利用率低。四是企业福利和企业办社会的负担。五是公司制改革

---

① 国家发展改革委经济体制综合改革司、国家发展改革委经济体制与管理研究所：《改革开放三十年：从历史走向未来》，人民出版社2008年版，第201页。
② 中国企业联合会、中国企业家协会：《中国企业发展报告2001》，企业管理出版社2001年版，第57～58页。

第五章 市场经济体制下国有企业产权改革思想（1992~2019）

不到位。六是国有企业的非国民待遇。"[1] 尽管国有公司制改革已经实行了几年，但由于国有经济分布不当、结构不合理，效益下降在所避免，这也说明国有企业改革需要实行资产重组和结构调整；另外，企业承担社会福利重负是企业成本增加、效益下降的又一因素，这说明市场经济体制要求企业走向市场，但保障交给社会；由于当年为鼓励外资企业和私人企业发展，各地推出的各种减免税政策，这使得国有企业失去国民待遇，在市场竞争中处于弱势，这也是经济效益下降的主要原因。

面对受国内产能过剩和亚洲金融危机影响而日益严重的国有企业亏损问题（见表5-1、表5-2），1997年9月，中共十五届一中全会部署实施国有企业"三年脱困"的改革攻坚战：一方面对纺织、煤炭、冶金、建材等行业进行结构调整；另一方面开始全面推进"债转股"，以减轻企业债务负担、促进企业扭亏增盈。同时，深化养老、失业、医疗等社会保障制度改革并推进下岗职工再就业。

表5-1　　三年脱困之初（1998年）国有企业资产负债情况　　单位：亿元

指标	国有企业	全国
流动资产	2955.03	46600.87
资产总额	74916.27	108821.87
流动负债	30625.48	47773.02
负债总额	47748.38	68760.03
所有者权益	26759.22	39445.40
销售收入	33566.11	64148.86
销售成本	27092.45	52797.54
税金	993.53	1236.79
利润总额	525.14	1458.11

资料来源：《中国统计年鉴》（1999），中国统计出版社1999年版。转引自何玉长等：《新中国经济制度变迁与经济绩效》，中国物资出版社2002年版，第100页。

---

[1] 何玉长：《中国国有企业三年脱困及经济效益分析》，载于《中国经济评论》2002年第4期。

表5-2　　三年脱困之初（1998年）国有企业财务指标

分类	财务指标	国有企业	全国
资产流动性	流动指标（%）	9.65	97.55
	营运资金（亿元）	-1172.15	-27670.45
	流动资金周转次数（次/年）	0.93	1.14
财务风险（长期偿债能力）	资产负债率（%）	64.26	63.74
	产权比率（%）	1.78	1.74
盈利能力	销售净利率（%）	1.56	2.27
	资产净利率（%）	0.701	1.34
	净资产收益率（%）	1.96	3.70
	权益乘数	2.758	2.72
	工业成本费用利润率（%）	1.61	2.35
	全员劳动力生产率（元/人年）	29053.87	31346.86
	总资产贡献率（%）	6.51	7.12

资料来源：《中国统计年鉴》（1999），中国统计出版社1999年版，经计算整理。转引自：何玉长等：《新中国经济制度变迁与经济绩效》，中国物资出版社2002年版，第100页。

1997年10月，中共十五大提出国有企业改革与脱困的目标："从1998年起，用三年左右的时间，通过改革、改组、改造和加强管理，使大多数国有大中型企业摆脱困境，力争到本世纪末大多数国有大中型骨干企业初步建立起现代企业制度。"1998年3月，朱镕基提出三年脱困的具体目标：（1）大多数行业在整体扭亏为盈的基础上亟须增加盈利，煤炭、军工等行业亟须努力减少亏损。（2）大多数省（自治区、直辖市）国有及国有控股工业企业整体扭亏或增加盈利。（3）大多数国有及国有控股大中型工业亏损企业扭亏为盈或消除亏损，重点企业和老工业基地经济效益进一步提高。（4）国有及国有控股工业企业盈亏相抵后实现利润突破1000亿元，力争1100亿元。国有企业三年脱困攻坚目标就是这一届政府立下的"军令状"。

为实现脱困目标，改善国有企业经营效益，1998~2000年3年间，我国政府采取了以下主要措施：一是改善宏观经济环境，扩大国内需求。通

第五章　市场经济体制下国有企业产权改革思想（1992~2019）

过打击走私，打击假冒伪劣产品，党政机关、军队武警办的企业全部脱钩或关闭等措施，为国有企业创造了公平竞争的环境。通过降低利率、增发国债等政策扩大国内需求，为国有企业创造良好的宏观环境。二是优化产业结构，抓大放小，推进劣势企业破产关闭。组建了中国石油天然气集团、中国石油化工集团、中国宝武钢铁集团有限公司等基础上，2000年又完成了四大资讯产业集团的组建，组建铁路、民航等企业集团，铁路、施工、机车车辆等五大公司与铁道部脱钩，实行了重组。加大产业结构调整，纺织行业压锭、减员，煤炭、钢铁、制糖行业通过关闭小企业、淘汰落后和限制长线、控制总量等办法，使之成本降低，价格上升，经济效益大幅度提高。三是实施债权转股权，减少一些企业债务负担。确定了580家企业实施债权转股权，转股总额达4050亿元，2000年4月开始停息。2000年工业企业利息支出额为1797亿元，比上年下降8.1%。这使企业减少支出、增加利润约180亿元。由此，债转股企业的资产负债率由以前的70%下降至50%以下，80%以上的债转股企业可以当年实现扭亏为盈。四是推进企业重组和上市，加快建立现代企业制度。列入全国520家国家重点企业的514家国有及国有控股企业，已经有430家进行了公司制改革，占83.7%，多数实行了投资主体多元化，这些企业基本健全了企业法人治理结构。五是进一步实行政企分开。结合政府机构改革，加大政府职能转变步伐，继1998年国务院组成部门由40个减少至29个以后，人员编制压缩一半，地方机构改革也于2000年底完成。政府管理企业的部门基本撤销，从而把企业推向了市场。对少数国有大型企业实行了授权经营，加强了对国有企业的监管，建立了稽查特派员制度。任命了第一批36家国有重点企业的监事会主席。六是完善社会保障制度。逐步完成了城镇职工失业保障、医疗保障、养老保障等制度，企业办的教育、医疗等事业机构陆续与企业脱钩，解除了国有企业办社会的沉重包袱，降低了企业的运作成本。①

　　以上举措都是针对新形势下国有企业效益下降原因而提出来的，其实施也必然有良好效果。2000年国内生产总值89404亿元，按可比价格计

---

① 何玉长：《中国国有企业三年脱困及经济效益分析》，载于《中国经济评论》2002年第4期。

算，比1999年增长8%，指数加快0.9个百分点。2000年全部工业企业增加值39570亿元，比1999年增长9.9%。其中，国有及国有控股工业企业和年产品销售收入500万元以上的非国有工业企业，增加值23685亿元，比1999年增长11.4%，增速比1999年加快2.5个百分点，是1997年以来的最高幅。2001年国内生产总值达95800亿元，比2000年增长7.3%，经济总量居世界第6位；国有及国有控股工业企业增加值15198亿元，比上年增加8.1%。[①]

据对重点跟踪的6599家国有大中型企业的分析，大多数企业已经如期脱困。其中，到1998年底，继续亏损的仍有4058家，有2541家实现脱困，占亏损企业的38.5%；1999年底，原6599家亏损企业中，有2989家继续亏损，又有1069家实现脱困占亏损总数的16.2%。到2000年底，继续亏损的企业余下1800家，其中301家企业已经停产1年以上。当年脱困1189家，三年来共有4799家企业通过重组、改制、兼并、破产措施，已经退出了亏损企业的行列。其中扭亏为盈的有1723家企业，通过兼并、破产转为其他类型企业或关闭的企业有3067家。6599家企业脱困率达72.7%。[②]

总体来看，国有企业三年脱困的目标基本实现。一是国有企业总体效益大幅度提高，全国31个省（自治区、直辖市）国有及国有控股工业企业实现总体盈利。1997年亏损的12个省（自治区、直辖市）全部扭亏为盈，国有及国有控股工业企业盈利总额达2301.9亿元，同比增长139.7%，比1997年增长195.6%。二是国家重点监测的14个重要行业中有12个实现了全行业净盈利。继续亏损的煤炭和军工行业亏损面也有较大幅度的下降。截至2000年底，电力、石油、石化、冶金等14个重点行业基本实现盈利。三是1997年底亏损的6599家国有及国有大中型亏损企业，有4799家采取多种有效途径摆脱了困境，脱困率达72.7%。其中扭亏为盈的有1723家，占脱困企业的35.9%；有3076家通过兼并、重组、改制以及退出市场等方式实现了脱困。四是三年脱困大大改善了国有企业

---

① 资料来源：相关年份的《中国统计年鉴》《国民经济与社会发展统计公报》。
② 中国工业企业联合会、中国企业家协会：《中国企业发展报告》（2001），企业管理出版社2001年版，第62页。

运行质量，国有企业整体效益明显提高。到 2000 年底，全部国有及国有控股工业企业税后利润 2391.9 亿元，比上年增加 135.6%，比 1997 年的 806.5 亿元，增加 296.6%。国有及国有控股大中型工业企业亏损数和亏损率比 1997 年明显下降，亏损数从 6599 家减少至 3634 家，亏损面从 39.1% 下降至 27.2%。[①]

第四节　国有企业公司制改革的理论分歧

在 20 世纪 90 年代市场经济体制改革的大背景下，国有企业走现代企业制度之路，实现公司制改革得到共识。但在国有企业具体改革目标、发展方向、改革措施方面，理论界和经济管理部门还有许多认识分歧。

一、关于国有企业的性质、地位与国有企业改革的目标

潘岳（1997）认为"在社会主义条件下，国有经济在国民经济中应该占主导地位，则是毫无疑义的。……市场经济所要求的国有经济主导地位，是导向型主导地位，即国有经济的主导地位表现为国民经济发展的导向，而不是在国民经济比重上占绝对优势。"[②] 不管国有企业改革进展到什么程度，全民所有制的社会主义经济的性质不变。国有企业的地位不变，还是国民经济的支柱，是社会主义经济体系的领导者和国民经济的主导力量。

张维迎（1999）主张国有企业的出路就在民营化。在讨论国有企业摆脱困境的出路时，张维迎认为"国有企业摆脱困境的两种选择：回到垄断或民营化"。[③] 在讨论国有企业改革出路时，张维迎直接得出结论："民营

[①] 何玉长：《中国国有企业三年脱困及经济效益分析》，载于《中国经济评论》2002 年第 4 期。
[②] 潘岳主编：《中国国有经济总论》，经济科学出版社 1997 年版，第 136 页。
[③] 张维迎：《企业理论与中国企业改革》，北京大学出版社 1999 年版，第 397 页。

化是唯一出路"。① 张维迎进一步认为，"为了确保只有高能力的人才被选为职业经理，选择经理的权威应当从政府官员手中转移到真正资本所有者手中。为此必须对国有企业实行民营化。可喜的是，中国的改革正在向这个方向走。"② 为了确保高能力的人才被选为职业经理而必须对国有企业民营化，这个逻辑通吗？"虽然我认为国家持股制度不能解决经理选择问题，但并不否认国有企业的公司化改造及到股票交易所上市可以作为民营化的第一步，特别是如果允许国有股份转让给私人所有的话。"③ 张维迎明白无误地要求国有企业资产民营化，国有企业股票上市是民营化的第一步，接下来就是国有股转让给私人。同时还要求将选择职业经理的权利交给已经民营化的资本所有者。实际上，从所有权的角度上看，所谓国有企业"民营化"都是通过国有企业股权变更而实现的，这里的"营"绝不是"经营权"，而是指"股权"或"所有权"，所谓的"民营化"就是"私有化"的另类表达。

陶大镛等（1994）坚决反对国有企业"民营化""私有化"。陶大镛澄清了国有企业公司制改革与实行股份制的问题。国有企业实行公司制改革，包括可以实行股份制改革，但公司制不等于股份制，更不等于全盘股份制。陶大镛说："从所有制性质的角度来看，这些发行股票的国有企业无疑属于一种'混合所有制'。……根据我国现行宪法的规定：'国有经济，即社会主义全民所有制经济，是国民经济中的主导力量。根据保障国有经济的巩固和发展。'（见总纲第七条）如果国有企业成为'混合所有制'，那么宪法是否要做相应的修改？至于资本主义国家，它们实行私有制，国有的东西实质上也是私有，不存在类似的问题，但我们搞股份有限公司就需要解决这个问题。如果要在国有企业中普遍推行股份制，看来先得修改宪法，否则又如何维护宪法的尊严呢？"④ 朱绍文（1994）认为"如果对国有企业全面实现股份制，我认为是一种倒退"。⑤

---

① 张维迎：《企业理论与中国企业改革》，北京大学出版社1999年版，第137页。
② 张维迎：《企业理论与中国企业改革》，北京大学出版社1999年版，第138页。
③ 张维迎：《企业理论与中国企业改革》，北京大学出版社1999年版，第138~139页。
④ 陶大镛：《对股份制和现代企业制度的一些思考》，载于《真理的追求》1994年第8期。
⑤ 朱绍文：《对国有企业全面实行股份制是一种倒退》，载于《高校理论战线》1994年第4期。

胡培兆（2001）针对国有企业改革进程中私有化观点进行了归类分析。胡培兆指出，现在经济学论坛上曲笔讳言的私有化理论不少，主要有：（1）出卖国有资产只是将实物形态转换为价值形态，无损公有制的"形态论"；（2）非公有制经济也是社会主义经济的"泛社会主义经济论"；（3）在国有经济与非国有经济并存的"双轨制"中，通过发展非国有经济渐进式地逐步替代国有经济，完成向非国有经济的单轨过渡的"渐进过渡论"；（4）国有经济退出一般竞争性领域的"退出论"；（5）国家向企业征税就是国家的宏观所有权，不必强调微观所有权的"宏观所有权论"；（6）不论哪种社会制度下的股份制就是马克思主张的社会所有制的"股份公有制论"。这些理论都在等待国有公司的失败去变现。[1] 胡培兆（1995）也认为，一定范围的私有化也是客观存在，如部分小型国有企业出售，部分私有化为的是巩固公有制主体地位。[2]

总体看，主张国有经济"民营化"者重在一个"化"，实质是在否认国有经济存在的必要性。而反对"民营化"者并不反对非公经济的发展，只要不放弃国有经济的主导地位。

二、关于国有企业改革中管理层收购和国有资产流失

20世纪90年代国有企业改革之初，曾一度流行"管理层收购"，同时配合西方企业契约论和人力资本论，将西方产权理论和公司理论简单复制于国有企业改革，实现对国有资产的掠夺。管理层收购（Management buy-out）本意是，"目标公司的管理者或经理层利用借贷所融资本购买本公司的股份，从而改变本公司所有者结构、控制权结构和资产结构，进而达到重组本公司的目的并获得预期收益的一种收购行为"[3]。而在我国实践中一度扭曲，具体做法是，先将企业高管赋予高额的人力资本，再使其凭其人力资本获得企业股权，进而以干股、技术股、奖金股、经营者持大股等

---

[1] 胡培兆：《矫正国有股》，载于《中国经济问题》2001年第1期。
[2] 胡培兆：《私有制与私有化》，载于《社会科学》1995年第11期。
[3] 张鹏、王元春：《管理者收购（MBO）的研究及在我国的实践》，载于《现代管理科学》2007年第8期。

方式低价贱卖或变相奉送国有股权给管理层。甚至在经营者没有大笔资金购买股权的情况下可经银行贷款买股。由此操作下来使经营者一夜暴富，国有经营者摇身一变成股份公司大老板。在国有企业公司制改革过程中，一些地方政府竞相"靓女先嫁"，慷慨地赋予经营者股权；还有把好企业做亏，把亏企业贱卖，通过管理层收购，企业经营者以合法手段侵吞国有资产。在股份制改革进程中，国有资产严重流失。吴宣恭指出"私有化鼓吹者对这种改革方式（国家所有制实现形式的转换）是不满意的，认为没有改变企业的所有权，不是产权制度改革，没有办法根本解决国企的固有弊端。显然，他们主张的是像另部分国有企业那样转让、出卖给私人，把归属意义的狭义所有权也改掉，转变为完全的资本主义企业。在改革的实践中，受他们一片骂声的影响，大批国有企业以各种方式贱卖给企业高管和其他有门路、有背景的个人。几年之内，国有经济大幅度萎缩，私有经济迅速增长。"①

从实践来看，管理层收购引入国有企业产权重组，出现了20世纪90年代末国有资产流失的一股逆流。如果不是果断叫停，后果不堪设想。

三、关于国有经济结构调整是"国进民退"还是"国退民进"

胡培兆（2001）特别对国有经济退出竞争性领域的"退出论"批评分析。什么是"一般性竞争领域"？就是市场经济领域。要国有企业退出一般性竞争领域，就是要国有企业退出市场经济领域，说明公有制经济与市场经济是不能结合的，国有的钢铁、石油、金融等行业都得退出。可是，没有包括国有经济在内的公有制经济参加的市场经济，还叫"社会主义市场经济"吗？在没有改变"社会主义市场经济"提法的前提下，要国有企业退出一般性竞争领域的理论在逻辑上是不能成立的。退出不退出，决定于它们自身的竞争力。有竞争力的，为什么要剥夺它在市场领域的权利？没有竞争力的，不用说它自己会被淘汰出局。所以，这里的问题

---

① 吴宣恭：《所有制改革应保证公有制的主体地位》，载于《管理学刊》2011年第5期。

第五章 市场经济体制下国有企业产权改革思想（1992~2019）

不是退出不退出的问题，而是有没有竞争力的问题，一切由市场取舍。①国有经济结构调整企业重组过程中应该是有进有退，有所为有所不为。单方面指责"国进民退"还是"国退民进"，都是不真实的。

中共十六届三中全会再次指出"完善国有资本有进有退、合理流动的机制，进一步推动国有资本更多地投向关系国家安全和国民经济命脉的主要行业和关键领域，增强国有经济的控制力。其他行业和领域的国有企业，通过资产重组和结构调整，在市场公平竞争中优胜劣汰"。我国国有企业改革的同时，宏观层面的所有制结构改革在进行中，个体、私营和外资经济迅速发展。这构成了对国有企业的冲击、挑战和竞争。尤其是私人企业的兴起，由此引出对"国退民进"还是"国进民退"的热议。现实中，20世纪90年代以来，国有企业大量退出竞争性领域，只保留在国民经济命脉的一些部门，中国经济的实际情况是"国退民进"。吴宣恭（2011）批判说：有些人把所谓"国退民进"说成是所有制改革和国有经济调整的定势，私人企业不断扩张，国有经济继续萎缩，不准国有经济根据经济发展的需要有所加强，这是与改革的目的背道而驰，真正逆社会主义潮流而动的。②关于国有企业和民营企业的关系问题，合理做法应该，一是坚持国有企业竞争中性原则。国有企业在市场竞争中与其他企业平等参与竞争。国有企业不得持有国家政府部门资助，在税收等政策上公平享有。竞争中性是市场经济的题中之义。二是各类经济的国民待遇和市场公平竞争。市场化改革的一个重要原则是公开、公平、公正。而国有企业在改革前期，享受低于国民待遇的不公正待遇。如外资和民营经济在投资创业时，享受税收减免等优惠，使国有企业处在不公平竞争的状态中。

吴宣恭认为所谓"国进民退"是伪命题。1999年9月中共十五届四中全会通过的《关于国有企业改革和发展若干重大问题的决定》强调，"国有经济在关系国民经济命脉的主要行业和关键领域占支配地位，支撑、引导和带动整个社会经济的发展，在实现国家宏观调控目标中发挥重要作用"。该决定提出"从战略上调整国有经济布局，要同产业结构的优化升

---

① 胡培兆：《矫正国有股》，载于《中国经济问题》2001年第1期。
② 吴宣恭：《所有制改革应保证公有制的主体地位》，载于《管理学刊》2011年第5期。

级和所有制结构的调整完善结合起来,坚持有进有退,有所为有所不为。"针对根据对资源型产业、环境污染企业和安全生产不达标企业的整顿,一些私有化鼓吹者"当做大规模'国进民退'的例证到处申述""正像境外某些人'逢中必反'一样,他们对'公''社''国'的种种进步一概厌恶,不停地寻找机会给'公''社''国'栽赃,已形成逢啥必反的变态心理了"。①

四、关于公司制企业劳动力属性与重建国有公司劳动关系

传统经济理论否定劳动力的商品属性,认为劳动力的买和卖是资本主义私有制的产物,更是货币转化为资本的条件。但公司制改革也带来了劳动制度改革,全民所有制公司企业职工已经成为合同制工人或合同制聘任对象。国有公司制企业出现新的情况,作为社会主义国有资产的主人的劳动者,又是自己委托的法人所录用的工资劳动者,进而成为企业法人所聘用的管理者(经理人)所管理的对象。这种情况下,社会主义经济中劳动者也具有商品属性已经得到基本共识,但对其理论解释,学界却并不给力。那么应该如何解释这种现象?笔者认为,国有公司制企业劳动者具有二元属性:一方面,从国有企业生产资料全民所有制的性质来看,职工是全民资产的所有者,是国有企业的主人,依法享有全民财产带来的资产收益,这种收益主要以社会公共服务和转移支付的形式获得;另一方面,从国有企业独立的经济利益主体来看,国有企业的职工作为劳动力要素,具有商品性质。在市场作为资源配置基础性手段的市场经济条件下,劳动力也是生产要素之一。国有企业改革全面引进合同制、聘用制,劳动者与企业以劳动合同联系起来,企业与劳动力就是交易关系。重建劳动关系(何玉长,1995),一是要突破传统劳动关系的陈旧观念,纠正劳动者主人翁身份和地位的教条化理解:主人翁不等于就业"铁饭碗";不等于可以超脱劳动管理;不等于可以放弃制度约束。二是重新认识劳动者应有的地位:国有公司企业是劳动者集体利益的主体,也是自主用人的主体,劳动

---

① 吴宣恭:《所有制改革应保证公有制的主体地位》,载于《管理学刊》2011 年第 5 期。

者与企业通过聘用合同确立新型劳动关系。三是重新确立劳动者在劳动关系中的身份：劳动者在劳动关系中具有企业主人和劳动力所有者的双重身份，并由此决定劳动者是社会主义条件下的劳动力所有者的特殊地位。①

五、警惕把国有企业改革引向私有化和局部私有化

社会主义市场经济体制改革以来，我国社会主义性质和国有经济地位需要再认识，国有公司制企业依然属全民所有，多元投资的股份公司的国家出资也属全民所有。国有企业生产资料全民所有是指全体国民平等享有而非该企业职工集体所有。国有企业市场化改革，要确保国有资本保值增值，维护国有经济安全，要警惕"国有企业集体化"现象。公司制企业中的"内部人控制"就是逃避出资人监督，违背出资人意志，损害出资人权益的行为。将全民资产作为自家的资产，就是国有企业局部私有化。

理论探讨和改革实践中，有人试图将国有企业改革引入私有化歧途，张维迎有比较系统的思想。对于从小型国有企业到大中型工业企业都有不同的"药方"。"对于小型国有企业，'经理（或职工）买断'是一种较为通行的解决方案，例如，从1992年到1994年诸城市77%的国有企业被经理和职工买断（王延中和胥和平，1996）"② 诸城市数据虽然是引用王延中和胥和平文，但内容观点明白无误是张维迎自己的。"对于大中型企业，成立联合股份公司（合资企业）和'上市'是最有吸引力的两种民营化措施。通过与国内或国外的民营企业成立联合股份公司，地方政府可以使其国有企业部分民营化，同时使得对企业的干预降至最低程度"③ "民营化的最终完成有待于一个完备的以保护产权为目标的法律体系。尤其是经理对企业利润的事实上的占有权最终必须变为法律上的所有权"。④ 张维迎不仅为各类国有企业民营化（私有化）开药方，还要从法律上给予保障。国有企业如何摆脱困境，张维迎直接开出"药方"："如果说的是使

---

① 参见何玉长：《对公司制企业劳动关系一个悖论的思考》，载于《中国劳动科学》1995年第6期。
②③ 张维迎：《企业理论与中国企业改革》，北京大学出版社1999年版，第220页。
④ 张维迎：《企业理论与中国企业改革》，北京大学出版社1999年版，第224页。

现在是国有的企业摆脱困境，出路是有的，那就是民营化。"① "如果中小企业改革成功了，就会产生大量的拥有资产和拥有企业家才能的人，由他们来改革国有大企业，大企业的改革才能成功。"② 私人资产和企业家占据大型企业，民营化（私有化）就完成了。如何理解张维迎以及类似主张者"民营化"的概念，到底是"民营化"还是"私有化"？有必要从概念上说开去：民营是相对公营、国营而言。而公营、国营是经营形式，公营、国营的所有权只能是公有或全民所有。而民营或民营企业，是公民（自然人取得了法人资格）经营的企业，民营的所有权不可能是公有，只能是私有产权。故民营化就是私有化。

六、国有企业改革不能走向私有化

高鸿业等批评对国有大中型企业改革的私有化"药方"，"第一，倾向搞私有化的人声称：国有大中型企业效率不高的关键在于缺乏利己的动机，因为私有的利己动机会驱使私有企业的主人竭尽全力从事经营，从而会导致这些企业处于高效率的状态"。高鸿业认为，"上述私有制能提高企业效率的说法就小规模的经营而论，是无可厚非的。……但对于大中型企业而言，股东选出董事、董事任命经理、经理遵照股东意愿行事的说法不过是法律上的简单逻辑推理，基本上不符合以私有化为基础的现代发达国家的现实。……西方发达国家的现实是：随着社会化生产规模的扩大，近数十年来逐渐出现公司的所有权与管理权分离的现象。……小规模经营中能充分发生其作用的私有动机在大中型企业很难、甚至不大可能被发挥出来，从而与这些企业的效率没有多少关系。" "第二，倾向搞私有化的人说，私有企业的产权关系是明晰的，即可以明确地界定企业的产权归谁所有。明晰的产权使企业的主人关心企业的经营，从而有助于提高它的效率。而公有制企业的产权是不明晰的：在国有企业，分摊到每一个公民的产权为数微小；由于产权的分散，国有企业的经理们对企业的经营关心不

---

① 张维迎：《企业理论与中国企业改革》，北京大学出版社1999年版，第397页。
② 张维迎：《企业理论与中国企业改革》，北京大学出版社1999年版，第398页。

够，从而导致效率的低微"。高鸿业认为："国有企业归全民所有，其产权是明晰的，清晰的程度决不亚于私有企业。……在所有权与管理权分离的情况下，没有理由认为私有制下的经理会比国有制的经理更加关心企业的效率。……今天社会化大生产的时代，私有制下的产权不但不再明晰化，反而越来越模糊化。""第三，倾向于私有化的人还认为，国有企业搞不活的关键在于行政干预束缚，据说企业被'松绑'以后，效率便因之而得以提高"。高鸿业批评说"首先，并不是对企业的一切行政干预都有损于企业效率，某些干预甚至起着有利的作用。例如，西方的反托拉斯政策……其后果是促进竞争，从而提高企业效率。其次，某些不必要的行政干预是出于政策性的考虑，为了顾全大局，不得已而为之。……最后，某些行政部门确实对企业进行毫无必要的干预，以致影响企业效率。对此，国家可以指定有关的法律，明确非法干预的界限加以制止。"[①]

高鸿业等批评国有企业改革进程中的私有化倾向，针对国有企业股份制改制进程中兼并收购、资产重组、管理层收购（MBO）等贱卖国有资产和私有化的行为，高鸿业等指出"实践中私有化程度的三种类别。第一类是完全私有化，国家失去了对企业的所有权，国家所有制企业即全民所有制企业完全改变了性质。第二类是准私有化，至少是半私有化。国家失去了的不仅是51%的产权，而且失去了对公司的控制权。第三类是部分私有化。"[②] 为此，高鸿业提出要认真解决私有化错误倾向的几个问题。主张"对私有化案件，对国有资产流失案件，要认真查处""不要把国有企业所有权二重化""不要把国家收益权变成企业收益权""不能（将国有企业）搞成企业所有制""不能把发展'非国有经济'作为社会主义市场经济的'主战场'""不能把出售国有企业作为改革的主要措施"。[③]

应该说，坚持国有企业改革的正确方向，发挥国有企业在国民经济中

[①] 高鸿业、吴易风、杨德明：《中国经济体制改革和西方经济学研究》，中国经济出版社1996年版，第1~7页。
[②] 高鸿业、吴易风、杨德明：《中国经济体制改革和西方经济学研究》，中国经济出版社1996年版，第90页。
[③] 高鸿业、吴易风、杨德明：《中国经济体制改革和西方经济学研究》，中国经济出版社1996年版，第91~92页。

的中流砥柱作用，防止国有企业改革走向私有化的歧途，是非常重要的。

第五节 国有企业改革的绩效、经验与教训

社会主义市场经济体制改革是社会主义生产关系的调整和完善，国有企业改革是其中最重要的一环，正是国有企业改革带动了整体经济改革。尤其是20世纪90年代以来的国有企业改革，总体来说，经济绩效是主要的，改革经验是有益的，改革教训也是深刻的。

一、国有企业改革的绩效评价

改革年代，国有经济的经济绩效总体是明显的，国民经济稳定持续经济增长、居民生活质量显著提高，综合国力明显增强，主要都来自国有经济的贡献。社会主义市场经济体制改革使之坚持国有企业改革为中心环节，以转变国有企业经营机制、搞活国有企业为主要任务。实践证明，中国走出了一条社会主义国有企业融入市场经济的成功路径，国有企业改革经验构成中国特色社会主义理论的组成部分。总体而言，市场经济体制下的国有企业改革绩效明显。国有企业在提高国有经济效益，促进国民经济高质量发展，解决社会就业和改善居民生活，发展对外经济关系和增强国家经济实力等方面居功至伟。

第一，国有企业数量减少而质量提升，国有资产持续增长。

从宏观来看，国有企业在国民经济和社会发展中的整体效益是明显的。尽管国有经济的企业数量减少，但经济质量上升。整个20世纪90年代国有资本每年递增17.9%。1978~1998年国有工业总产值年均增长14.5%。国有企业对财政的贡献，1980年为1007.3亿元，1995年上升至4441亿元，15年增长约4倍。"2017年，全国国有企业资产总额183.5万亿元，国有资本及权益总额50.3万亿元，分别是2012年的2.3和1.8倍。

全国国有企业境外总资产16.7万亿元。国有资本进一步向重要行业和关键领域、向前瞻性和战略性产业、向优势企业集中。"①

第二，国有工业企业效益提高。

以2000年以来的利润实现情况为例，国有工业企业利润总额从2000年的716.64亿元，上升至2016年的2244.62亿元，其中最高的2012年达3881.71亿元；国有独资公司工业企业由2000年的88亿元上升至2016年的2631.49亿元。在国有独资、国有联营、国有与集体联营等企业比较中，国有独资工业企业利润总量和增长量都是最好的（见图5-1）。

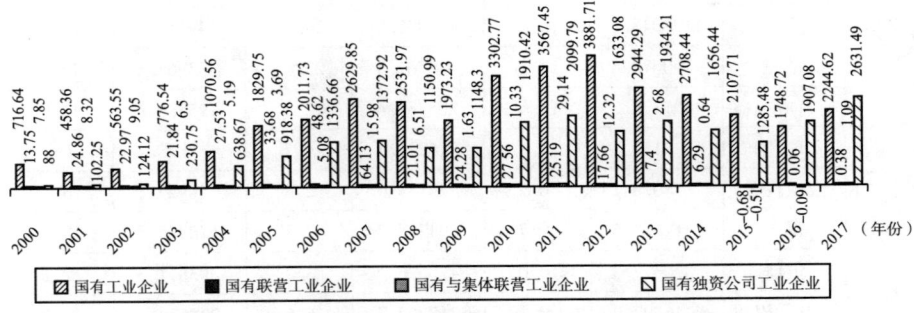

图5-1 国有工业企业经济效益的情况（单位：亿元）

第三，国有企业整体经济效益提升。

在公司制改革的20世纪90年代，国有企业经济效益跌入低谷，经过结构调整和企业重组，逐渐提升了经济效益。进入21世纪以来，国有企业的整体效益得到更大改善。以2014～2018年为例，2014年实现利润为24765.4亿元，到2018年达33877.7亿元；应缴税金37860.8亿元，到2018年达46089.7亿元；资产总额由2014年的1021187.8亿元上升至2018年的1787482.9亿元（见表5-3）。

---

① 裴长虹、赵伟宏：《习近平中国特色社会主义经济思想的时代背景与理论创新》，载于《经济学动态》2019年第4期。

表 5-3　　　　2014~2018 年国有企业主要经济效益指标情况

年份	分类	总体 总额（亿元）	总体 增长率（%）	中央企业 金额（亿元）	中央企业 增长率（%）	地方企业 金额（亿元）	地方企业 增长率（%）
2014	实现利润	24765.4	3.4	17280.2	3.6	7485.2	2.8
	应缴税金	37860.8	5.7	29169.9	6.6	8690.9	2.8
	资产	1021187.8	12.1	537068	10.9	484119.8	13.3
	负债	665558.4	12.2	352621.4	10.8	312937	13.8
	所有者权益	355629.4	11.8	184446.6	11.2	171182.8	12.4
2015	实现利润	23027.5	-6.7	16148.9	5.6	6878.6	-9.1
	应缴税金	38598.7	2.9	29731.4	3.1	8867.3	2.1
	资产	1192048.8	16.4	642491.8	19.9	549557	12.7
	负债	790670.6	18.5	436702.3	23.8	353968.3	12.5
	所有者权益	401378.2	12.6	205789.4	12.3	195588.8	12.9
2016	实现利润	23157.8	1.7	15259.1	4.7	7898.7	16.9
	应缴税金	38076.1	-0.7	29153	-2.5	8923.1	6
	资产	1317174.5	9.7	694788.7	7.7	622385.8	12
	负债	870377.3	10.0	476526	8.2	393851.3	12.1
	所有者权益	446797.2	9.2	218262.7	6.6	228534.5	11.7
2017	实现利润	28985.9	23.5	17757.2	16.0	11228.7	37.6
	应缴税金	42345.5	9.5	30812.9	5.0	11532.6	23.6
	资产	1517115.4	10.0	751283.5	8.2	765831.9	11.8
	负债	997157.4	9.5	511213	7.3	485944.4	11.9
	所有者权益	519958	11	240070.5	10.2	279887.5	11.7
2018	实现利润	33877.7	12.9	20399.1	12.7	13478.6	13.2
	应缴税金	46089.7	3.3	32409.3	3.5	13680.4	2.8
	资产	1787482.9	8.4	803391.7	6.7	984091.2	9.8
	负债	1156474.8	8.1	543908.6	6.3	612566.2	9.6
	所有者权益	631008.1	9.0	259483.1	7.5	371525.0	10.1

资料来源：财政部资产管理司，财政部网站。

第四，国有企业与非国有企业绩效各有优劣。

有学者以上市公司数据来研究所有制对企业绩效的影响。孙永祥（2001）对国有控股上市公司与民营上市公司的股权结构和绩效进行比较研究，表明民营上市公司的绩效指标均优于国有控股上市公司。[①] 徐晓东和陈小悦（2003）比较研究了第一大股东为国家股、国有法人股和其他股东的三类公司在公司治理、企业绩效方面的差异，发现第一大股东为非国有股东的公司有着更高的企业价值和更强的盈利能力。[②] 笔者以为，上述分析在一定范围也是有一定客观性，但还不足以说明整体情况。单纯从企业微观经济效益来比较，虽然非公经济效益指标比较好看，但这里一方面忽略了自生自灭的大量小型民营企业，这些企业更不可能作为上市年公司的数据统计；另一方面，国有企业的社会效益是非国有企业无法替代的，单纯从企业经济效益比较，对承担社会公益事业的国有企业并不公平。此外20世纪90年代，社会保障不健全，国有企业办社会负担沉重，而非国有经济企业没有社保负担；而"三资"企业享受税收优惠，有些地区为鼓励私人经济，也给予民营企业税收优惠。由于国有企业没有在这些方面同等国民待遇，由此带来的效益差别非常之大。

白重恩等（2006）通过比较1998~2003年间全部国有企业和一定规模以上非国有企业的数据考查了改制对企业经济和社会效益的影响，结果发现，改制后企业经济效益显著提高，但带来了一定的社会成本；国有控股企业改制的社会效益较好，而非国有控股企业改制的经济效益较好；改制效果在一定期间内持续。[③] 郝大明（2006）利用2001年山东省第二次基本单位普查工业企业数据资料，对国有企业公司制改革的效率变化进行实证分析，结论是国有企业公司制改革后的效率都有较为明显的提高，但不同经济类型公司的效率差异很大，认为提高国有企业改

[①] 孙永祥：《所有权、融资结构域公司治理机制》，载于《经济研究》2001年第1期。
[②] 徐晓东、陈小悦：《第一大股东对公司治理、企业绩效的影响分析》，载于《经济研究》2003年第2期。
[③] 白重恩、路江涌、陶志刚：《国有企业改革效果的实证研究》，载于《经济研究》2006年第8期。转引自白永秀、任保平主编：《新中国经济学60年（1949-2009）》，高等教育出版社2009年版，第186~187页。

制效率的关键在于把国有企业改造为真正独立的市场主体，根本途径在于降低国家资本的比重。① 白重恩等分析得出国有企业社会效益高于非国有企业，非国有企业经济效益高于国有企业，这是具有客观性的。

第五，综合评价国有经济和国有企业的效率。

国有经济不是天然低效率，国有经济只有适应领域的要求，在关系国计民生的基础性资源领域，采取国有经济的方式，有助于保障国民经济健康发展。国有企业承载的社会责任和社会福利负担是非公经济所不能比拟的。评价国有企业的绩效不能忽略这一点。经过国有企业三年脱困攻坚、转化企业经营机制，国有资产管理体制的完善，促进了国家企业扭亏为盈，公有制经济的运行质量和经济效益大幅度提升。国有经济和整个国民经济走上持续发展的"快车道"。"当党的十六大之后，新的国有资产管理体制使国有资产保值增值责任层层到位，激励约束机制逐步完善，促进了公有制经济运行质量和经济效益的显著提高。2002～2007年，全国国有企业销售收入从8.53万亿元增长到18万亿元，年均增长16.1%；实现利润从3786亿元增长到16200亿元，年均增长33.7%；上缴税金从6794亿元增长到15700亿元，年均增长18.2%。国务院国资委监管的中央企业资产总额从7.13万亿元增长到14.79万亿元，年均增长15.71%；销售收入从3.36万亿元增长到9.84万亿元，年均增长23.97%；实现利润从2405.5亿元增长到9968.5亿元，年均增长32.89%；上缴税金从2914.8亿元增长到8303.2亿元，年均增长23.29%；总资产回报率从4.9%提高到8.3%，净资产收益率从4.3%提高到11.9%。这五年，中央企业平均每年资产总额增加1.5万亿元，销售收入增加1.3万亿元，实现利润增加1500亿元，上缴税金增加1000亿元。"②

---

① 郝大明：《国有企业公司制改革效率的实证分析》，载于《经济研究》2006年第7期。转引自白永秀、任保平主编：《新中国经济学60年（1949－2009）》，高等教育出版社2009年版，第186～187页。

② 转引自刘仲黎：《新中国经济60年》，中国财政经济出版社2009年版，第70页。李荣融：《宏大的工程宝贵的经验——记国有企业改革发展30年》，载于《求是》2008年第16期。

二、关于国有企业改革评价与国有企业改革指数研究[①]

如何判断国有企业改革的绩效，多数研究以改革时期宏观经济指标来反映，由此说明国有企业改革带来的直接经济效应。这具有一定的合理性，但要直接归结为国有企业改革的绩效，还不够充分。为解决这一问题，中国财政科学研究院"国有企业改革评价与国有企业改革指数"课题组（以下简称"课题组"）设计了国有企业改革指数，对深化国有企业改革进展及经济社会效应进行动态跟踪评价。

为对国有企业改革进展及经济社会效应作出定量评价，课题组以国有企业改革进展和经济社会效应为分析对象的两个层面；包括7个维度：国企改革法律政策的制定及出台情况、混合所有制改革情况、"两类公司"（中央和地方企业）试点推进情况、国有企业管理改革情况、国有资产管理和监督改革情况、经济效应、社会效应；22个指标构成的国有企业改革进展及经济社会效应评价指标体系，并通过层析分析法（AHP）确定各个指标的权重。

在22个国有企业改革进展及经济社会效应的评价指标中包括13个定性指标和9个定量指标：法律法规政策制定和出台进展评价、市场准入负面清单改革进展评价、企业主管业务资产整体上市进展评价、两类公司直接授权试点进展评价、建设规范董事会试点及引入外部独立董事制度进展评价、推行职业经理人制度进展评价、实行管理层技术骨干股权激励和员工持股计划进展评价、国有资本经营预算收入年度增幅（%）、国有资本经营预算编制细化程度、经营性国有资产集中统一监管进展评价、企业国有资产基础管理改革进展评价、强化人大对国有资产监督职能的进展评价、全社会非公有经济固定资产投资占全社会固定资产投资的比重（%）、国有企业去产能改革的经济成效评价、全国国有企业利润增长率（%）、净资产收益率（ROE）（%）、资产负债率（%）、所有者权益总额增长率（%）、

[①] 参见中国财政科学研究院"国有企业改革评价与国有企业改革指数"课题组：《以"国有企业改革评价与国有企业改革指数"研究支持并推动国企改革持续深入》，载于《财政研究》2018年第2期。

资产总额增长率（％）、国有企业应缴税金及年度增幅（％）、国有资本经营预算收入划转一般公共预算比例（％）、国有企业改革进展效果评价。课题组通过专家问卷评价和统计数据整理，对这些指标的整理统计，并按照科学的标准打分，可以从两个层面对国有企业改革进展及经济社会效应进行定量评价。课题组通过国有企业改革及经济社会效应的9个定量指标可以给出具体的定量数值，可以作为定量分析的基础。

课题设计对13个定性指标按照A、B、C、D、E五档分别赋予分值，A为20分、B为40分、C为60分、D为80分、E为100分。根据某个定性指标的调查结果得到相应的分值。对于9个定量指标采用对比打分法，反映国有企业改革及经济社会效应的变化。其中，对于国有资本经营预算收入年度增幅等8个定量指标打分时，以其2010~2014年的5年平均值为参照（参照值赋分为60分），根据当年值与参照值的增减变化进行打分。而对国有资本经营预算收入划转一般公共预算的比例的评价应当结合党的十八届三中全会提出的"完善国有资本经营预算制度，提高国有资本收益上缴公共财政比例，2020年提到百分之三十，更多用于保障和改善民生"，以30％作为100分。以2013年中央本级国有资本经营预算为参照，2013年中央国有资本经营收入1058.27亿元，加上2012年结转收入71.95亿元，收入总量为1130.22亿元；调入一般公共预算用于社会保障等民生支出65亿元，占当年国有资本经营预算收入总额的5.75％。若以5％作为基数，基分为20分，则每增长1个百分点可以加3.2分。

根据评价指标体系和分类打分法，可以计算出某一年度国有企业改革进展及经济社会效应的总得分（T）。以2015年国有企业改革进展及经济社会效应评价的总得分T_{2015}为基础，设定2015年度的中国财政科学研究院国有企业改革指数为100点（基点）。在得到以后各年度的国有企业改革进展及经济社会效应评价的总得分T_i后，与基期的总得分T_{2015}相比较，计算出以后各年度的中国财政科学研究院国有企业改革指数。

公式为：
$$\frac{CSRI_i}{CSRI_{2015}} = \frac{T_i}{T_{2015}}$$

课题组试图以量化方式构建国有企业改革和效应评价指标体系和指数，以反映国有企业改革绩效，有重要的实践意义。该成果发布时还仅是设计方案，还没代入数据进行分析研究，可以期待该课题组将其指数方法结合统计数据运用到研究工作中去。但值得提醒的是，指标选取的科学与合理是前提，如7个维度指标，关于国有企业改革政策措施的出台指标，难以反映不同时期的重点，不具时效性，需要改进；22个具体指标，还需减少主观性评价，增加客观性统计数据，需要由答卷人主观评分的尽量剔除，尽量选取国民经济统计数据指标。另外，以指数公式每年测算结果有其不利的方面，容易激励地方政府的短期行为；政策措施出台并非当年即可见效，有的需要几年见分晓，评价指数重在中长期的动态变化数据，以利揭示经济活动的规律和政策效应。

三、市场经济体制下国有企业改革的经验

实践证明，我国社会主义市场经济体制下国有企业改革的思路是正确的，尽管有局部和一定时期的政策偏差和操作走样，但总体是健康发展的，国有企业改革也取得了宝贵的经验。

第一，国有企业改革实现形式多样化。

20世纪90年代以来，国有企业逐步实行了公司制改革，大体有国有独资公司、国有控股公司、国有参股的股份公司等形式。股份公司中既有上市的股份公司，也有非上市公司。有国内上市公司，也有境外上市公司。通过公司制改革，企业法人财产权得以确立，公司治理结构基本建设完成。国有独资公司是指国家授权投资的机构或国家授权的部门单独投资设立的公司制企业，即国家拥有全资的有限责任公司。我国现行《公司法》（2018年修订）第六十四条规定：国有独资公司，是指国家单独出资、有国务院或者地方人民政府授权本级人民政府国有资产监督管理机构履行出资人职责的有限责任公司。1993年的《公司法》第六十四条规定："国务院确立的生产特殊产品的公司或者属于特定行业的公司，应当采取国有独资公司形式。"这里所指的"生产特殊产品"和"特定行业"，主要是指军工和供水、供电、城市公共交通等公用事业，以及邮电通信、交通、能源等资源垄断性行业，在90年代对这些行业采用国有独资形式。随着改革的进程，《公司法》修订，有些特殊行业也逐渐突破了独资公司

形式，采取了国有控股企业形式。改革实践证明，国有经济的实现形式可以多样化。国有经济一般不采取国家所有制，而以现代公司制的独立法人企业为基本形式。国有资本注入公司可以控股，也可以参股，尽可能吸收多元投资，积极推行国有企业混合所有制改革。

第二，国有企业改革要坚持国有产权的根本性质。

国有独资公司和传统国有企业的产权的根本性质是一致的，即所有权的归属是全民，并由国家代表全民拥有所有权。但公司制企业的资产国有产权性质是不容改变的。国有公司制企业属于有限责任公司，具有独立的法人财产权，国家作为出资者只保留出资者所有权，就是股东的权利。在国有公司制企业，国家只按出资额为限负有限责任。这实际有效规避了国有资产的风险。在公司制企业，国家授权投资的机构或国家授权投资的部门与公司之间是权利对等的法律主体。出资者与法人是信任托管关系，并以公司章程为契约保证。在领导体制上，国有独资公司则设立完备的法人治理结构，并依照有关规定行使各自职权。1999年9月，中共第十五届四中全会通过《中共中央关于国有企业改革和发展若干重大问题的决定》，强调从战略上调整国有经济布局，坚持有进有退，有所为有所不为，提高国有经济的控制力。国有经济要在关系国民经济命脉的重要行业和关键领域占支配地位。国有经济要控制的行业：涉及国家安全的行业、自然垄断行业、提供重要公共产品和服务的行业以及支柱产业和高新技术产业中的骨干产业。

第三，国有企业改革的关键是确立法人财产权。

为此，一是所有权主体明确。在国有公司制企业，只有国家资产管理部门代表国务院行使国有资产的所有权职能，产权主体明确。从而克服传统国有企业体制政出多门，"条条"和"块块"都行使所有权职能，造成所有权主体虚位，国有资产实际无人负责的局面。二是国有公司制企业享有独立的法人财产权。国有独资公司依法占有、支配出资者（国家）投资形成的法人财产，具有独立的民事行为能力和责任能力，是真正的法人实体。而传统国有企业只是名义上的法人，没有独立的法人财产，企业只享有经营权。三是国有公司制企业，国家从企业所有者转变为企业投资者。国家以此派出产权代表进入企业，通过董事会表达意志、施加影响，监督企业经营，并获得相应收益。公司自主经营，如果发生亏损或资不抵债，国家只承担有限责任，公司法人或用资产作抵押借新债还旧债，或以公司全部资产破产清算还债。而在传统国有企业，国家实际承担无限责任。

第四，完善企业治理结构是国有企业规范化运行的基础。

在国有公司制企业，国家只是派出产权代表进入公司董事会，按公司章程行使出资者权利。由于国有独资公司是单一的国家投资，因而无须建立股东会，而由董事会代行股东会的某些职能。公司建立了董事会、经理人、监事会这种相互独立、权责分明的治理结构，实行了分权制衡的公司治理，这为政企分开创造了条件。在国有控股和国有参股公司的治理结构，多元产权主体有利企业克服外部行政干预，实现企业产权制衡和相互监督；企业股东会、董事会、经理人、监事会"三会四权"相互独立、分权制衡，同时充分发挥职业经理人在公司治理中的重要作用。完善的企业治理结构为国有企业在市场经济条件下依法依规运行提供了组织保障。

四、国有企业改革进程中的失误与教训

我国国有企业改革秉持大胆试、大胆闯的精神，坚持"摸着石头过河"的实践探索精神，通过改革带来的国有企业的积极变化是明显的，20世纪90年代以来，是国有经济和国有企业最有生机和活力的一段历史时期。但国有企业改革是一项新生事物，组织者和参与者都没有现存的经验可利用。实践也反映，国有企业改革也不是一帆风顺，改革进程中局部失误的教训也是深刻的，需要时刻铭记。

第一，新旧体制交接不到位，"政资不分"现象出现。

在配套改革未到位的情况下，国有企业公司制改革后，实现了政企分开，这有利于企业法人地位的确立。但又出现了"政资不分"，即政府部门对国有企业既行使资产管理职能，又行使行政管理职能。"政资不分"使公司的法人财产权受到削弱。比较典型的现象是出现"翻牌"公司，改制"换汤不换药"。如在一些地方政府，不少经济管理机构撤销后，依托行业组建了授权经营公司或控股公司，而这些由行政机关转变而来的公司，将原来的所属企业又划归自己的子公司，并直接对所属公司行使行政

管理和资产管理双重职能。这些"翻牌"公司习惯用行政手段管理下属企业，这使得子公司的法人财产权难以到位。

第二，公司治理结构不规范，公司权利关系不顺。

虽然国有公司制企业纷纷建立了公司治理结构，但许多公司董事会、经理人由原来的行政领导人自然转换，并且保留行政级别和待遇，出现官企合一，这在一定程度上弱化了经理人激励，降低了经营绩效。由于国有独资公司没有股东会，公司的董事会、经理人权力膨胀。国有资产的外部监事会和公司内部的监事会出现监督漏洞。改革之初，曾将公司治理结构的关键点概括为"董事会领导下的总经理负责制"，这种混淆现代产权制度下的法律关系，沿用行政管理方式治理企业是根深蒂固的。这都说明，国有公司治理结构需进一步规范。

第三，国有企业经营者官员化和职业经理人队伍建设滞后。

国有企业经营者始终没摆脱企业领导人官本位传统，国有企业经营者的官企身份的转换障碍依然故我。企业经营者行政级别进一步强化，企业经营者和行政官员的互相转换司空见惯，探索中的职业经理人制度就此终止。职业经理人产生和成长的市场环境并未形成，这与市场经济的发展要求大相径庭。经营者人力资源管理规划和职业经理人队伍建设严重滞后。

第四，国有企业职工产权缺失，职工主人翁地位衰落。

在现代公司制企业中，无论是股份制企业还是国有独资企业，公司产权结构中无论是出资者所有权还是法人财产权，都没有职工产权属性。国有企业职工作为企业主人翁地位的衰落，工会作用受到削弱，职工产权的缺失严重影响职工的积极性，形成紧张的劳资关系、劳管关系，由此动摇了社会的稳定发展。尤其是在产业结构调整和国有企业产权重组进程中，大量职工买断工龄、下岗失业，许多亏损企业无力为职工缴纳社会保险。到20世纪90年代末国有企业下岗职工陷入最困难的境地。企业收入分配的"管理者年薪制""人力资本"参与分配，使职工尤其是一线职工的待遇相对下降。

第五，国有企业内部人控制，管理者收购带来国有资产流失。

在国有企业改革过程中，为搞活企业，在扩大企业自主权和现代公司制改革进程中，不可避免地出现了两种错误倾向：一方面，国有企业出现内部人控制。企业高层经营者，由于控制企业实际资本运作，相对出资者而言，具有信息优势，在企业利益分享上，内部人损害出资者利益；另一方面，利用市场化改革，尤其是国有经济结构调整和实现股份制改革进程中，企业经营者掌握改制的控制权，甚至与政府官员勾结，以管理者收购（MBO）的方式贱卖国有企业，造成国有资产流失。这两种现象都对国有经济造成严重危害。在国有企业股份制改革中，低估国有资本价值，低价贱卖或向经营者奉送国有股权，使经营者一夜暴富。此外，甚至有国有企业经营者监守自盗，身为国有企业经营者，同时或以家属名义建立自己的私人企业，将国有企业利益向自己或家人的私人企业输送。

第六，国有资产管理不完善，大型国有企业行业垄断出现。

从 20 世纪 80 年代的财政部下属的国有资产管理局，到 1998 年的撤销国有资产管理局，再到 2003 年重建国务院国有资产监督管理委员会，国有资产管理体制"翻烧饼"，与市场经济相适应的国有资产管理模式还未建成。这种体制不健全，难免出现要么国有资产所有权"虚位"，难以落实到企业，要么出资者所有权"越位"，借助行政手段来实行资产管理。国有企业垄断和不公平竞争依然存在，尤其是国有经济战略重组后，保留下来的大型和特大型企业形成了国有垄断经营。

总之，市场经济体制下国有企业改革实践经验的总结、教训的思考，政策的回顾和思想的凝练，都构成国有企业改革的思想体系，也构成中国特色社会主义经济理论的组成部分。

第六章

国有企业股份制改革思想

部分国有企业实现股份制改革，在时间上是与国有企业经营责任制改革和公司制改革交织在一起的。股份制是现代公司制的典型形式，但公司制不等于股份制，故对国有企业股份制改革做专门论述。1984年中共十二届三中全会通过的《中共中央关于经济体制改革的决定》提出，国有企业所有权和经营权适当分离，使国有企业成为相对独立的经济实体。在这一背景下，以国有企业承包经营责任制为主的经济责任制广泛实行。与此同时，部分国有制企业也进行了股份制改革试点，当时只在少数具备条件的国有大中型企业和部分中小企业试点股份制改革。到了20世纪90年代，市场经济体制改革全面展开后，国有企业全面走上现代企业制度改革之路，由于现代公司制与股份制的产权性质和组织形式类同，因而股份制改革也快速发展。国有经济推行股份制改革，表现形式也是多样化的，国有控股公司、国有参股公司依然包含国有资本产权；而相当一批中小企业通过拍卖、破产、资产重组等途径实行了改革，其社会主义性质就最终可能放弃。因此，股份制企业的性质要具体情况具体分析，不能简单非此即彼地判断股份制的性质。部分国有企业股份制改革后，企业经济效益、国有资产状况、劳动者地位等方面的效应都需要客观分析。

第一节　股份制：国有企业改革的新探索

20世纪80年代中后期，我国国有企业改革的主要方式是承包经营责任制，经济体制改革目标是建立有计划商品经济体制，但这一时期就开始了股份制改革探索。由计划经济体制向市场经济体制过渡的80年代，国有企业改革虽然局限于承包经营责任制等涉及经营权方面的改革，还没进行国有企业产权改革，但还是在一定范围内实施了股份制改革试点。股份制试点已经突破了经营权领域，涉及企业产权改革。可以说我国的股份制改革要先于现代企业制度改革。我国转型时期的股份制改革探索为后来市场经济体制下的国有企业股份制改革推广和混合所有制改革实施奠定了基础。

一、转型期国有企业股份制改革探索

1984年,我国开始在国有大中型企业试点进行股份制。同年11月,上海飞乐电气总厂投资控股的上海飞乐音响公司向企业职工和公众发行股票,成为第一家上市公司。1985年10月,广东省佛山市国营无线电厂被确定为第一家国有大型工业企业股份制试点。其股本结构为,国有股95.7%、企业集体股1.43%、职工个人股2.87%。到1986年底,全国各种股份的股份制企业六七千家,股票集资额约60亿元。截至1994年底,全国有3523家国有企业公司改组成为股份有限公司,募股前国资净资产数为229.95亿元,募股后,公司总资本数额为2864.71亿股。其中国家股933.93亿股,占总股本的32.95%,国有法人股857.51亿股,占总股本的29.93%。[①] 试点时期的国家股和国家法人股占总股本的大头,企业职工股和社会融资都非常有限。

股份制研究课题组(以下简称"课题组")对20世纪80年代国有大中型企业股份制改革试点情况作专门调研。课题组(1992)认为,"有计划商品经济的新体制是社会主义中股份制产生和发展的主要经济条件……因为有计划商品经济的新体制,实行计划经济和市场调节相结合的原则,为社会化大生产和社会主义商品经济的发展开辟了广阔的道路。它既要在计划指导下实现更高程度的社会化、产业结构合理化和更大规模地在生产中应用现代科学技术,又要大力发展社会主义商品经济,充分利用市场机制,建立完善的社会主义市场体系。"[②] 课题组看到了商品经济条件下股份制存在的基本条件,但对有计划商品经济与股份制的融合,显得过于乐观了。"国有大中型企业要真正成为社会主义商品生产者和经营者,真正改变国家各级行政机构附属物的地位,而成为拥有完全经营自主权和独立法人地位的经济组织,有必要在关于大中型企业进行股份制改革试点和逐步推行股份制。""在旧体制向有计划商品经济新体制的转换过程中,与社会

[①] 潘岳主编:《中国国有经济总论》,经济科学出版社1997年版,第296页。
[②] 股份制研究课题组:《国有大中型企业股份制问题研究》,载于《中国工业经济研究》1992年第1期。

主义经济相适应的股份制,还不能以成熟的形式存在,也不可能有较大的发展……在新旧体制转换时期,由于社会经济条件的限制,股份制不可能有较大的发展,不可能在较大的范围内推行,也不可能以完善的、成熟的形态出现。在国有大中型企业的股份制试点中,暴露出许多缺点和不足,遇到了巨大的困难、挫折和矛盾。但从长远看,随着经济体制改革的不断深化,随着有计划商品经济新体制的建立,股份制一定会得到迅速发展和广泛推行,并逐步走向完善和成熟。"① 课题组认为,有计划商品经济体制下的国有企业股份制改革属非规范的股份制改革。

这里实际是注意到计划经济体制下要实行规范的股份制是难以做到的,当时只能采取非规范的股份制。这在计划经济体制还存在的历史条件下,从理论上支持股份制改革实践,对社会主义条件下股份制的研究,提出在特定历史条件下股份制由不规范、不成熟逐步走向规范和成熟,这种观点已经非常超前。

经过调查研究,课题组认为我国试行的股份制具体存在几种过渡模式。② 一是"深圳模式",其特点是股票上市股份制企业和股票不上市股份制企业同时存在,设企业股的股份制企业和不设企业股的股份制企业同时存在,建立较为规范的董事会制度。实行两种股权构成模式:(1)将国有资产净值存量划分为国有股、企业股,再加上法人股和个人股。设置企业股的企业一般是原为集体企业,或国家投资较少、银行贷款已还完的企业,并规定企业股不能超过企业资产净值的30%,最终所有权属于国家。(2)将国有资产净值存量全部转为国家股,加上法人股和个人股。规定国家股不能上市流通。二是"上海模式",不设企业股,由三种股份构成:国家股,即由国家投资形成的股份;单位股,即外单位投资形成的股份;个人股,即本厂职工的和社会个人以个人合法财产投资形成的股份。也规定国家股不能上市。三是"四川模式",其特点是"一企三制",即国家优先股,旱涝保收,不承担经营风险;企业风险股,全部承担经营风险;职工保息分红股,基本不承担风险。其突出缺陷是封闭性、排他性和非规范性。

---

①② 股份制研究课题组:《国有大中型企业股份制问题研究》,载于《中国工业经济研究》1992年第1期。

第六章 国有企业股份制改革思想

上述三种模式，在股份构成、分红方式和企业组织模式上都是不规范的，都不是社会主义经济中股份制的完善形态，只是改革实践中出现的过渡模式。规范的股份制过渡模式包括以下要素。(1) 保留企业集体股的规范化股份制过渡模式。首先，股份构成规范化。由五种股份构成：国有股份，即由国家投资所形成的有效固定资产净值折成的股份；企业集体股份，即由企业留利形成的股份；社会法人股份，即企业以外的具有法人资格的全民或集体企业事业单位以其可支配的资产投资折成的股份；私人股份，包括本企业职工的股份和社会私人的股份；其他三个股份和外来股份，指国内的社会团体投入的股份、各种非法人集体单位投入的股份、国外的私人股份和法人企业股份等。其次，分红方式规范化。一律采用先税后分、平等分红、红利再税的较为规范和稳定的分红方式。最后，企业组织规范化，实现较为规范的董事会制度。(2) 不保留企业集体股的规范化的股份制过渡模式。有的大中型企业转变为股份制企业可以不设立企业集体股。在股份制构成上，由国有股份、社会法人股份、私人股份、其他社会股份和外来股份等构成；在分红方式上，采用先税后分、平等分红、再征收个人所得税的方式；在企业组织规模上，实行规范化的董事会制度和董事会领导下的总经理负责制。(3) 股份制企业集团的规范化过渡模式。一是完备型股份制企业集团规范化过渡模式。分为五个层次：总公司层、分公司层、控股层、参股层、松散层。这样的股份制企业集团模式，有广泛的兼容性和适应性，总公司可以通过增加或减少股份投资，控制企业集团的市场经营方向。二是不完备型股份制企业集团规范化过渡模式。由三个层次构成：第一层核心层，集团公司最大股东。第二层控股层，核心层对控股企业有达到控制比例的股份。第三层参股层。核心层对参股层只握有较小比例的股份，还不能控制企业的市场经营方向。在领导体制模式上，实现董事会领导下的总经理负责制，核心层企业和各控股企业的负责人均为集团公司董事会的董事，由董事会聘任总经理负责集团公司的经营管理活动。课题组认为，在股份制改革过渡模式中，设和不设企业股的两种股份制模式都应允许存在。

课题组（1992）还认为，国有大中型企业股份制改革的目标模式，必须同有计划商品经济新体制相适应，既具有中国特色，又符合国际惯例。

177

中国特色主要表现为公有制的主体地位上,即公有股在股份构成中占绝大的比重。符合国际惯例主要表现在股份制目标模式的选择上,即把国际通行的有限责任公司和股份有限公司作为国有大中型企业股份制改革的目标模式。① 课题组在当年国有企业公司制改革尚未出台之前,就提出股份制改革目标模式,并要求股份制既符合国际规范,又坚持中国社会主义经济的特色,这为国有企业改革提供了一种选择方案。

还有一种观点主张公有法人股份制。王珏和肖欣(1992)主张在竞争性部门的国有大中型企业实行公有法人持股的股份制。并认为股份制改革不是要改变公有制的性质,而是要把现存国有制的行政化占有方式改变为社会化占有方式;股份制的分散产权特征和国家的生产资料所有权的集中产权特征是相统一的,股份制可以成为国有制的一种形式;股份制的改革不是变国有制为集团所有制,在现实运动中它不可能把国有制转化为集团所有制;股份制的改革不会造成一个以剥削为主的食利者阶层,股市的存在和投机性也不会必然地破坏国民经济的协调发展。② 笔者以为,股份制如果局限于公有法人持股,在现实中不可行,一是公有法人持股无法通过资本市场公开化操作,"暗箱操作"、不规范行为就不可避免;二是将大量非公有法人和自然人排斥在外,失去了股份制社会融资的重要功能;三是公有法人持股使产权主体的责权利难以落实,搞活国有企业的目标落空。当然,在1992年能提出国有企业股份制的设想也是有积极创新思想的。从实践来看,我国国有企业股份制改革也是从不规范、不健全逐步走向规范和健全。

二、国有企业公司制改革中的股份制

随着市场经济体制的建立,国有企业公司制改革走向前台,股份制改革也越来越成为重要的形式。严格来说,1993年以后的股份制是国有企业

---

① 股份制研究课题组:《国有大中型企业股份制问题研究》,载于《中国工业经济研究》1992年第1期。
② 王珏、肖欣:《正确认识股份制改革的性质》,载于《经济理论与经济管理》1992年第4期。

走向产权改革的开始。

关于国有企业股份制改革的理论和实践问题,吴宣恭(1994)的研究比较深入,其观点很有代表性。在建设现代企业制度,尤其在推行公司制、股份制过程中,吴宣恭较系统地阐述了股份企业的产权关系和运行机制及作用。吴宣恭分析了股份公司的产权特征,如产权结构的分散性或所有权的可分性;产权份额的不平等性;产权主体构成的不稳定性;所有权和经营权相分离;财产责任的弱化以及财产责任同经营责任相分离;所有者、经营者与劳动者在权力和利益上的分离与对立等;指出股份制可以发挥许多积极的作用,同时又存在许多局限性,也会产生一些弊病。为此,要以辩证观点看待股份制在社会主义市场经济体制中的地位和作用,既要充分看到它的长处,有步骤地扩大股份制改革,国有企业现代企业制度改革不能简单归结为股份制改革;同时也要客观地认识到股份制的缺陷,做到兴利除弊。① 这些观点澄清了在国有企业股份制改革问题上的模糊或错误认识,这在我国国有企业产权改革之初,具有很大的现实意义。

为防止试行股份制改革出现偏差,吴宣恭(1993)曾提出"维护公有资产权益"问题。吴宣恭主张,股份制是所有制改革的一种形式,但改革过程中要注意维护公有资产权益,避免国有资产流失。要严格把好资产评估关,处理好投资溢价发行的利益归属,防止公有产权的流失,将国有资产化公为私;要合理制定职工股的价格,在股票发行中坚持"公开、公平、公正"的原则;要加强财务监管和确保国家税收,维护公股再投资的合法权益;等等。② 在20世纪90年代,我国股票市场刚刚出现时,吴宣恭(1995)就提出股票市场的发展要与股份制改革相适应,避免一哄而上;要明确社会主义股票市场的目的是吸引直接投资、筹措资金,促进资源优化配置,而不是为了捞钱和股票炒作,要促进出资者行为合理化,对股市进行必要的管制,加强股市规范化、法制化。③ 总之,在探索改革道

---

① 吴宣恭:《股份制企业的产权关系、运行机制和作用》,载于《中国社会科学》1994年第2期。
② 吴宣恭:《在股份制试点中必须维护公有资产权益》,载于《国有资产管理》1993年第6期。
③ 吴宣恭:《试论中国股票市场目标模式和实现措施》,载于《中国经济问题》1995年第6期。

路时，既要支持新生事物，又要预计可能产生的问题，防范有些人将股份制改革变成牟取暴利的机会。

郭克莎（1994）提出"承包——股份制度改革模式"。所谓"承包——股份制改革模式"，是指成立一大批作为经济实体的国有资产经营公司，由它们向各级国有资产管理局承包经营国有资产，然后以直接所有者的身份与国有企业一起组建股份制企业，进行大面积的股份制改造。具体分为两个内容：

第一，成立国有资产经营公司并确定承包经营职能。

国有资产经营公司以所有者的身份对国有资产的使用者进行监督，并通过投资入股而成为股东的方式来实现这种监督，以便提高国有资产的配置效率从而达到使国有资产有效增值的目的。为了防止垄断，需要成立一大批这样的国有资产经营公司，并通过跨地区、跨行业经营而形成平等竞争的局面。资产经营公司不是行政机构而是营利性企业，它与国有企业没有任何行政隶属关系，转移到经营公司的行政机关人员，必须与原政府部门完全脱离关系并且不保留任何行政级别。大批国有资产经营公司成立后，各级国有资产管理局即可对各类国有企业进行清产核资，然后向各国有资产经营公司公开招标，承包经营中标的国有资产经营公司即成为一家或若干家国有企业的直接所有者，而国有资产管理局作为国家代表则退居为最终所有者。这种形式可以初步重塑国有资产的产权主体，使新的产权主体与国有资产的增值具有较为明确的利益和责任关系，并实现政资分离。国有资产承包经营可暂不定期限，只规定国有资产的保值增值率，并附加其他的一些承包条件。已有的承包经营和资产经营的办法可择优采用，有关的技术操作问题可进一步研究并在实践中加以完善。为了增强资产经营公司与国有资产运营和增值的利益和责任关系，应把国有资产增值与经营公司利益直接联系起来，如在一定的资产增值之上，经营公司可提取一定比例作为公司资产，一般转化为公司在相应股份制企业中的股份；而资产经营公司也应进一步把公司经营效果与公司个人利益联系起来。公司和个人拥有的由国有资产有效增值转化来的这部分股份，又应当反过来为国有资产经营承担风险，当国有资产经营损失时，应视由这些股份部分或全部填补。这样，国有资产经营公司必须努力监督经营资产所在企业的生产经营活动，并随时在这些企业之间或向其他股份企业转移和分散经营风险，达到使国有资产不断增值的效果。

第二，国有资产经营公司实施对国有企业的股份制改革。

国有资产经营公司承包经营国有资产的目的是要以直接所有者的身份对国有企业进行股份制改造。这个既定前提决定了股份制改革已是资产承包经营的题中之义，而在上述承包经营职能中也已包含了股份制的有关内容。因此，一旦承包经营确定下来，国有资产经营公司就应着手对承包的国有企业进行股份制改革。这包括，一是在已实行股份制试点的国有企业中，国家股的股权由政府主管部门或国有资产管理局转到国有资产经营公司，由经营公司重新向股份企业派出股权代表，或原来的政府股权代表的所属关系转入资产经营公司并与原政府机关脱离关系。二是对于未实行股份制试点而仍在执行承包经营合同的国有企业，其国有资产由经营公司承包后，企业与政府主管部门的承包关系转到资产经营公司，同时与原发包单位（或主管机关）脱离关系，然后由经营公司与国有企业一起组建股份制企业，并由公司向股份企业派出国家股股权代表。

对于经过上述改革而形成的一批以国有股为主体的新的股份制企业来说，国有资产经营公司对国有资产拥有第二层次的最终所有权（国有资产管理局拥有第一层次的最终所有权），这个具有较为明确的利益和责任关系的新的产权主体的确立，在一定程度上解决了国家股股权虚置的问题，而企业则对国有资产拥有全部的法人所有权，可以不再受行政干预而独立自主地直接占有和使用国有资产，从而在明确产权关系和政资分离的条件下，较彻底地实现了政企分开，为企业经营机制的转换和完善打下了重要基础。①

郭克莎的思路对于实行政企分开、落实国有资产所有权方面有积极意义。在国有资产管理局下面设立国有投资经营公司，在部分行业由行政管理机构改组为投资公司，对所属企业实行股权管理，有一定实际意义。但普遍建立大量的投资公司，容易形成新的政资不分。将国有资产管理局作为国有产权最终代表，将投资公司作为第二层代表，这在法律上也行不

---

① 郭克莎：《论国营企业的股份制改革》，载于《天津社会科学》1994年第3期。

通，在实践中多级代表也增加了代理成本。此外，把国有企业依然以承包机制来对待，也失去了现代企业制度的意义。投资经营公司既然是承包经营国有资产，其本身就不可能是真正的独立法人。从法律意义上说，承包制和股份制是不能混同的，股份制或以股份制产权形式存在的公司制企业是以完全独立的法人财产权为依据的。承包制企业不具有法人财产权，只有经营权，也就不是独立自主的市场经济的微观主体。

第二节 股份制改革相关理论问题

我国股份制改革从试点开始，就没有停止过争论。股份制改革相关理论，主要集中在以下方面：国有股份制企业究竟是什么性质？股份制是国有公司制改革的方向和途径吗？国有企业股份制改革会造成国有资产流失和走向私有化吗？

一、股份制是否国有企业改革的重要途径

国有企业与市场经济有效兼容，股份制是个积极有效的途径。对于股份制与国有企业的关系，一直是改革以来学界的热门话题。

第一种观点认为股份制是国有企业改革的重要途径。

股份制是国有企业改革的重要途径，股份制也是公有制的重要实现形式。也是从这个角度而得出国有企业股份制改革的原因。吴家骏（1992）认为股份制可以最终解决国有企业的"两权分离"问题，从而强化企业的经营机制。国有企业可以建立类似企业集团成员企业经理会议的机构，使法人股东相互参与，由股东企业的法人代表形成经营者集团，对企业进行控制，从而淡化行政主管部门的直接干预，强化企业之间的横向制约，突出经营者集团的作用。即在相互持股的条件下，在一定意义上可以说，作为最终所有者的股东被架空了，在企业经营中起关键作用的，归根到底并非股东而是经营者。应当说，这才是全民所有制企业实行股份制的主要目

的和根本着眼点。①。

国有企业改革与效率课题组（1992）对早期的股份制进行了调查研究，他们也认为，建立股份制是与国有企业产权改革紧密相连的。就是要通过股份制的改革，重构公有产权主体，在全社会范围内实现产权融通。通过建立具有独立法人地位，承担所有者权责利的国有资产持股公司，以发挥终极所有者职能，解决国有企业所有者长期缺位问题，从而达到变革财产关系的组织结构，重新构造社会化产权主体，为在全社会范围内形成竞争性市场结构，奠定制度性基础的目的。②

潘岳（1997）阐述了国有企业股份制改革的基本观点：（1）股份制改革就是公司制改革。（2）股份制改造，并不一定要将企业搞成股份公司，或者说，不一定要搞成股份有限公司。有限责任公司、国有独资公司（也是一种有限责任公司）、股份有限公司，都可以成为股份制改造的备选形式。（3）搞股份制不一定都要发行股票。只有股份有限公司，且采用社会募集方式设立的股份有限公司才在社会上公开发行股票。（4）搞股份制，不一定都要搞成上市公司，由于上市的要求很严格，能够上市的总是股份有限公司中的极少数。③ 可以说，国有企业改革成现代公司制企业，与股份公司的产权关系和治理结构是同质的，都是现代企业制度。

第二种观点不同意股份制是国有企业改革的重要途径。

也有人不同意股份制是国有企业的路径，或在当时对此抱有疑问。何伟（1991）认为，大中型国有企业实行股份制不具备客观条件。一般而言，企业能否实行股份制，不是企业一厢情愿的事。而中国目前实行的股份制，一般都是在原有企业基础上实行的，入股或购买股票者首先要看原有企业经济效益如何，如果股票所得红利不如银行存款利息，人们宁肯将钱存入银行，而不去购买股票。不仅股份有限公司如此，有限责任公司也会出现相同情况。在当前大多数国有企业经济效益不好的情况下不可能普遍实行股份制，何况有些国有企业根本不宜实行股份制。即使在将来，经

---

① 吴家骏：《论企业法人相互持股》，载于《经济研究》1992年第7期。
② 国有企业改革与效率课题组：《国有企业改革：可供选择的方案》，载于《经济研究》1992年第7期。
③ 潘岳主编：《中国国有经济总论》，经济科学出版社1997年版，第277页。

济效益好转，也不能使所有企业都实行股份制，因为人们只会抢购少数经济效益最好企业的股票。①

胡培兆（1991）认为股份制本身解决不了国有企业现存的问题。首先，实行股份制不一定能够解决国有企业存在的经营问题。历史上股份制不是为了经营管理的需要出现的，现实中实行股份制的企业也不一定能比不实行股份制的企业经营管理得好。在资本主义社会，股份制企业破产的也不是没有，而在我们社会主义社会里，不实行股份制的企业也不乏经营管理成功的例子。其次，说股份制有助于明确国有企业产权的论点也不成立。全民所有制企业的产权本来是明确的，表现在两方面，一方面职工不受剥削，没有人攫取他们的剩余价值（贪污等现象应作别论）。如果职工没有产权，必定要受剥削；另一方面国家向企业收取资金税，国家又把所收取的资金税用在全体人民的事业建设和福利上，不仅企业职工，而且全体人民都可以从不同的途径，以不同方式享受到公有制经济的利益。因为是公有，而且是全民公有，每个人当然不可能有像私有者那样具体的产权形式。从整体利益角度看，全民所有制的产权是明确的，从私有者角度看，全民所有制的产权是不明确的。这是如何看待公有制的主观意识问题。社会主义国有企业改变为股份制企业以后，国家控股部分的资产和过去一样，产权仍属于全民，不会发生变化。要说不明确，照旧不明确。②

第三种观点认为，把股份制作为国有企业改革目标模式必然要走向私有制。

也有人更多地看到股份制的负面因素，对国有企业股份制改革强烈排斥。陈躬林（1991）认为，从历史上看，股份制是作为克服资本私人占有制与社会化生产之间的矛盾而出现的经济形式。因此，股份制本身就是资本私人占有制为适应社会生产发展需要而演变出来的一种经济形式。离开了私有制，股份制也就失去了存在的意义。在坚持公有制的前提下，实行股份制是不可能的。因为股权只能是私有的，使作为股权的所有者从自身利益出发，认真履行所有者的职责，如果股权所有者仍然是国家或它的代表，由于投资风险以及资本增值与他的利益没有直接联系，那么又如何能

---

① 何伟：《政企职能分开的途径——国有制改革的设想》，载于《工人日报》1991年12月6日。
② 胡培兆：《九问股份制》，载于《中国经济问题》1991年第4期。

实行资本所有者对经营者的有效约束呢？另外，股票一旦上市，在变幻莫测的股票市场里，股票所有权在不断变动着，那些善于钻营的个人股或集体股就可能取代国家股，这样社会主义原则也就会发生变化。在目前情况下，要实行股份制，就要把全民财产以股票形式量化到每个劳动者，建立证券市场，允许股票上市交易这种股份制实际是推行私有制，因为变化莫测的证券市场，在顷刻之间就会使劳动者刚刚获得的股票吞噬殆尽，少数人成为拥有巨额股份的食利者。因此，要真正坚持国家所有制，就不可能建立具有企业法人独立产权的股份制。[①]

上述肯定国有企业通过股份制改革转变为公司制企业，理顺出资者和企业法人的关系，从而真正实现两权分离，进而搞活国有企业，这些观点基本是合理的。这些主张在国有企业股份制改革的初期，具有实践指导意义。但潘岳主张的"股份制改革就是公司制改革"的说法有点武断，这使人理解为国有企业改革的唯一目标就是股份制。应该说股份制是现代公司制的一种形式或主要形式，但不是全部，独资企业也可采取公司制形式。不同意股份制是国有企业改革的重要途径的观点，主要还是对在条件不成熟的情况下，推行股份制改革，会造成企业上市圈钱，违背转变企业经营机制的改革初衷。至于陈躬林将股份制看作资本主义私有制的产物，认为国有企业与股份制改革目标会走向私有化，这是言重了。其实，股份制并非资本主义私有制的产物。当然国有企业股份制改革只是一种形式，而不是整体目标模式，这也需要澄清。

二、关于股份制性质的讨论

关于股份制的性质以及国有企业股份制改革的定性问题，学术争论由来已久，这种争论也影响到国有企业的深化改革。

所有制结构与公司制实现形式课题组（1997）认为："从股份制的发展历史过程来看，这种发源于资本主义制度的企业组织形式，正在从资本

[①] 陈躬林：《股份制：走不通的路》，载于《学术交流》1991 年第 4 期。转引自禾子：《关于国有企业实现股份制改革的理论综述》，载于《经济理论与经济管理》1992 年第 6 期。

主义内部否认着资本主义的性质。……在马克思看来，股份公司已经使得资本变为社会资本从而与私人资本相对立，企业已经变为社会企业从而与私人企业相对立；同时，职能资本家转化为单纯的经理，资本所有者转化为单纯的货币资本家；由于这种转化，使得股份公司内的管理职能已经同资本所有权彻底分离，劳动也已经完全同生产资料的所有权和剩余劳动的所有权相分离；而这种分离是资本主义生产的极限发展的必然结果，这是资本再转化为生产者的财产即直接的社会财产所必须的过渡点，同时也是还同资本所有权结合在一起的再生产过程中的职能，转化为联合起来的生产者的职能，即转化为社会职能的过渡点。通过这两个对立、两个转化、两个分离、两个过渡点我们可以十分清楚地看到，在马克思的论述中，股份公司的社会主义性质可以说已呼之欲出了。"①

所有制结构与公司制实现形式课题组进而指出股份公司是产权社会化的较好实现形式。"股份公司出现以后，'政府经营的企业，成了公司的企业'是一种社会发展的必然。亦即国营企业转变为股份公司企业是一种必然。因为产权社会化是生产社会化发展的必然结果。就社会发展的现阶段而言，股份公司是产权社会化的一种较好的实现形式。"②

关于股份制的性质，有一种观点主张以控股权来决定。潘岳（1997）对股份制作了分类研究。他指出股份制，"在实际生活中会有三种情况：一是一个股份企业的股东全部都是私人，它就是一个私有制的企业；二是一个股份企业的股东全部都是公有制法人，它就是一个公有制企业；三是一个股份企业的股东，既有私人或私有制法人，也有公有制的法人，该企业的性质便取决于占主体地位的股份的性质，即如果国有股占最大比重，它便是公有制企业，私有股占最大比重，它就是私有制企业。"③ 刘仲黎（2009）在分析我国国有企业股份制改造的性质时说："股份制经济的性质是由居控股地位的经济成分决定的。国家控股的股份制企业是国有经济

---

①② 所有制结构与公司制实现形式课题组：《关于股份制的若理论认识问题》，载于《中国工业经济》1997年第6期。
③ 潘岳主编：《中国国有经济总论》，经济科学出版社1997年版，第283页。

的主要组成部分,也是国有经济适应市场经济要求的一种有效实现形式。"①

将股份制企业简单判断为资本主义或社会主义都是不严谨的,由股份控股权决定企业性质的论点比较靠谱。严格来说,只要有多个投资产权,就是混合所有制企业。笔者认为,抽象地讨论股份制的性质,简单地判断其性质是社会主义还是资本主义,还是源于计划和市场姓"社"姓"资"的思维惯性,既不科学也不符合产权法规。股份制虽然出生于资本主义市场经济,但却不是资本主义的"专利"。股份制本身没有性质可言,股份所有权有性质可辨,私人股权姓"私",而国有股权姓"公",混在一起姓"混"。刘仲黎和潘岳的意见比较接近客观,但还不准确。多元股权的混合所有制企业,大股东左右企业经营是客观存在的,但产权是按股确定权益,各个股东都是各自股权的责任主体,大股东既不能侵占小股东的利益,也不能剥夺小股东的权利。

三、国有企业股份制实施方案比较

国有企业进行股份制改造,不是为股而股,而是旨在搞活国有企业。国有企业股份制改造也不是拿来就是、一股就灵,而是既要维护国有产权,又要达到增强企业活力的目的。为此,国有企业股权分置改革方案也需要符合不同类型企业的实际,科学设计、合理实施。

第一种方案是以国家机构持股实行国有企业全面股份制。英国学者伍德(1991)认为,在使公有制占主导地位的条件下,通过实行股份制,使国有企业成为独立的、有效率的经济单位。其方案要点是:通过对国家所有权的现行格局的重新组合,使企业不再隶属于某一部门或地方政府,而是将其所有权分散在若干个主要关心该企业盈利的公共机构手中,如中央或地方的国有资产管理局、银行养老基金和保险公司等。这意味着将每个国有企业改造为股份公司,让上述有关机构持有该公司一定比例的股份,以这种法律形式管理国有企业是其他国家的通行做法,即使企业的全部股

---

① 刘仲黎主编:《新中国经济60年》(上册),中国财政经济出版社2009年版,第374页。

份仅由一个公共机构如财政部或某一国家控股公司持有,也会有助于改进国有企业的实绩。①

第二种方案与第一种相似,在改革国有资产管理的基础上对国有企业分类实行股份制。国有企业改革与效率课题组(1992)论证了三种类型国有企业通过三种途径实行改革的方案。第一种类型,在原有国有企业基础上组建大型国有企业集团,这些企业集团或者是按行业关联,或者是按产品关联,或者是按市场关联组成,不隶属于任何地区任何级别的政府部门,仅仅是对其所拥有的资产保值增值收益和发展负责,这类公司行使产权主体的职能。第二种类型,组建作为经济实体的国有资产经营公司,公司不直接管理和使用资产,而是以所有者身份对若干子公司的国有企业的资源配置效率实行监督,为了避免寡头垄断,国有资产经营公司需形成跨行业、跨地区相互渗透平等竞争的局面,这类公司行使投资主体的职能。第三种类型,组建各种基金会,如能源交通基金会、科学教育基金会、社会保障基金会、养老金基金会,各种信托基金会,形成机构法人所有者,对各种不同企业集团和国有资产经营公司发挥所有者职能,同时以财产收入为基础实施和发展各种社会公益事业,这类公司行使社会公益事业主体的职能。三种途径是:"集团股权化""债务股权化""模拟拍卖法"。其中模拟拍卖法是最规范的途径,其具体做法是组建两个层次的资本市场,分两步实施股份制改革。在第一层次资本虚拟股份拍卖市场上,由各级政府国有资产管理局出面,向各种国有资产持股公司拍卖现有国有企业资本存量的虚拟股份,可以责成专职的财务公司或其他金融机构对国有资产存量的账面价格和市场现价,考虑其产出能力和效率状况,测算出每个企业资本折股底价,形成虚拟股份。然后在市场上按报价的高低,向各持股公司拍卖,再把拍卖的股权以资本金的形式拨付不同的持股公司,同时将股息收入中政府分割比例以国有资产特别税的名义,通过契约形式下达持股公司。在第二层次资本证券交易市场上,由各持股公司向社会公开发行股票,实现国有资产股权社会化。股权社会化包括两个方面,一方面,

---

① [英]阿·伍德:《重组所有权的公有股份公司:搞活中国国有企业的进一步思考》,载于《经济社会体制比较》1991年第5期。

第六章 国有企业股份制改革思想

向法人机构售股。通过这种方法，可以实现社会资产结构重组，引入竞争，推动产业政策的有效实施；另一方面，向居民个人售股。通过这种办法，可以吸收居民储蓄，以缓解存款形式的个人储蓄因不稳定而对市场构成的压力。由此，使股份制在整个社会范围内得到有效运转。[①]

第三种方案是在大多数国有企业中实行混合型社会主义股份制。杨鲁（1992）认为，我国一般竞争性行业的大中型企业的目标模式应当是股份制。即实行国家控股，企业互相参股，然后再吸收个人股份。在公有制控股的前提下，把企业改造成公有股份制。在这种以公有制为主的股份制下，国家资产管理部门和各个公有企业派出自己的代表，组成董事会，把经济所有权掌握起来，国有财产由一个组织统一管理，然后分散经营，可以有许多经济单位；可以是控股公司；可以是大企业集团；可以是投资公司。[②] 也有些人认为，国有企业改造成股份制企业一个重要途径是向个人发行股票，私人持有的股份合计可以多达股份额的半数以上，因为私股是分散在很多人手中的，所以一个人以至于一个私营企业的股份所占比重无论如何总是少数，从而没有决策权，也不会改变公有制为主的性质。[③]

第四种方案是在国有企业中部分实行股份制。大致有以下两种观点：第一，在一部分企业中推行股份制。如一些新开工的基础设施和基础产业，可以通过发行股票筹集资金，但股票购买主体要受限制，以确保这种股份公司的公有制为主体的性质。还可以以股份制作为企业集团的组织形式，通过入股将若干企业组织起来，形成企业集团中的核心层，股份制企业集团对上实行政府计划单列，隶属经济综合管理部门，接受行业主管部门的指导。还可以通过"环形持股"，在一些企业之间实行股份制。如在现有的已有横向联系的企业以股份制的形式加入企业集团，企业集团中的协作企业出资购买核心企业的股份，按股分红。核心企业再将这笔资金投向入股企业进行控股。这样，可以在没有额外支出的情况下实现资本集聚

---

① 国有企业改革与效率课题组：《国有企业改革：可供选择的方案》，载于《经济研究》1992 年第 7 期。
② 杨鲁：《国有大中型企业实现股份制的构想》，载于《体改内参》1992 年第 10 期。
③ 禾子：《关于国有企业实行股份制改革的理论综述》，载于《经济理论与经济管理》1992 年第 6 期。

和转移,通过核心企业的控股实现国有企业的主导作用。① 第二,在一些国有企业中部分的实行股份制。如组织投资合作股份基金会,按照自愿互利和典型示范的原则,把分散在企业的国有投资基金投放到基金会,扩大投资的选择空间,支持会员企业的重点技术改造,可以形成联合的优势打好资金的时间差、空间差,增加的好处由会员按股份分享,这对于克服投资"小型化、封闭性"不失为一剂良药。② 又如在国有企业新增资产中实行股份制,又称"劳动积累股份制"。这里劳动积累包括三种具体形式:一是全社会劳动者的"公共劳动积累";二是本企业全体劳动者的"集体劳动积累";三是每个职工的"个人劳动积累"。在企业运动中,随企业资产的增值形成新的产权关系中,国家用"公共劳动积累"再对已投资形成的资产叫"国家积累股",企业集体用"集体劳动积累"投资形成的资产叫"集体劳动积累股"或"集体积累股",职工的"个人劳动积累"形成的资产叫"个人劳动积累股"或"个人积累股"。③

　　上述方案中,第一种方案将全部国有企业实行股份制,这会使部分特殊行业的国有企业偏离公共产品生产的目的,成为利润的"奴隶";以国家各类机构持股显然也不具可行性,这会使许多管理机构的公共管理和社会服务功能异化,使之成为红利的"婢女"。第二种方案,依然是国有企业全面股份制,不考虑国有企业的社会功能是不合理的;但对实现国有资产管理体制改革的思路有积极意义,对不同类型企业采方法的建设思路也有参考价值。第三种方案在一般竞争性行业实行混合所有制的股份企业更为可行;第四种方案在国有企业实行部分股份制是比较谨慎的设想,也具可行性。总体上看,国有企业股份制改革是一个积极的思路,但在何种程度和范围内实施,需要在对国有企业合理分类的基础上进行。当年设计的各种股份制方案其实都不是规范的股份制,但能在20世纪90年代初期进行如此探讨也是非常超前的。

---

　　① 禾子:《关于国有企业实行股份制改革的理论综述》,载于《经济理论与经济管理》1992年第6期。
　　② 王子林:《健全产权机制,搞好国有大中型企业》,载于《经济理论与经济管理》1992年第3期。
　　③ 张增芳:《劳动积累股份制:我国全民企业体制改革的出路》,载于《当代经济科学》1989年第5期。

四、国有企业股份制重在矫正国有股

国有企业股份制试点出现的一些问题和偏差,引起了学界的关注,有些学者进行了分析和批评。胡培兆(1999)对公司制改革进程中的一些非正常现象提出批评,指出股份制试行已经掉入"陷阱",其最根本的原因是不少试行股份制的企业,背离了转换机制、搞活经营的改革宗旨,将改制蜕变为以融资为单一目标的"圈钱"行为。试行中的公司企业多数不规范,没有认真转换机制。主要表现在以下几个方面:一是换牌不换班、改名不改制,没有真正建立名实相符的法人治理结构;二是公司高层治理人员没有创建艰巨业绩目标的压力与鞭策;三是漠视广大小股东特别是职工股东的经济价值;四是改制公司的股票过急过快地进入二级市场,助长公司轻视转换机制的旧习与惰性。①

针对股份制改革出现的问题,胡培兆(2001)提出"矫正国有股"的一系列主张。② 他认为,股份制为主要形式的国企改革核心问题是在处于控股地位的国有股在现代企业制度建立和股份公司运作中,存在的问题不少,直接影响国有企业的改革进程和发展前途。国有股坐行不端是主要原因。现代企业制度的建立和公司的法人治理结构如真能按中央决定的精神办理,国有企业改制为股份公司以后,必定是规范的,运转协调,制衡有效,经营富有新的活力。然而不少国有企业改制为股份公司以后,并没有比改制前运转更好、效益更高。1999年中期沪、深两市上市公司共94家,净利润为负的占100%,写明"不分配"的占93%。绝大多数的上市公司中期是不给公众股东分配股利的。年终沪、深两市上市的公司中净资产收益率为负占82.3%,年终还有半数以上不分红派息。其责任全在国有股股东,因为只有国有股股东才是公司享有公司控制权的操持者。因此,国有企业要按中央要求"实行规范的公司制改革",对国有股的偏差进行矫正。

---

① 胡培兆:《股份制试行的陷阱》,载于《经济理论与经济管理》1999年第3期。
② 胡培兆:《矫正国有股》,载于《中国经济问题》2001年第1期。

第一，矫正国有股的出身。

20世纪80年代初，提出将国有企业实行股份制改革的理由是因为国有企业缺乏活力，经济效益差。因此只有从产权改革入手，将全民所有制企业改组为股份制企业，让职工也成为股东，使抽象的主人翁地位具体化，从而搞活企业。顺此逻辑，实行股份制改革的应当是那些缺乏活力的国有企业。可实际上转向以上市为目的而专挑"效率高、效益好"的企业作为改制对象，不少国有企业实行公司制改革实际只是"简单更换名称""单纯为了筹集资金"的倾向越来越明显地表露出来，这就背离了"着重于转换机制，搞活国有企业"的宗旨。实行公司制的国有企业一翻牌就成了暴富，靠溢价发行获得大量资金，于是许多企业争相改革。既不用归还股本，不用实质性的改制，也不必给股民派息分红，这是零成本的"圈钱"。国有企业在股份公司为目标的改制中，一方面专挑"效率高、效益好"的企业为改制对象；另一方面在改制法律上有"可连续计算"的保证与便利，公众股即可在证券交易所上市交易，还曾给不正之风提供可乘之机，一些资质极差的企业通过"智囊团"策划造假账拉关系、走后门，也冒充"效率高效益好"的企业争取到改制权和上市额度，圈了股民的钱，肥了少数人。这样背离实行股份制宗旨的国有股出身实为不正，是为了单纯筹集资金甚至是为了"圈钱"的，也就没有必须转换机制以搞活企业的内在冲动和强制力。矫正办法只有两条：一是今后必须严格审计和审核发行股票的条件，真正是最近3年内连续盈利的企业，财务会计文件无虚假记载，审计疏漏者必须负法律责任；二是今后必须严格审计和审核上市公司的条件，只有在改制为股份公司以后最近3年连续盈利并向股东支付股利的公司，才有条件成为上市公司，不能再连续计算即不能允许股票发行后因前期3年连续盈利而允其股票马上上市交易。

第二，矫正国有股的身份。

《公司法》规定，"股票的发行，实行公开、公平、公正的原则，必须同股同权，同权同利。"同次发行的股票，每股的发行条件和价格应当相同。任何单位或者个人所认购的股份，每股应当与任何单位或者个人所认购的股份相同，每股应当支付相同价额。按此规定，国有企业改制为股份公司以后，虽有国有股、法人股、职工股、社会公众股的类别之分，但在发行原始股时应是平等的。股票发行除了"三同""三公",国有企业法人作为新股份有限公司的发起人,国有股也应当从市场上认购;发行条件和价格应当相同。可是国有股份公司从来没有执行过这"三公""四同"的法律规定。一方面,面值1元的国有股不是从市场上同价认购的,而是由国有资本实有存量1元折1股折算过来的,也就是说国有股每股的发行价是1元,价格和股票面值相等。其他股的发行价就高了,都是溢价发行。社会公众购买1股要支付数倍于国有股的价钱。同样面值1元的股票,国有股和社会公众股的实际出资量是大不相同。另一方面,出资量大不相同的国有股和社会公众股,在分配股利时却共享"同利"。假定1股派利3厘,国有股1元1股的利率是3%,假使社会公众股是溢价5元购得的5元1股的利率是0.6%,只及国有股的1/5。发行时不同价就不可能有真正的同权同利和公正可言。国有股是享有高倍权利的特殊股,这种特殊身份应当矫正。同次发行股票,国有股与社会公众股应当同价。

第三,矫正国有股的形体。

目前国有股在国家控股的公司中占的比重过大,一股都在60%或70%以上,显得形体肥胖臃肿,流动不便,应当减肥消肿。为了保持公有制经济的主体地位,在国家控股的公司里国有股占取一个大比重是必要的。需要研究的是这个比重具体多大?有两种比较法。一种是国有股总数与社会公众股总数比较,国有股占公司总股数的50%以上,超过社会公众股的总和,于是就有目前这个大比重;另一种是国有股分别与众多的各公众股股东的持股数相比较,国有股占的股数比谁都大,处在龙头老大的地位。这两种比较法,取后一种无疑是最优的选择。国有股占取超出控股必要数的过大比重,会把过多股份拘束在国有股名下难以进入流通,既不利于吸收更多的社会资本,也不利于股市价格在扩容中减少异常波动。矫正办法是可以考虑将国有股的目前比重降至50%以下、30%以上,各公司具体比重以能控股为准酌情确定。减持下来的股份主要可用来增发A股。

第四,矫正国有股的责任。

单一全民所有制企业改建为混合所有制的股份公司以后,由国家控股的国有公司,具有控制权的国有股及其法人代表自然义不容辞地负有公司的全部责任或主要责任。一是盈亏责任。在国有企业处在控股地位的国有股不仅负有自身保值增值的责任,还负有为社会公众股保值增值的义务。二是守卫公司法人财产的责任。由国有股占取控股地位的国有公司,资产流失特别容易。公司漠视社会公众股股东的权益,可以找种种借口推卸经营不善的责任,多年不分股利也可以心安理得地让股东认命。聚敛资财容易。股票一发行,几亿、几十亿的资金就进来了,又没有像借银行的款那样有还本付息的压力。花光了,可再找理由配新股。这些原因极容易转变成公司资产流失的条件,不仅国有股的资产流失,公众股缴纳的股本金流失,而且更大量的是由股票溢价发行所得的溢价款构成的资本公积金流失,还用"业绩""绩优"严实包装得不易让人觉察。三是力求公司发展,谨防破产的责任。建立现代企业制度,实行规范的公司制改革,这是我国自国有企业开始改革以来摸索多年才得出的正确结论,也是国有企业改革最后一招。如果这一招又失败,国有企业就真的无路可走,代表国家的控股者如果不想私有化的话,是应当负起发展公司这个责任。

　　胡培兆对股份制改革初期出现的失范行为剖析到位,揭示了上市公司失范行为主要是国有股的失范。解铃还须系铃人,矫正国有股才是正道。胡培兆客观揭示了股份制和资本市场问题,提出了矫正国有股和治理资本市场的对策,胡培兆的阐述为规范国有企业股份制改革,为健全资本市场,为现代企业制度建设提供了依据。

第三节　国有企业股份制改革的问题与思考

　　国有企业股份制改革,是社会主义市场经济的探索,在改革实践中不断出现新问题,也引起了学界的思考。

　　龚学先(1993)针对全国各地企业股份制改造迅速发展,股份公司数量增长较快,而从质态考察却不能都令人满意,失范、变态问题日显突出等方面,揭示了股份试点企业变态表现的六个方面及其危害。[①]

---

　　① 龚学先:《股份制变态现象初析》,载于《云南社会科学》1993年第5期。

第一,股份公司成为"集资公司"。

从目前情况看,一部分企业特别是地方中小企业,由于经营不善,长年亏损,急需大量资金起死回生。但由于本身资不抵债,再加上国家紧缩银根,故靠银行贷款的路子基本堵死,地方财政对此也无能为力。在这种情况下,这部分企业只得改制换牌,向社会进行集资,借以维持企业生计。这是一种较为典型的情况。另外,即使一部分经营情况较好的企业,为了缓解资金紧张,也不乏把筹集资金视为实行股份制的唯一或主要的目的。这种变股份公司为"集资"公司的做法是极其浅薄的,不仅有悖于我国股份制改革的初衷,而且势必扰乱国家金融秩序,影响金融稳定以致社会稳定。一方面,应当看到,我国试行股份制的主要目的,并不单纯是为了企业集资和企业无限度的直接融资,而是理顺企业产权关系,转变企业的经营机制,即用股份制这种现代企业制度和科学的企业组织形式,辅之以其他配套的体制制度政策、措施,解决我们多年来没有解决好的阻碍企业机制转换的一系列难题。也就是要使我国为数众多的国有企业和"大集体"(企业人称"二国营")的内在机能和行为方式,从适应传统集中计划经济,转变到适应社会主义市场经济上来,使企业有条件真正成为自主经营、自负盈亏、自我发展和自我约束的独立的商品生产经营者;另一方面,"集资"公司对国家金融之所以造成危害,原因在于绝大部分集资款来源于居民储蓄,不是储蓄存款的直接转移就是储源的变流,使得原本就不足的社会资金分流,给国家整体经济发展带来较大隐患。事实上,银行间接融资,即使在股份制经济发达的国家里(如美国、日本等),也是居于主导地位的,在我国实际上也应如此。从这个意义上讲,如果搞股份制就是为了集资,何必非要银行存款搬家,把间接融资变为直接融资呢?

第二,股份成为"合股"公司。

从常态讲,股份公司的原理是"股权"与"产权"的分离。企业资产的产权为企业法人所有,只有企业法人才有权处置买卖、租赁或抵押。就此,可以看出股份企业与合股企业之间的区别。然而,在实际运作上,少数农村乡镇、村组企业及少数地方国有企业打的是"股份"合作制的牌子,行的却是"合股"制的方法,不仅规定入股人可以分红,而且规定入股人可以要求企业退股,甚至可以带走自己原先投入的生产工具、房地产等。这就把分别与社会化大生产和小生产相联系的两个经济性质不同的企业组织形式混为一谈，使"股份"制蜕变为"合股"制。这种做法，随意性和突变较大，不能确保企业生产与经营的稳定性，容易导致企业人为性破产。

第三，股份公司成为"保险"公司。

风险共担是股份制试点的基本原则。真实的股份应承担风险，股票的分红应与企业的经营状况紧密相连。然而，在不少试点企业，个人股负盈不负亏的问题不同程度地存在。有些试点企业的股票既保息又分红，不管企业经营好坏，预先订好股息数、红利数，并将股息列入成本转嫁给国家和消费者，混淆了股权与债权、股票与债券、股息和利息的区别；有些试点企业对个人股实行"三保"（保本、保息、保分红），股息远远高于银行同期存款利息，失去了股份制和股息的意义与作用，形成变相的福利；有的还规定入股后定期还本还股，甚至提前预支股息和红利等，这就使得股份制企业变成了名副其实的"保险"公司和福利公司。其结果必然损害国家、企业和消费者的利益，使企业走上一条恶性循环的道路，甚至于企业在无力或较低支付股息、红利的情况下会发生社会的动荡。

第四，股份公司成为"掘地"公司。

有的试点企业违背股权平等、同股同利的原则，不顾国有资产的保值增值，在利益分配上一味向个人股倾斜，出现不给或少给国家股分红，而把国家股红利分给个人股东的现象；有的试点企业还滥设股权，将公有资产的一部分划分出来拆成股权分给职工；有的企业对国有资产如厂房、土地、机器等有形资产的评估故意压低，对无形资产如企业商标、版权、专有技术等不以货币形态做相应的评估，还有因一些资产的评估方法不统一、不科学而造成评估结果出现较大失真等问题，使国家股在整个股份中的比重无形中被降低、法人股、个人股的比重却得到相应增加，致使国家股的权益分配也必然减少。对此，如果不及时纠正，势必造成国有资产的大量流失，甚至动摇公有制的基础和丧失国家的控股能力，其危害小觑不得。

第五，股份公司成为"翻牌"公司。

当前，部分企业在试行股份制过程中，存在重形式轻内涵完善的倾向。企业改制后的组织机构、组织制度不健全，执行的仍是过去的承包制那一套，使股份制改组有其名无其实，变为"翻牌"公司。这有四个方面的表现：一是改制后的企业不是由股东按股份结构比例推举代表组成董事会，董事会成员仍然是由党、政、工三方代表唱主角，未形成新型有效的管理机构。二是有的试点企业股东大会甚至董事会形同虚设，不起应有的决策和监督作用，甚至从未召开过股东大会，也从未向股东报告公司有关情况，企业的重大生产经营决策权仍由总经理说了算等。三是有的试点企业未建立负责检查监督公司财产和董事会业务执行情况的监事会，有的即便建立了也成为安排人员的摆设，不发挥任何作用，因而难以避免总经理滥用职权、违法乱纪、危及股东利益等问题发生。四是目前政府职能尚未转变过来，行政主管部门对股份制企业的管理仍习惯于传统方式，如直接委派经理，仍按原来实行承包制的那套方法给试点企业规定承包指标，先保财政上缴，再按股分红，使企业"穿新鞋，走老路"，经营机制转换的目的难以实现。

第六，"变向"公司内部股是定向募集公司的股份形式。

在我国当前，定向募集公司和内部股成为企业股份制改组的最普遍形式。因为它的试行具有促进经济运行的协调、增强主人翁责任感、积累股份经济运行与操作的经验，为我国股票市场的健康发展创造条件等特定的目的和意义。但是，在实践中，有些地方却违反国家《股份有限公司规范意见》等规定，对公司内部职工持股不采取股权证形式而采取股票形式；擅自把这种股票的发行范围扩大到本公司内部职工以外的社会公众；以法人名义购买定向募集公司的股份实际上卖给个人；私自在规定的范围以外进行定向募集公司股份的转让，等等。这些"变向"的做法不仅会使公司职工的精力由关心企业经营管理转向股票转让的收益上，而且会使非法投机、诈骗行为有机可乘，导致经济秩序的混乱并严重伤害公众利益；不仅给国家对股份经济的管理带来困难，而且也会给企业股权管理带来困难，最终导致改革进程的失控。因此，应该坚决纠正。

关于股权比重问题是学界关注的焦点，也是经济实践环节的关键。比较一致的观点是，在国有大中型企业实行股份制，要坚持公有制为主，公有股应占较大比重，有些学者甚至认为公有股应占51%以上，才能达到控制企业的目的。但大多数人认为，现代股份企业的股权已极为分散，小股东在股东大会上基本没有发言权，所以国家即使要控制企业，也不一定非得要51%以上的股份，关键是要控制股票的相对份额。有些学者提出，我国的公有制股份企业应以集团股为主体。其具体设想是，把国有企业资产划为国有股、集团（企业）股和个人股（包括本企业职工）。其中国有股占40%~50%（随着改革的深入和股份制的完善可逐步降至20%~30%）；集团股占40%~50%又可逐步扩大至60%~70%；个人股占5%~15%。另一些人则认为，不必过低限制个人股，私营企业和个人购买的股票可以共占40%。但有些人认为，即使实行社会主义公有制的股份制也不能普遍以国家股为主，否则仍摆脱不掉所有权中的超经济性。普遍以国有股为主，不仅克服不了传统体制运行的行政性，而且不会形成真正商品性的股市秩序。[①]

关于是否应设置企业股问题，又是一个焦点问题。有较多人主张设立企业股，其主要理论有如下：一些人认为，设立企业股是有中国特色的股份经济的一个创造，也是从中国现实出发的唯一可行的选择。总的说来，企业资金的形成既有合理的一面，也有不合理的一面，但这种由历史形成的企业自留资金是客观存在，也是合法的，这部分资金应归企业，归企业全体职工所有。也有人认为社会主义要实行股份制，首先是为了理顺企业内部的财产关系，解决国家和企业之间产权模糊的问题，企业股的存在及其主要功能也在于此。承认企业股，对于调动职工的积极性，完善企业的经营机制和改善企业的经营行为都有其重要意义。还有些人认为，设立企业股是为了满足企业发展的要求。首先是为了减轻股东分红对企业的巨大压力。如果新增的股份都量化给股东或职工个人，则在新增的利润分配中，股息就会蚀掉企业积累，同时，迫于分红压力，企业可能为追求高分红而使行为短期化。其次也是为了增强企业应付暂时经营失败的能力。企业平时盈利较多时，通过积累增加一些企业股，企业暂时经营失败发生亏损时，可以卖掉一部分企业股来解决资金困难。反对设立企业股的人则认

---

① 禾子：《关于国有企业实行股份制改革的理论综述》，载于《经济理论与经济管理》1992年第6期。

为，设立企业股可能会造成产权关系的最大模糊。这是因为，一方面，股份公司发行股票的直接目的是向社会筹集资金，如果设立企业股那就等于公司自己掏钱买自己的股票；另一方面，企业股的股票由谁持有和由谁受益，这在实践上是一个难以解决的问题。如果由董事会持有，那么就会出现这样的情况，本来是作为个体股东代表的董事会又同时代表这部分股东，这与董事会设立宗旨是不相容的。还有些人认为，如果企业股由职工代表大会和工会或其选出的代表持有，那么矛盾就会更多。也有些学者认为，设立企业股弊大于利，这表现在以下几方面：影响劳动力合理流动；促使企业采取资金密集型生产方式；就业机会人为地减少；劳动报酬攀比心理必然使企业股份比重小，造成无企业股的职工劳动积极性下降；将使企业职工劳动收入趋于不合理；国家财政负担加重。[①]

前文关于股份制改革方案、股份制的理论分歧、股份制实践中存在问题的讨论，主要基于国有企业股份制改革初期为背景。尽管20世纪90年代国有企业股份制谈不上规范的股份制，但改革实践形成的经验、改革政策出台和实施，以及对这一时期出现问题的揭示与对策，都具有丰富的创新思想，这些股份制改革思想是中国转型期的理论成果。站在今天新时代中国特色社会主义建设的高度，对国有企业股份制改革进行反思将更有意义。

第一，始终把握国有企业股份制改革的目标。国有企业改革的目标是转变企业经营机制，提高企业经营效率，整体搞活国有企业。股份制改革是国有企业改革的一种形式，也要围绕实现这一目标来实施。股份制改革初始目标就是转变企业经营机制，股份制也是现代公司制，也要求真正做到产权明晰、政企分开，使企业自主经营、自负盈亏，成为真正独立的市场主体。国有企业改制股份制不是以融资为目的，至少不是主要目的。股份公司不是上市"圈钱"，而是通过上市形成合理的产权结构，应强化企业对出资者负责的分红压力，激发企业活力。即使是效益差但有发展潜力的企业实现股份制，达不到上市要求（当然也不应追求上市），也不是通过股份制搞集资，而是通过产权重组而激活企业。

第二，股份制是实行经济民主的企业形式。股份制企业从按投资份额

---

① 秦晓青：《近年来关于股份制问题观点综述》，载于《改革》1991年第3期。

组建企业，到上市发行股票吸收公众融资，再到公司治理结构构建，都充分体现经济民主、权利、责任、利益与股份对等。无论是国家法人、企业法人，还是自然人，投资者按投资份额分享产权，承担责任和分摊风险，且得到法律保障。在企业治理中按股权公平履行出资者所有权，即资产收益、重大决策和选择经营者的权利。

第三，股份制是富有效率的企业形式。股份制有效实现了国有资本出资者所有权和公司法人财产权的分离与统一。实际资本集中在法人企业，也是不可分割的全民财产。规范的公司治理保障企业高效运行，出资者在股东会行使最高决策权后就不干预企业经营，公司经营决策以董事会为核心，日常经营管理以经理人为主体，加上内部科学的层级管理和外部市场的竞争压力，使股份公司成为最富效率的现代企业组织。

第四，国有企业股份制是全面实行还是部分实行？国有企业股份制要不要设立股权红线？从我国社会主义市场经济体制和国有经济的性质而言，国有企业股份制不必全盘实施，大部分一般竞争性企业可以走股份公司之路，使这些企业与非国有经济的各类企业平等地参与市场竞争。国有企业改革可以有多种形式，不必固守股份制一种形式。股份制改革需要设立红线，实现方式是控股权红线，但控股权红线要以不同类型企业相对控股。在国计民生的关键领域不搞股份制而坚持独资经营；也可搞国有控股公司，区别情况实行绝对控股或相对控股，绝对控股至少要占股权51%以上，相对控股只要成为公司第一大股东，就可左右企业的方向。

第五，国有企业股份制改造后企业性质由控股权所决定。股份制改革是公有制一种实行形式，但不能说股份制就是公有制。一般来说，国有控股企业依然是国有企业，一般的股份制企业主要是混合所有制。股份制企业也不绝对是混合所有制，全部国有法人组成的股份制就是国有制，全部自然人组成的股份制就是私有制，这两种情况都不是混合所有制。国有企业股份制改革后，多数是混合所有制企业，但混合所有制又有控股权的差别，这种控股权就决定企业产权性质的归属。

第六，国有企业股份制也要追求绩效。国有企业股份制改造，搞活企业，提高效益是根本目的。而对绩效的评价，关键还是三条：一是利润。股份制企业法人以营利为首要目的，企业盈利是生存和发展的基础；以投资者出资为前提，投资以挣钱为动力，投资者利益来源于企业盈利。二是税收。企业纳税是国家财政源泉，照章纳税是企业本分，随着企业发展纳税逐步增加是企业绩效的主要体现。三是分红。股份公司要对出资者负责，重要的是给予出资者回报，企业疏于分红或隐瞒信息躲避分红，企业总会走不远。

股份制为现代企业制度的典型形态，经历了西方市场经济数百年大浪淘沙的筛选，是一种先进的企业制度，是我国国有企业改革的一种理性选择。我国参与改革的国有企业也逐渐从非规范的股份制向规范的股份制转变，但国有企业股份制改造还没有达到应有的效率。国有企业股份制制度建设还需要进一步实践探索，主要是完善一系列相关制度建设，健全国有资产监督管理体制，优化法人治理结构，增强企业各层次的激励机制；还要从外部市场角度，运用企业破产机制和兼并机制，加强对资本市场的激励与约束等。

第七章

国有资产管理体制改革思想

随着计划经济体制按行业集权管理模式的退出，政企不分成为历史，企业就成为摆脱"婆婆"管辖的独立的商品生产经营者。然而，国有企业的经营者毕竟不是国有企业的"老板"，国有企业摆脱了行政管理，但国有资产管理如何管？谁来代表出资者？出资者如何介入企业？国有企业走现代企业制度之路，需要解决这些问题。国有企业改革必然涉及国有资本的出资者所有权和国有资本所有权代表介入企业问题。因而，我国公司制改革绕不开国有资产管理体制改革。从计划经济时期的行业管理，到市场经济条件下的国有资产管理，实现了国有资产管理体制的根本转变。在计划经济向市场经济转轨时期的20世纪80年代，已经在酝酿国有资产管理体制改革，随着市场经济体制的进程，国有资产管理体制改革走上前台，国有资产管理机构履行国有企业出资者所有权的体制机制基本形成。但改革进程中也出现国有资产管理体制反反复复，在介入企业环节出现出资者虚位，在"政企不分"消退的同时而"政资不分"兴起，以及国有资产所有权代表的单一化，国有资产管理习惯于传统行政手段而偏离市场经济轨道，从而影响了国有资本效率的发挥。直至2003年，实现了国有资产所有权从单一代表到分级代表的重大转变，国有资产监督管理委员会体制形成，国有资产管理体制走向规范化。当前深化我国国有企业改革，就是要抓住执"牛耳"的国有资产管理体制改革，完善与市场经济相适应的国有资产管理体制，从而增强国有经济实力和国有企业竞争力。

第一节　公司制改革绕不开 国有资产管理改革

在传统计划经济体制下，国有资产管理权实际控制在政府主管部门手中，政府主管部门对国有企业集行政管理与企业管理于一身。公司制改革后，国有企业失去了主管部门的管辖，成为自主经营、自负盈亏的市场主体。但国有资产出资者所有权如何介入企业就成为新的问题，国有资产管理体制也就成为国有企业改革至关重要的因素。

一、国有资产及其发展

国有资产（或资本）分为经营性国有资产与非经营性国有资产。非经营性国有资产来源于经营性领域的创造。本书主要分析经营性国有资产发展和对其监督、管理的状况。

与国有经济和国有企业相关最紧密的是国有资产和国有资产管理体制。我国国有资产是全民所有的公共资产，由国家代表全民行使财产所有权。关于广义的国有资产，依据《中华人民共和国国有资产法（草案）》定义的国有资产：本法所称国有资产，是指国家以各自形式投资及其收益、拨款、接受馈赠、凭借国家权力取得，或者依据法律认定的各种类型的财产或财产权利。狭义的国有资产即经营性国有资产。国有资产是国民经济的物质基础，为国民经济提供重要的生产要素，为社会公共事业和公共管理提供必要的物资设备，国有资产可表现为价值形态和实物形态，国有资产包括经营性国有资产、行政事业性国有资产和资源性国有资产。经营性国有资产是指国家分散投资在国有企业中的财产。具体地说，经营性国有资产，指从事产品生产、流通、经营服务等领域，以营利为主要目的，依法经营或使用，其产权属于国家所有的一切财产。因此，经营性国有资产也是国有资本，由国有企业来运营，是国有企业的重要生产要素。从新中国国民经济体系建立以来，国有资产规模逐渐壮大，尤其是改革开放以来国有资产规模迅猛增长。

1994年以前，我国财务会计制度对国有企业的资产统计提出使用固定资产净值与定额流动资金之和来计算。以此计算方法，1952年底国有企业占有资产总额为338亿元，到"一五"计划末年的1957年底国有企业占用资产总额为783.8亿元，比1952年增长131.7%；1962年底国有企业占用资产总额为1665.5亿元，比"一五"计划末年的1957年底增长112%；1965年底国有企业占用资产总额为1993.9亿元，比"二五"计划末年的1962年增长19.1%；1970年底国有企业占用资产总额为2883.6亿元，比1965年增长44.6%，比"二五"计划末年增长73.1%；1975年底国有企业占用资产总额为4760.2亿元，比"三五"计划末年增长65.1%；1980

年底国有企业占用资产总额为6924.5亿元，比"四五"计划末年增长45.5%；1985年底国有企业占用资产总额为9427.7亿元，比"五五"计划末年增长36.1%；1990年底国有企业占用资产总额为19012亿元，比"六五"计划末年增长101.7%。据第五次清产核资结果，至1995年底30.2万户国有企业资产总额为86600.8亿元，① 如表7-1所示。

表7-1　　　　　　国有企业占用国有资产与增长情况

年份	国有资产总额（亿元）	比上一个5年增长率（%）
1952	338.0	—
1957	783.8	131.7
1962	1665.5	112.5
1965	1993.9	19.7
1970	2883.6	44.6
1975	4760.2	65.1
1980	6924.5	45.5
1985	9427.7	36.1
1990	19012.0	101.7
1995	86600.8	355.5
2001	166709.6	92.5
2005	242560.1	45.5
2010	640214.3	163.9
2015	1406831.5	119.7
2018	1787482.9	27.1（比2015年增长）

资料来源：1995年以前引自潘岳主编：《中国国有经济总论》，经济科学出版社1997年版，第66页；2001年后为财政部资产管理司数据。

20世纪90年代后期，我国经营性国有资产约9万亿元，分布在当时的17万户国有企业中。此后，国有资产每年按15%左右的速度递增，至

---

① 潘岳主编：《中国国有经济总论》，经济科学出版社1997年版，第66页。

2018年12月，97户中央企业和10万户地方国有企业总资产达1787482.9亿元，其中，中央企业资产803391.7亿元，地方国企资产984091.2亿元。[①] 与国有企业相关的国有资产管理经历了计划经济和市场经济两个重大历史时期，20世纪90年代开始国有资产管理体制由计划经济向市场经济转变，为适应国有企业改革的需要，由此逐步构建了与社会主义市场经济体制相适应的国有资产管理体制。

二、国有资产管理体制

计划经济体制下，我国并没有专门的国有资产管理机构，财政部实际行使国有资产价值管理的职能。国有资产管理、企业经营管理、政府行政管理是高度的统一，由按行业组建的政府部门"条条"管理和地方政府及其部门的"块块"管理。国有资产实际配置权在原国家计划委员会及其属下的经济管理职能部门，按行业系统和地区分布贯彻到每个企业。国有企业均纳入政府行业管理，政府按行业职能部门对所属企业统一行使资产管理和行政管理职能。

1949年新中国成立后，从中央政府到地方政府，形成了最初的中央到地方经济管理部门与国营企业管理体制。当时全国划分了6大行政区，行政区下设省、自治区和直辖市。从中央政府到大区以下各级行政区，经济管理系统实行行业管理，行政管理与资产管理一体，行政管理和资产管理职能最终渗透到若干国营企业，当时管辖的国营企业属于新民主主义体系中具有社会主义性质的国营经济。

1956年以后，随着社会主义改造完成，社会主义制度确立，也相应形成了"苏联模式"的计划经济管理体制和国营企业管理体制。由于社会主义经济制度基本建立，国营经济基本覆盖了城市工商企业，集权模式的计划经济管理逐级渗透到每一家国营企业。这一时期大区已经撤销，但在国务院各职能部门之上，成立了国家计划委员会、国家经济委员会等综合经

[①] 财政部资产管理司：《2018年1—12月全国国有及国有控股企业经济运行情况》，财政部网站，2019年1月22日。

济管理部门。这些部门管辖相关行业部,并向下延伸至省、地、县相关部门,最后进入企业。其路径是:国务院—国家计划委员会、国家经济委员会—各职能管理部门(管理中央企业)—各省(自治区、直辖市)级职能管理部门(管理省属企业)—地市级职能管理部门(管理地市属企业)—县级职能管理部门(县属企业)。国务院是国有资产唯一所有权代表,各级政府管理部门实际是授权管理国有资产,并集行政管理和经济管理职能于一身。国家对国营企业的行政管理职权与对国有资产的管理权限高度统一。这一时期的国有资产管理与政府行政管理部门完全合一,或者说由行政部门接受国务院的授权完全管理所属企业国有资产,形成按职能部门"条条"(系统)管理和各级地方政府"块块"管理并存,天然具有"条块分割"的缺陷。(见图 7-1)

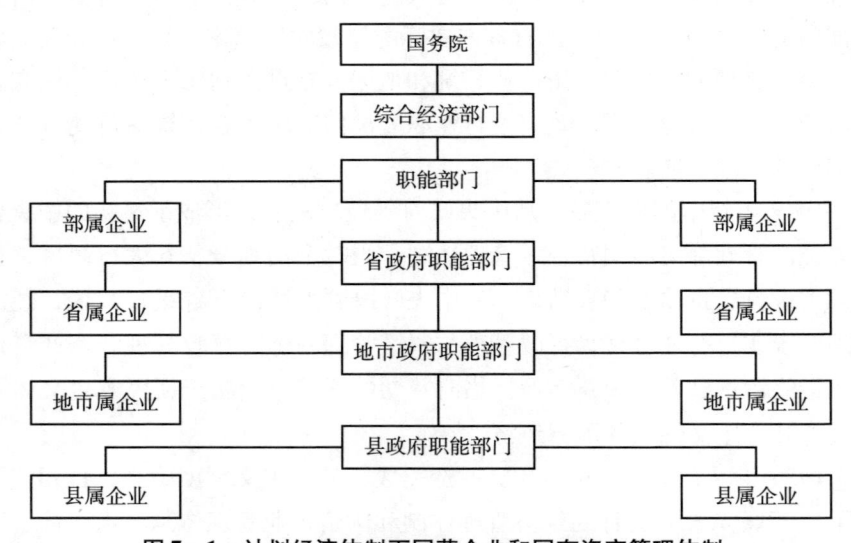

图 7-1 计划经济体制下国营企业和国有资产管理体制

计划经济体制下的国有资产管理,特点是"统一所有,集中管理"①。由于政府管理部门本身就管理国有资产,也就没有国务院所属的国有资产

---

① 盛毅主编:《中国经济改革30年》(企业卷),西南财经大学出版社2008年版,第340页。

专管机构。但计划经济时期，政府管理部门的清产核资工作起到了经济作用。政府管理部门对所属企业的国有资产管理除了组织资产运行外，对国有资产的监督主要手段是清产核资。1960~1965年、1975~1978年，这两个阶段（中断时期主要是"文化大革命"期间）各省（自治区、直辖市）政府成立了清产核资领导机构，对国有资产清查和建账，调剂积压物资和处理报废物资。

1988年在国务院设立国家国有资产管理局，专职履行国有资产管理的职能。1994年国务院机构改革时，国有资产管理局调整为财政部属局；1998年国务院机构改革撤销国有资产管理局；2003年设立国务院所属的国有资产监督管理委员会。

20世纪80年代，国有企业改革仅限于搞活企业经营机制，未涉及国有企业产权关系，国有资产管理体制改革也未提上议事日程。随着国有企业改革的进程，承包经营等责任制的形式逐渐推广，客观上要求加强国有资产管理职能。1988年第七届全国人民代表大会第一次会议批准，在国务院机构中新增国有资产管理局。并明确，国有资产管理局作为国有资产的授权代表，是国务院专司管理国有资产的职能机构。其任务是：对中华人民共和国境内和境外的国有资产行使管理职能，重点是管理国家投入的各类企业的国有资产。具有国有资产所有者的代表权、国有资产监督管理权、国家投资和收益权、资产处置权等。由于这一时期，国有企业还是由各级政府主管部门管理，资产管理和行政管理不可分割；企业也不具有市场独立法人地位，企业还未自负盈亏，企业还得听命于政府主管部门，国有资产管理局也只是财政部下属的副部级单位。因而，这种国有资产管理实际难以到位，国有资产管理局也沦落为国有资产的记账算账功能。

1990年7月，国务院发出《关于加强国有资产管理工作的通知》。要求在全国范围内有计划地开展清查资产、核实国有资金、摸清国有资产"家底"工作，坚决防止和纠正损害国有资产产权的行为。20世纪90年代以前的国有资产管理局根本职能是清产核资，目的在于维护国有资产，而非运行国有资产、增值国有资产。

随着国有企业公司制改革走向前台，原有的国有经济管理体制需要根本改变，政府主管部门管理国有企业的传统体制将告别历史舞台，但作为国有出资，必须设专门机构代表国家行使国有资产所有权，以维护出资者权益，保障国有企业的功能符合社会主义的意志和实现全民的根本利益。由此，国有资产管理体制改革势在必行。

第二节　国有资产管理体制的演变

计划经济体制时期，虽然财政部主管国有资产投资和资产收益，但国有企业运营的国有资产实际由政府经济管理部门控制，政府管理部门对企业的行政管理与资产管理融为一体。从新中国成立初期国民经济体系初步形成至 1984 年，我国计划经济下的国有资产管理体制特征表现为：国有资产的行业管理；行政管理与资产管理相融合；国有资产管理的"条块"分割（按行业系统管理的"条条"和按区域行政管理的"块块"）。20 世纪 80 年代开始的国有企业改革只局限于放权让利的分配关系的调整，国有企业改革的主要形式是承包经营责任制、租赁经营责任制和资产经营责任制，国有资产的行业管理、政企不分、政资融合依然故我，未能突破计划经济体制的束缚。随着我国经济体制改革进展，尤其是国有企业改革的进一步深入，我国国有企业相关的国有资产管理体制改革也在探索前行，逐步走上规范。笔者（何玉长、史玉，2016）分析国有资产管理体制变迁大体经历了以下四个阶段。[①]

第一阶段：1984~1993 年，国有资产管理体制孕育期。

这一时期，计划经济体制还没退出历史舞台，国有企业"条块"管理的方式依然存在，国有资产管理和行政管理"剪不断理还乱"。如果说在高度集权的计划经济体制下，国有资产所有权和经营权合一，政企不分呈固化状态，政府管理经济部门代表国务院履行国有资产管理权有其适应性；但随着国有企业改革进程，国有企业逐渐获得经营自主权，国有投资

---

① 关于国有资产管理体制四个阶段的分析，参见何玉长、史玉：《国有资产管理体制改革、完善与优化》，载于《学术前沿》2016 年第 1 期。

体制和财政体制相应改革，国有企业原始投资、新增固定资产的投入、新增流动资金投入，不再是无偿调拨，企业走向自主经营、自负盈亏的发展道路。国有企业投资已由原来的国家完全拨款改为银行信贷，国有企业扩大自主权，国家与企业的分配关系也发生变化，国家试图对国有企业由直接的行政管理转变为资产管理。原有部门管理国有资产的体制显然不再合适。由此，转轨时期开始孕育国有资产管理体制改革。1985年，财政部下属国有资产管理局也正式挂牌。1988年5月成立国有资产管理局，为国务院直属机构，归口财政部管理；同年各省市也成立了国有资产管理局，归口财政厅管理。国有资产管理局的成立是对国有企业经济管理与国有资产管理职能分开的探索，但由于政府行业管理部门依然存在，且依规国有资产管理局归口财政部管理，此时的国有资产管理局只是行使国有资产登记、清算核查国有资产家底等职能，国有资产实际控制在主管国有企业的行政部门手中。以承包制为主要形式的国有企业改革虽然全面推广，但国有资产管理体制的行政管理方式没有改变。这一时期国有资产管理局只是国有经济的"大账房"，地方政府国有资产管理局设立到省级，地县政府也没有对应设立国有资产管理局。

  第二阶段：1993~1998年，创建市场经济的国有资产管理体制。

  1992年中共十四大提出建立社会主义市场经济体制的改革目标，并强调将国有企业塑造成社会主义市场经济的微观主体。1993年中共十四届三中全会通过了《关于建立社会主义市场经济体制若干问题的决定》，强调国有企业建立现代企业制度和国有资产管理体制的主要特征是产权关系明晰，"企业中的国有资产所有权属于国家，企业拥有包括国家在内的出资者投资形成的全部法人财产权，成为享有民事权利、承担民事责任的法人实体"。企业以其全部法人财产，依法自主经营、自负盈亏、照章纳税，对出资者承担资产保值增值的责任。出资者按投入企业的资本额享有所有者的权益，即资产受益、重大决策和选择管理者等权利。以产权明晰为突破口，构建企业法人财产权，解决传统体制政企不分的难题。1994年7月24日，国务院发布实施《国有企业财产监督管理条例》（以下简称《条例》）。《条例》第五条规定，企业财产属于全民所有，即国家所有。国务院代表国家统一行使对企业财产的所有权。第六条规定，在国务院统一领导下，国有资产实现分级行政管理。第七条规定，国务院授权有关部门或者有关机构，对指定的或者其所属的企业财产的经营管理实施监督。《条例》对国有企业运营国有资产实施监管提供了政策依据。

建设社会主义市场经济体制，重点在于国有企业通过公司制改革，成为自主经营、自负盈亏的独立法人。由此要求传统体制行使国有资产管理权的行业主管部门逐渐撤销，国有公司制企业的出资者所有权代表则由国务院授权的国有资产监管部门行使，国有资产管理机构从而走上市场经济的前台。根据市场经济体制和现代企业制度的要求，国有资产管理体制改革真正开启。《关于建立社会主义市场经济体制若干问题的决定》提出"对国有资产实行国家统一所有、政府分级监管、企业自主经营的体制。按照政府的社会经济管理职能和国有资产所有者职能分开的原则，积极探索国有资产管理和经营的合理形式和途径。"这一时期，中央和省（自治区、直辖市）两级政府，以及各省会城市和计划单列市均设立了国有资产管理局，专司国有资产管理。国务院授权国有资产管理局统一行使对国有资产的出资者所有权，凭借出资者所有权介入企业；选派和组建董事会进入企业决策层；派出监事会对企业国有资产保值增值实行监督。此时的国有资产管理局作为财政部的副部级机构的职能强硬了起来。地方省级国有资产管理局作为财政厅的副厅级机构也普遍建立。国有资产管理局通过授权经营公司和投资经营公司等中介，将出资者所有权延伸到各个国有企业。此时，行业行政主管部门基本撤销，代之以行业协会行使行业标准和行业服务职能。部分机构归并到国家经贸委的二级局。总之，行业管理退出，国有资产管理兴起。

20世纪90年代的社会主义市场经济体制改革，将市场经济微观主体的国有企业推向市场。国有企业要成为自主经营、自负盈亏的市场主体，必然选择现代企业制度的公司制改革。公司制改革要求突破政企不分、行政方式管理国有资产和国有企业的传统体制，企业脱离主管部门的行政管理，由此倒逼国有资产管理体制改革。国有资产管理机构必须独立出来，代表国家行使出资者所有权；国有企业构建法人治理结构，企业以法人的形式与国家保持资产管理关系。走向市场的国有企业实行公司制改革，以

"明晰产权"为突破口,要求出资者所有权与法人财产权相分离,明确出资者和企业的权责利。一方面,国有资产管理机构作为国有产权代表行使出资者所有权,国有资产出资人实际是企业股东,出资人行使股东会权益。国有资产管理落实为对国有企业的重大决策、选择经营者和资产受益三大权利;另一方面,公司作为独立法人机构行使法人财产权,国有企业是自主经营、自负盈亏的市场主体和具有民事责任和民事义务的独立法人。国有企业不再是政府行政机关的附属物,排除了政府机关的行政干扰。政府和企业由行政隶属关系转变为产权关系,国有出资人以资产管理为联系纽带,行政管理和资产管理相分离,由此破解"政企不分"的难题。这一时期的国有资产管理取代行业的行政管理,国有企业失去了行政主管"婆婆"的束缚,开始走向市场。现代企业制度改革从1993年开始试点,至1997年全面推广,改革成效突出。然而,由于受到国有经济不合理布局的制约、市场转型和全球产业升级的挑战,20世纪90年代国有经济运行效率并不理想,但却为后来的国有企业改革以及"三年脱困"奠定了基础。

第三阶段:1998~2003年,国有资产管理体制的波折期。

1998年新一届政府推行国务院机构精简改革,将国有资产管理局撤销,其职能分别划为:国有资产价值管理归财政部,国有资产实物管理归国家经贸委。与此同时,省级国有资产管理局不强迫撤销,故全部保留了下来。适逢国有企业改革"三年脱困"期,我国产业结构调整与国有企业改革并进,国有企业亏损得到遏止,总体经济效益提升。但在国有企业经营上,也出现国有资产管理缺位现象,尤其是出现国有资产管理"五龙治水"的局面,即国家计划委员会管计划立项;财政部管资产登记与处置;国家经贸委管实物资产;劳动与社保部门管劳动与工资;组织人事部门和大型企业工委管经营者任免。由此出现国有企业管人、管事、管资产不协调,经济活动的权责利不对等,中央与地方职权边界不清,等等。国有企业公司化改革已经10年之久,但在国有资产管理体制上却出现管人、管事与管资产脱节,国家出资者和企业法人的责权利相脱节,省级国有资产管理局(委)与中央国有资产管理不衔接,国有资产管理整体功能受到削弱。

在1995年中央对国有企业"抓大放小"改革背景下，逐步确定512家国有大中型企业和120家国有大型企业集团授权运营国有资产。1998年在政府机构改革中，机械、化工、内贸、煤炭等15个主管行业的专业经济部门被改组为隶属国家经贸委的"局"，旨在实现政企分开，由过去的直接企业管理转换为行业服务管理。同年，国务院对国有重点大型企业派出稽查特派员，加强对国有资产运营的监督。1999年12月，成立了大型国有企业工作委员会，负责国有重要骨干企业领导班子建设和领导人员管理。2000年3月，国务院发布《国有企业监事会暂行条例》，逐步依法健全和规范国有大中型企业的监事会制度。这些改革措施也出现一些问题，一是国家经贸委下属行业局习惯行政管理，国有企业政企不分变成政资不分。二是国有资产管理机构撤销，多头管理国有资产相关事务，管人、管事、管资产脱节，出现"五龙治水"局面。三是国有资产监督机制出现多重监督，降低监督效率。

第四阶段：2003年以来，国有资产管理体制改革深化期。

这一时期改革的主要任务是解决国有经济管理部门林立、机构臃肿、监管效率低下的问题，以国有资产管理体制改革推动国有企业改革发展，实现国有资产保值增值。国有资产管理体制发生重大变革。根据中共十六大提出的"改革国有资产管理体制"要求和第十届全国人大第一次会议审议批准的国务院机构改革方案，2003~2006年底，中央、省、市（地）三级国有资产监管机构相继组建。这一改革的主要特点：一是国有资产监督管理委员会直接对政府负责，代表国家行使出资所有权，极大提升了国有资产监管的权能；二是将国有资产监督职能上升至首要职能，名称也确定为国有资产监督管理委员会；三是作为特设监管机构避免了行政管理的弊端，中央和省级国有资产监督管理委员会也无隶属关系，各自监管相关企业的国有资产。2008年10月28日第十一届全国人大第五次会议通过的《中华人民共和国企业国有资产法》，根据该法第三条规定，"国有资产属于国家所有即全民所有。国务院代表国家行使国有资产所有权。国务院和地方政府依照法律、行政法规的规定，分别代表国家对国家出资企业履行出资人职责，享有出资人权益。"与国有资产管理相配套的是国有经济布局调整，国有经济抓大放小，部分大型和特大型国有企业划归国务院国有资产监督管理委员会监管,其他归相关部门和地方国有资产监督管理委员会监管。与此同时,大批地方中小企业通过股份制、拍卖、兼并等方式实现产权多元化或从国有经济中退出。

第三节 国有资产管理体制的典型模式

社会主义国有企业通过公司制改革走上市场经济,摆脱国家的行政管理而接受资产管理,需要构建合适的国有制管理体制。由于没有成功的经验可借鉴,需要在实践中探索。1994年11月,全国国有资产管理暨清产核资工作会议上,国务院提出,将在今后三五年内为初步建立起具有中国特色的、适应社会主义市场经济要求的国有资产管理和经营体制打好基础。为此,我国市场经济体制下服务国有企业的国有资产管理体制改革广泛展开。2002年,中共十六大围绕全面建设小康社会的目标,提出了一系列制度创新的改革举措,国有资产管理体制创新就是其中重要的一环。20世纪90年代以来,我国根据国有企业改革的需要,逐步建设适应市场经济体制和公司制改革需要的国有资产管理体制。我国国有资产管理体制经过多种改革探索和实验,但国有资产管理体制反复、改革不到位一直制约着国有企业乃至整个社会主义市场经济的健康发展。在国有资产管理体制改革的实践中,大体出现了四种模式,即20世纪90年代出现的"一般模式""上海模式""深圳模式",2003年开始的"创新模式"。国有资产管理体制的"上海模式"最能凸显其制度优势,也是在"上海模式"的基础上,构建了2003年的"创新模式",并推广到全盘。

一、20世纪90年代国有资产管理体制的一般模式

我国1988~1998年,设置了国有资产管理局,属国务院下设机构但归财政部管辖(国资局直到1998年政府机构改革时予以撤销),这期间到

了1993年推行现代企业制度改革以后，国有资产管理局才真正代表国家履行出资者职能。国有企业公司制改革初期，国有资产管理体制不顺，出资者权利虚位，产权激励与约束机制不完善还比较突出。当时我国经营性国有资产73419.3亿元，分布在17万多户国有企业中。20世纪90年代到2003年这一时期，国有资产管理政策是，中央政府作为国有资产所有权的唯一代表，并授权国有资产管理机构行使国有出资者所有权，地方政府则在财政厅下设国有资产管理局。国有资产管理局直接介入企业集团公司或投资经营中介机构，再由集团公司、中介机构通过投资股权介入子公司，如图7-2所示。

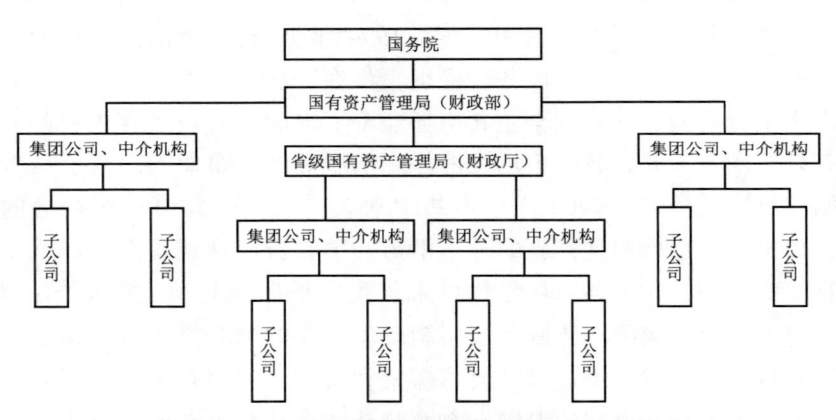

图7-2 20世纪90年代国有资产管理的一般模式

1998年国有资产管理局撤销后至2003年，此时中央政府不设立国有资产管理专门机构，而由财政部行使国有资产的价值管理职能，由国家经贸委行使实物资产管理职能，而其他部门分别行使管人和其他事项的管理。于是形成国有资产管理"五龙治水"的局面，即国家计划委员会管国有投资立项、国家经贸委管国有资产运营、劳动和社会保障部门管劳动与工资、财政部管资产登记与处置、组织人事部门和大型企业工委管经营者任免等。这种管资产与管人、管事相脱节的国有资产管理体制难以保证出资人职权的有效行使和国有资产的运行效率。虽然大部分省、自治区、直辖市在财政厅下设有国有资产管理局，但管资产与管人、管事权分别还是由不同部门行使。个别地区（如上海市、深圳市）国有资产管理局由地方政府直接领导，地区及以下不设立国有资产管理机构。地方国有资产管理机构不具有国有资产的所有权，只是接受国家授权管理国有资产。国有资产管理机构一般设置到省级和省会城市。

国有资产管理体制一般模式遇到传统体制的障碍，一定程度上制约了国有企业公司制改革进程。

第一，国有资产所有权代表的唯一性抑制了地方经济的发展。

根据国有资产管理法规，中央政府作为国有资产所有权的唯一代表，国务院授权国有资产管理机构行使资产所有权，地方政府不能分享国有资产的所有权。因而除中央政府外，地方政府和其他组织无权行使出资者权利，这在实践中不利于地方积极性的发挥。这一时期由地方财政积累起来的地方投资越来越多，事实上形成了不同地区政府对国有资产的实际支配权，而且各地区所实际支配的地方国有资产差距非常大。国家不承认地方政府对地方投资形成的财产代表权，不利于国有资产的有效运行，由于所有资产都是国家所有由中央政府代表，地方政府对于地方财政投资积累起来的国有资本不能从资产的管理、运行和监督上履行所有者职能，难以搞活国有资产。不承认地方国有资产所有权，不利于调动地方政府为国有资产保值增值和投资的积极性，由于地方政府不具有自我投资的财产所有权，对所辖地区国有资产的权利、责任和利益不对等，因而不具有资本积累和扩大投资的动力，这势必影响地方经济的发展。

第二，国有资产管理中管资产与管人、管事相脱节造成国有资产出资者所有权虚位。

国有公司制企业的资产管理、经营者任免、资产收益和资本运行监督等权限划分由不同部门负责，多头管理出现"结合部陷阱"，实际造成了国有企业的"出资者虚位"。国有资产的国家唯一代表权要落实到企业，中间形成了多级委托代理关系，由此形成极大的代理成本，所有者权利逐级委托又形成多级"漏斗"，国有资产出资者权利延伸到企业已经是鞭长莫及，这难以保证所有者权利的落实。对国有资产出资者所有权的分割行使，造成了经济责任牵扯不清，权责利不对等，以及外部不经济现象，从而影响了国有企业经济效益。

217

第三，公司制所要求的职业经理人队伍建设滞后影响到企业治理结构。

我国国有企业经营管理者产生和委派基本沿用行政化手段，国有资产管理局委派经营管理人流于形式。国有企业走向现代企业制度需要大量经营管理人才，而我国经理人市场不健全，职业经理人队伍迟迟未形成，职业经理人缺失制约了公司制改革进程。尽管我国在20世纪90年代就规划了职业经理人队伍建设和职业经理人市场建设，但由于现行干部管理体制、企业党的建设、分配制度等领域的配套改革不到位，这在一定程度上影响了国有企业公司治理结构建设。

二、20世纪90年代国有资产管理的"上海模式"

上海市国有经济分布集中、规模庞大，计划经济传统深厚。20世纪90年代，在全国推行国有资产管理体制"一般模式"的同时，上海从实际出发探索出独具特色的国有资产管理的"上海模式"。"上海模式"简单概括为"两级政府、三个体系、三个层次"的国有资产管理模式（见图7-3）。首先，从1993年起，上海市分别成立了市和区（县）两级政府直属的国有资产管理委员会，由市和区（县）主要领导挂帅，由国有资产管理委员会办公室、财政局、经贸委、人事局、党委组织部等部门负责人组成，由市政府和区（县）政府授权行使国有资产管理权，国有资产管理委员会下设国有资产管理委员会办公室为国有资产管理委员会常设机构。其次，国有资产管理委员会通过国有资产管理委员会办公室对投资经营公司和授权经营公司进行产权管理，再通过该中介对国有企业进行产权管理。三个层次的国有资产管理以产权管理为主线，国有资产保值增值为目标，确保企业自主和促进经营效率。上海市政府设立的国有资产管理委员会，代表市政府行使国有资产出资者权利，专司国有资产管理和保值增值，下设若干授权经营公司作为商业性公司，专司国有资产经营，然后由这些公司对下属企业行使出资者权利，或对其控股、参股，而这些下属企业作为子公司行使独立的法人财产权。最后，形成国有资产运行、管理和监督为一体的完整体系，明确国资委、中介机构和国有企业的国资监控和运行职能。上海市各区县普遍设立国有资产管理委员会，国有资产管理延伸至区县，这也是一般模式所不具有的。与此相似的还有深圳市的国有资产管理模式。在国有资产管理体制改革上，上海市取得了许多成功的经验。

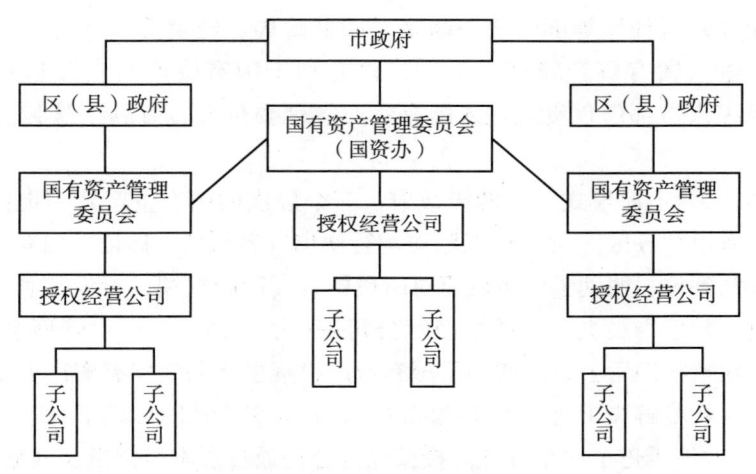

图7-3 20世纪90年代国有资产管理的"上海模式"

"上海模式"构建和实施不同于国有资产管理的"一般模式"，也显示出其特点和优势，"上海模式"为我国国有资产管理体制改革和国有企业公司制改革提供了可行的模式。

第一，"上海模式"为国有资产分级代表权提供了初步实验。上海市国有资产管理委员会于1993年成立，是上海市政府所属的管理国有资产的专门机构。上海市和下属区（县）两级均设立国有资产管理委员会，并行使市和区（县）国有资产的代表权，对所属企业行使国有资产的出资者所有权。上海市国有资产管理委员会主任由市长担任，其成员构成主要由市委、市政府主管财政、资产、干部部门的负责人组成，国有资产管理委员会常设机构为国有资产管理办公室。各区（县）也按照这一模式组建国有资产管理委员会。刚组建时还有党政不分的特点，由市委书记兼任国有资产管理委员会主任，后逐渐理顺关系，由市长担任国有资产管理委员会主任。

第二,"上海模式"为管资产、管人、管事三统一提供了先例。"上海模式"确定市和区(县)国有资产管理委员会是代表政府行使国有资产管理职能的专门机构。国有资产管理委员会将国有资产管理相关的管资产、管人、管事的部门联系起来,把国有资产管理、运行、监督,国有企业经营者任用等部门统一起来。如财政局、经贸委、计委等部门的负责人进入国有资产管理委员会,这有利于国有资产的实际运行和管理,组织人事部门负责人进入国有资产管理委员会,有利于选拔企业经营者。

第三,"上海模式"为两级政府、三个层次的国有资产管理提供了样板。上海市和各区(县)两级政府均行使出资者权利,保证了国有资产出资者权利到位,明确了两级政府对所属国有资产的权利、责任和利益。在国有资产管理委员会——授权经营公司——子公司三个层次管理系统中,通过组建授权经营公司,明确了国有资产投资主体和为国有资产保值增值的主体,初步解决了所有者缺位问题。在政府和企业间形成了一条"隔离带",有效地推进了政企分开。授权经营公司通过资本经营以及战略规划、投资决策、资产收益、产权代表管理等职能,进行产品结构、行业结构和企业组织结构的调整,提高资产运营质量和效益。

第四,"上海模式"为产权界定和产权管理提供了参考。上海市国有资产管理体制改革一开始就注重产权界定和产权登记,这奠定了产权管理的基础。经过近10年的改革,形成了政府政策管理、行业自律管理和出资方管理相结合的资产评估体系,在全国率先试点了以产权为纽带的国有资产统计体系,合理设计和应用了国有资产保值增值考核指标、方法、程序,国有资产管理的法制建设也取得重大的进展。

第五,"上海模式"为全方位监控国有资产提供了借鉴。上海市国有资产管理中的监控系统,包括企业内部监督、外部监督和社会监督。企业内部监督由企业治理结构中的监事会为主,外部监督由外部监事、独立董事等实施,社会监督由工商行政管理、银行、税收、审计等部门实施。上海市政府建立和实施了一系列考核国有企业经营绩效的指标体系、制度规章和流程,以保证国有资产监控有效运作。

当然，作为长期计划经济体制下的国有企业的公司化改革，"上海模式"不可避免地带有其制度缺陷。

一是授权经营公司的行政功能刚性，国有企业公司化改革不规范。上海市国有资产授权经营公司，基本是在原有的政府主管部门的行政局转化而来，并非像其他的集团公司、控股公司以核心企业资本控制子公司而成。授权经营公司只是通过政府行为，将原来的局属企业划归自己的子公司，行政局换牌成为公司。因而，授权经营公司习惯于沿用过去的做法，采用行政手段来对子公司进行政资双重管理。而不是通过股权、管理市场化运作来对子公司行使出资者权利。而且授权经营公司依然保留行政级别，市属公司享受局级待遇，区（县）属公司享受处级待遇。这种做法制约了国有企业的市场化改革进程。

二是经营者管理的行政化，经营者市场化不到位。"上海模式"的国有企业经营者与行政干部身份没有剥离，授权经营公司董事长和总经理由市委组织部任免，区（县）所属企业由区（县）委组织部任免，经营者享有相应的行政级别。使得经营者以政府行政首长偏好为目标，偏离企业经营的经济目标。以行政化手段管理经理人，使得现代企业制度所要求的企业家市场难以形成，经营者的激励与约束机制不完善，经理人对董事会负责也流于形式。

三是公司治理结构的行政化，使之公司法人化不健全。尽管公司都建立了法人治理结构，《公司法》和公司章程都明确了董事会对出资者负责，经理人对董事会负责的制度要求。公司法人治理结构不是以产权为纽带，通过市场行为产生，而是以行政方式组建，习惯于行政化管理方式，公司法人制度先天不足。

四是专职管理机构功能尚不到位。上海市国有资产管理委员会办公室作为国有资产管理委员会的专司国资管理的机构，本应在国有资产管理、运行和监督中发挥主导作用，但在国有资产管理过程中，管人的权利在市委组织部，投资、计划等权利要受到行业主管部委（经贸委、外经贸委、计委、商委、农委等）的制约。国有资产管理委员会办公室的职能发挥非常有限，这种国有资产管理部门功能弱化现象，使之不能达到国有资产保值增值的应有绩效。

三、20世纪90年代国有资产管理的"深圳模式"

"深圳模式"与"上海模式"大体相似，甚至深圳市国有资产管理体制改革起始更早。深圳如今已是特大型城市，但20世纪80年代开始特区建设时辖区和人口规模都很小。深圳市以发展"三资"企业起步，非公经济天然优势，与内陆相比，深圳市的国有经济发展规模较小，分布结构相对简单。国有资产主要集中的公共经济领域和国有投资的大型企业，而不像上海传统计划经济的国有经济布局全覆盖，国有资产管理体制改革需要与国有经济结构分布和企业产权重组同步。而深圳国有资产管理体制改革既不像内陆庞大的国有企业包袱，也没有长期计划经济体制的束缚。虽然公共领域的国有资产发展较快，但国有资产管理体制基本是全新构建，这也是深圳作为特区的优势之一。

作为经济特区，深圳市在1985年就撤销了行业管理部门，国有企业无主管。为对国有资产负责，1987年成立了全国第一家资产经营公司——深圳市投资管理公司，专司对市属国有企业的产权管理职能。1992年9月成立深圳市国有资产管理委员会。市长任主任，国有资产管理委员会由市政府各经济职能部门负责人组成，国有资产管理委员会下设作为日常工作机构的国有资产管理委员会办公室，与深圳市投资管理公司两块牌子，一套人马。1993年深圳市国有资产管理委员会办公室与投资管理公司实行政企分离。20世纪90年代中期，三层次的国有资产管理模式基本形成。第一层次，市国有资产管理委员会。国有资产管理委员会的工作机构是国有资产管理委员会办公室，具体负责对资产经营公司、授权经营的集体公司的监督职能。国有资产管理委员会作为国有产权代表，对所属国有资产经营公司和企业集团公司行使产权管理职能。第二层次，资产经营公司和企业集团公司。国有资产管理委员会代表市政府对授权范围内的企业国有资产直接行使资产受益、重大决策、选择管理层和资产处置等出资者权利。资产经营公司和企业集团主要承担资本经营、发展规划、产权管理、人事管理等职能。第三层次，市属国有独资的企业和国有控股的企业。市属国有企业按产权关系分布隶属于3家资产经营公司和5家授权经营的集团公司，如图7-4所示。

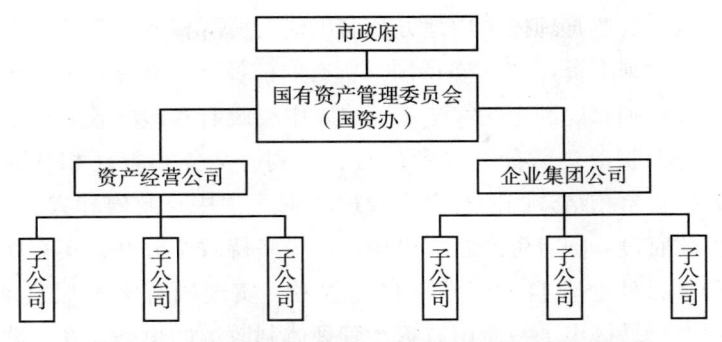

图 7-4　20 世纪 90 年代国有资产管理的"深圳模式"

四、2003 年以来国有资产管理创新模式

2002 年,中共十六大再次提出国有资产管理体制改革的要求。2003 年新一届国务院根据"三分开、三统一、三结合"原则构建新的国有资产管理体制。"三分开"即政企分开,政府授权国有资产监督管理机构对企业国有资产履行出资人职责,不直接管理国有企业;政资分开,国有资产监督管理机构不行使政府社会公共管理职能,政府其他机构、部门不履行企业国有资产出资人职责;所有权与经营权分开,国有资产监督管理机构不得直接干预企业的生产经营活动。"三统一"即权利、义务和责任相统一。"三结合"即管资产和管人、管事相结合。国有资产监督管理委员会作为国有资产出资人代表,以逐渐减机构、健全规章为切入点,建立和完善国有资产监督体制框架;以经营业绩考核为抓手,层层落实保值增值责任;以财务监督和风险控制为重点,形成了一套强化出资人监督的制度和办法。推动中央企业完善公司治理结构,提高集团控制力,发展壮大主业,加强自主创新,强化风险防控,实现又好又快发展。初步探索出一条中国特色社会主义市场经济体制下搞好国有企业、发展壮大国有经济的路子。[①]

---

① 转引自刘仲黎:《新中国经济 60 年》(上册)中国财政经济出版社 2009 年版,第 67 页。(来源:李荣荣:《宏大的工程宝贵的经验——记国有企业改革发展 30 年》,载于《求是》2008 年第 16 期。)

鉴于国有资产管理体系中地方政府出资者所有权的缺失，中共十六大报告提出，对国有资产"在坚持国家所有的前提下，充分发挥中央和地方两个积极性。国家要制定法律法规，建立中央政府和地方政府分别代表国家履行出资人职责，享有所有者权益、权利、义务和责任相统一，管资产、管人、管事相结合的国有资产管理体制。""中央政府和省、市（地）两级地方政府设立国有资产管理机构。……坚持政企分开，实行所有权和经营权分离，使企业自主经营、自负盈亏，实现国有资产保值增值。"[①]中共十六大只是提出了一个国有资产管理体制改革的思路，在实践中，如何做到权、责、利相统一，管资产、管人、管事相结合，还需要在实践中因地制宜大胆探索。从中共十六大提出的国有资产管理体制改革目标来看，国有资产管理体制创新至少体现在以下五个方面：一是国有资产的所有权与出资人代表权可以分开。国有资产的最终归属是国家代表全民所有，但可以由中央和地方政府分别行使出资人权利。二是国有资产的所有者权利、责任与义务相统一，权责利对等体现了国有资产管理体制改革的基本原则。三是管资产、管人与管事相结合，这避免了国有资产管理相关部门分割牵制的现象，为国有资产管理体制改革提出了目标要求。四是这一改革以调动各方面积极性为出发点，最终要求搞活国有经济。五是国有资产管理体制改革不搞"一刀切"，各地可以"因地制宜"的大胆探索。

从"上海模式"的经验和我国实际情况来看，国有资产出资的所有权代表可以大致划为三个层次：

第一个层次是中央政府行使出资人代表权。凡来自中央政府的投资，关系国民经济命脉和国家安全的大型国有企业、基础设施和重要自然资源等，由中央政府代表国家行使出资者所有权。其监管的企业就是目前"国有资产监督管理委员会监管企业"或"央企"，到目前为止为97家。

第二个层次为省、自治区、直辖市行使出资人代表权。凡来自省、自

---

① 江泽民：《全面建设小康社会　开创中国特色社会主义事业新局面——在中国共产党第十六次全国代表大会上的报告》，人民出版社2002年版。

治区、直辖市地方财政，由地方政府投资的其他国有企业及其资产，由省、自治区、直辖市地方政府行使出资者所有权。上海市的市级国有资产管理体制是这个层次的典型代表。

第三个层次为市、县行使出资人代表权。凡来自市、县地方财政，由地方政府投资的其他国有企业及其资产，由地方政府行使出资者所有权。上海市区（县）国有资产管理体制为这一层次提供了样板。

出资者代表权的分级行使，将有利于激励各级地方政府为国有资产保值增值和地方经济发展的积极性和主动性，可以使国有资产的出资者权利真正到位，国有资产所有权与责任、利益得到兼顾，为国有资产运行绩效提供产权激励，如图7-5所示。

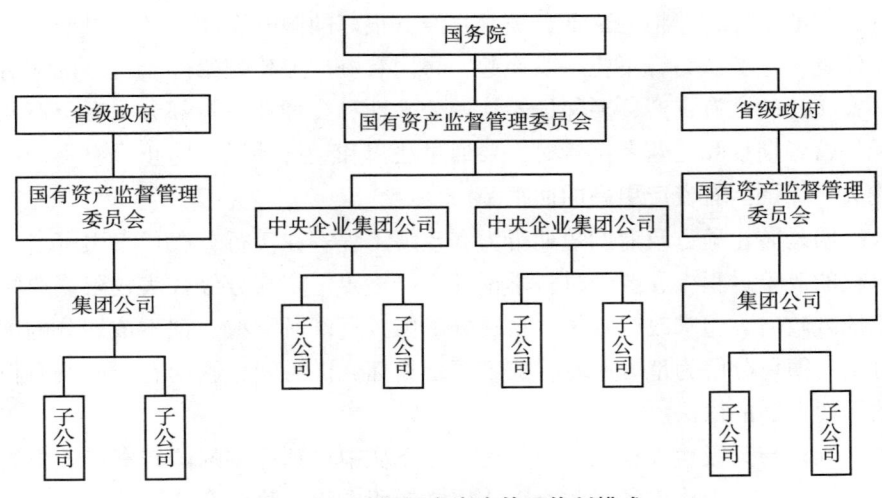

图7-5 现行国有资产管理体制模式

当然，在实行国有资产管理"分级代表"和"三统一"的制度创新中，也要注意防范新问题干扰：

一是中央和地方的财政收入和投资权要科学界定，防止地方蚕食中央财权。国有资产分级代表权虽然有利于调动地方的积极性，但也容易造成地方主义，地方财政侵占中央财政，地方投资排挤国家投资。因此要在国有资产管理事项明确界定中央和地方的权利。确保关系国民经济命脉的支柱产业、基础设施、资源垄断行业由国家行使所有权。地方财政投资地方国有资产，区别不同层次的地方政府所有权。要明确的是中央政府和地方政府代表的国有资产最终都是国有资产。

二是管资产、管人和管事三统一，要科学界定各自范围，不能回到政企不分的老路上去。管资产是指对国有资产的运行、管理和监督；管人是对国有企业经营者的管理；管事是指与国有资产保值增值所涉及的权利、责任、利益关系方面的事项进行管理，而且严格按照公司法规进行产权管理，而不是人财物产供销的直接管理。要严格界定各自权利边界，不要留下漏洞，防止有人借口"三统一"，搞新的政企不分。

三是在进行国有资产产权改革中，防止期权激励和经营者接管而带来的对国有资产的侵吞。当前不少地方在酝酿经营者的期权激励和经营者接管，有的不经过严格的论证，随意将经营很好的国有企业奉送大量股权给经营者。笔者认为，不应一哄而起，将国有资产廉价送给经营者，确实有必要转让的国有资产，要保证转让的公平性和合理性。在部分国有资产赋予经营者期权和经营者接管时，要通过法律和经济手段，防止国有资产的流失，保证国有资产更高的回报率。

四是防止地方政府的短期行为和政绩工程。在实行分级代表出资者所有权的改革过程中，要经过科学论证，严格界定产权分级代表权限。要防止地方政府为追求改革政绩，盲目分解国有资产所有权，把不该划分的国有资产简单分解为地方所有，或者搞定指标、定时间分解国有资产所有权的形而上学的做法。

五是与分级代表权相适应的是，建立从中央到地方的国有资产监督管理委员会，集中代表各级政府行使出资者所有权。将管资产、管人、管事统一在国有资产监督管理委员会。其他相关部门可以在国资委的协调下分别发挥职能，但是要以国资委的名义行使出资者代表权。国有资产监督管理委员会在对各级政府负责的同时，接受上级国有资产监督管理委员会的业务指导。

搞好国有资产所有权的分级代表权和管资产、管人与管事三统一，是一个复杂的改革过程，需要一系列配套改革措施。

第一，积极推行产权多元化。现代企业制度的改革实践说明，单一产权容易造成治理结构中的制约机制失灵和政府干预过多。多元产权的产权激励和制衡机制优于单一产权。因此,要在保证国有股权主导的前提下,积极推行企业多元化产权改革,尤其是在由地方政府行使出资者所有权的企业,更要积极推行产权多元化。通过产权多元化,搞好国有资产管理体制,增强企业活力。

第二,加速企业家市场化。改革现行的国有企业干部管理体制,将经营者与行政官员身份剥离,建立职业经理人队伍,培育企业家市场,逐渐将国有企业经营者推向市场。将国有企业经营者的选择权由行政首长决定改为市场选择。企业经营者,包括企业董事和经理人不再由组织部门任命(组织人事部门可以参与考察推荐经营者),而是通过企业家市场竞争由国有资产监督管理委员会聘用。

第三,完善法人治理结构。将授权经营公司一类的行政化公司真正转化为企业法人,对所属企业真正实行母子公司的管理方式,以股权管理取代行政管理。股东会、董事会、经理人、监事会的组建以产权为纽带,以市场为基础,以法律为保证,放弃行政化糅合公司治理结构的做法,剔除企业的行政级别,完全按市场化管理。

第四,加强监督的独立性和责任制度。将企业内部监督、外部监督和社会监督功能覆盖全面,要强化企业监督机构的独立性,同时要通过法律规范明确监督机构的法律责任,还要发展市场中介组织监督和社会监督,保证国有资产所有权不受侵害。

第四节　国有资产管理的绩效与存在的问题

我国国有资产包括经营性国有资产和非经营性国有资产。国有企业手中是经营性国有资产,经营性资产是国有企业实际控制、出于营利目的的企业组织的资产。这也是笔者在本书中研究的客观对象。20 世纪 90 年代公司制改革以来,国有企业经过调整、重组,抓大放小、股份制改革等举措，明显增强了国有经济绩效，带来国有资产总额的稳步上升，经营性国有资产每年以15%的速度增长。

一、国有资产管理体制改革绩效分析

国有资产管理体制改革，带来了经济利益和社会效益。一是促进国有企业走向公司制，规范和构建了公司治理结构。二是分级所有权代表制度兼顾了地方经济利益，保障了地方投资产权的合理性。三是实现了国有资产的长期持续增长，为国家财政和经济发展提供了主要的财源。

我国国有企业走向市场经济以来，为我国经济持续高速增长发挥了主体作用。20世纪90年代，国有企业约9万亿元经营性国有资产。市场经济体制改革以来，国有企业的盈利能力、财政贡献、就业贡献不断增强。国有资产在新中国成立以来年均增长12%，而在改革开放以来，国有资产年均增长15%。在国有企业数量大幅减少的同时，国有企业资产却大幅上升，国有企业占用的国有资产从1952年的338亿元（见表7-1）提高至2016年的1549141.5亿元（见表7-2）。至2018年末，国有企业资产总额1787482.9亿元，同比增长8.4%；负债总额1156474.8亿元，同比增长8.1%；所有者权益合计631008.1亿元，同比增长9.0%。（1）中央企业资产总额803391.7亿元，同比增长6.7%；负债总额543908.6亿元，同比增长6.3%；所有者权益合计259483.1亿元，同比增长7.5%。（2）地方国有企业资产总额984091.2亿元，同比增长9.8%；负债总额612566.2亿元，同比增长9.6%；所有者权益合计371525.0亿元，同比增长10.1%。[①]

国有企业除了为国有资产保值增值的显性效率外，还在提供公共服务和社会保障方面具有隐性效率。20世纪90年代社会保障体系不完善条件下，国有企业承担社会保障方面的全部福利。本应由社会分担的职工福利保障，完全落在企业的肩上。

---

① 财政部资产管理司：《2018年1~12月全国国有及国有控股企业经济运行情况》，财政部网站，2019年1月2日。

表7-2　　　　　　　　　2001~2018年全国国有企业与国有资产

年份	全国 汇编企业户数（万户）	全国 资产总额（亿元）	中央 汇编企业户数（万户）	中央 资产总额（亿元）	地方 汇编企业户数（万户）	地方 资产总额（亿元）
2001	17.4	166709.6	1.7	77752.5	15.7	101492.4
2002	15.9	180218.9	1.8	88991.7	14.1	104965.7
2003	14.6	199709.8	1.9	98388.6	12.7	116300.9
2004	13.6	215602.3	1.9	108646.9	11.7	119721.1
2005	12.6	242560.1	2.0	123016.4	10.6	132670.8
2006	11.6	277308.1	2.1	143295.7	9.6	147982.5
2007	11.2	347068.1	2.2	188149.1	9.0	173908.4
2008	11.0	416219.2	2.2	229604.0	8.8	203509.8
2009	11.1	514137.2	2.5	279100.9	8.6	255143.0
2010	11.4	640214.3	2.6	330314.9	8.7	309899.3
2011	13.6	759081.8	4.1	384075.3	9.4	375006.5
2012	14.7	894890.1	4.8	434119.2	9.9	460770.8
2013	15.5	1040947.3	5.2	485948.9	10.4	554998.5
2014	16.1	1184715.0	5.4	539776.0	10.6	644939.0
2015	16.7	1406831.5	5.6	647694.5	11.1	759137.0
2016	17.4	1549141.5	5.7	705913.7	11.6	843227.8
2017	13.3	1517112.5	—	751283.5	—	765831.9
2018	—	1787482.9	—	803391.7	—	984091.2

资料来源：国研网统计数据库；2017~2018年数据来自财政部网站。

二、国有资产管理体制改革存在的问题分析

国有企业改革以来，随着市场经济的进程，我国国有资产管理体制改革在探索中前行，历经不同模式国有资产管理机构的设立、撤并和重建，

也走过偏离市场经济的弯路，其间经验和教训并存。国有资产管理体制改革是服务于国有企业改革，国有资产管理体制改革不能一蹴而就，改革进程中出现和依然存在一系列问题（何玉长、史玉，2016）。

第一，国有资产出资者所有权的虚位问题。

在公司制改革后的国有企业，出资者所有权介入企业：一般有两个途径，一是通过中介机构介入企业。即由国有投资经营公司或企业集团公司（母公司），对所属企业（子公司）行使投资人职责。二是由国有资产管理机构作为国有资产出资者代表，进入企业董事会以股权代表的身份经营企业；组成监事会代表国有股权对企业经营实施监督。而从公司实践来看，国有资产运行管理上出现出资者虚位，进入企业的国有产权代表经过多级委托代理，到企业层次已经产生了"漏斗效应"。

第二，国有资产运行监督机制弱化。

监事会是出资者介入公司的又一途径，我国国有资产运行监督的主体是国有企业监事会。但在实践来看，监事会的功能弱化，监督环节出现多头监督、监督责任主体不确定，以致监督功能弱化。大型国有企业监事成为行政官员的二线岗位和经济补偿，独立董事制度流于形式，独立董事"不独"又"不懂"现象突出。独立董事"不独"是指独立董事多为经营者的关系人，正因为是关系人，也就有滥竽充数，"不懂"也就在所难免。国有资产监督机制弱化导致出现国有企业腐败、内部人控制等现象。

第三，国有资产管理的政资不分、新政企不分和党政不分问题显现。

国有企业公司制改革期间，传统的国有企业管理体制依然存在，习惯于职能管理部门的国有企业，越发难有作为。就使得政企不分问题还未解决，新的政资不分又出现，政府管理部门撤销后，部分地区政府机构转换，出现保留浓厚行政管理色彩的"翻牌公司"。根据公司制的要求，按行业性质组织行业协会，各政府管理部门逐渐退场，但这种政府直接管理逐渐转化为行业协会管理。行业协会也热衷于发文件、下指令，从行政性管理部门转化而来，带有浓厚的计划管理习惯。企业内部党政不分、以党代政现象依然存在。两级国有资产监督管理委员会的设立基本理顺了国资管理体制，但国资管理体制偏离市场经济的现象逐渐出现。国有资产监督管理委员会权力过于集中，管人、管事、管物三统一于国有资产监督管理委员会手中，形成新一轮政资不分。

第四，混合所有制的产权模糊和国有产权稀释问题。

党的十九大以后，国有企业混合所有制改革再次被提到议事日程。国有企业混合所有制改革改什么、怎么改？混改过程中如何保持国有经济在国民经济中的主导地位？以及如何坚持国有资本的控股地位？混合所有制中的国有资产产权如何保证有效行使。如何有效实施国有企业分类改革，确保公益性、关键性领域混合所有制改革企业中的国有产权不被稀释，确保国有产权在这些领域的控制地位。国有企业定位不准和产权分类模糊，商业性国有企业与公益性国有企业未明确划分，企业经营目标也难以清晰。一些来自国家投资的公益性领域的国有企业一味追求经济效益而失去公益的功能，从而降低社会效益。有些企业利用公益性质所赋予的行业特权发展成为行业垄断。部分国有企业市场主体地位尚未真正确立。此外，国有企业混合所有制改革客观上造成国有产权的稀释，如何在国有产权稀释的情况下，仍能确保国有资产在国民经济中的主导作用，正确发挥国有资产的经济和社会功能。

第五，国有企业产权改革中的国有资产流失等问题。

国有资产流失有两种，一种是显性流失，即通过国有资产重组，贱卖国有资产，经营者持股等，化公为私，国有资产流向私人；另一种是隐性模式，即国有企业家"两面人"，不少国有企业经营管理者，同时又是家族企业的操控人。在经营国有企业时，自己或家属同时经营家族企业，并分割与企业的市场资源，侵害国有经济利益。国有企业股份制改革的非市场化、非规范化操作引起国有资产的流失也是一种显性流失。有些国有企业高管是监守自盗；以及出现内部人控制、国有企业"劳管矛盾"、国有企业职工下岗等问题。国有企业的行业收入差距日益拉大，20世纪90年代末期，我国金融行业职工收入与其他行业职工收入的差距越来越大。

夏荣静、陈莹莹（2015）梳理并概括了目前国有资产管理存在的六大问题：国有资产管理比较混乱；国有资产监督管理委员会职能定位尚不明确；缺乏对国有资产监督管理委员会的有效监督；国有资本的真实运营效率和回报率低下；国有经济布局不合理；出资人制度和管理层选拔机制不完善。[1] 笔者（何玉长、史玉，2016）认为，这六大问题也反映了我国国有资产管理偏离市场经济的状况。

第五节　适应市场经济要求深化国有资产管理改革[2]

　　国有资产管理体制是国有企业与市场经济融合的关键点，市场经济体制下国有出资者代表介入国有企业需要有效途径。20世纪90年代的我国实施社会主义市场经济体制改革，将市场经济微观主体的国有企业推向市场。国有企业要成为自主经营、自负盈亏的市场主体和独立法人，必然选择现代企业制度的公司制改革。公司制改革要求突破政企不分、行政方式管理国有资产和国有企业的传统体制，要求企业脱离主管部门的行政管理，由此倒逼国有资产管理体制改革。国有资产管理机构必须独立出来，代表国家行使出资者所有权；国有企业构建法人治理结构，企业以法人的形式与国家保持资产管理关系。走向市场的国有企业实行公司制改革，以"明晰产权"为突破口，要求出资者所有权与法人财产权相分离，明确出资者和企业的权责利。一方面，国有资产管理机构作为国有产权代表行使出资者所有权，国有资产出资人实际是企业股东，出资人行使股东会权益。国有资产管理落实为对国有企业的重大决策、选择经营者和资产受益三大权利；另一方面，公司作为独立法人机构行使法人财产权，国有企业是自主经营、自负盈亏的市场主体和具有民事责任和民事义务的独立法人。国有企业不再是政府行政机关的附属物，排除了政府机关的行政干扰。政府和企业由行政隶属关系转变为产权关系，改革国有资产管理体

---

[1] 夏荣静、陈莹莹：《推进我国国有资产管理体制改革的讨论综述》，载于《经济研究参考》2015年第12期。

[2] 这部分内容参见何玉长、史玉：《国有资产管理体制改革、完善与优化》，载于《学术前沿》2016年第1期。

制，国有出资人以资产管理为联系纽带，行政管理和资产管理相分离，由此破解"政企不分"的难题。

鉴于我国国有资产管理和国有资产运行的诸多问题，当前要适应市场经济要求改革国有资产管理体制，促进企业活力和核心竞争力的提升。中共中央、国务院《关于深化国有企业改革的指导意见》要求"国有企业改革要遵循市场经济规律和企业发展规律"。同样，市场经济条件下的国有资产管理也要遵循经济规律，跟进市场经济。

一方面，国有资产管理要遵循市场经济规律：（1）国有资产保值增值是国有资产管理的首要目标，也是市场经济规律的客观要求。国有资产管理是资产管理而不是行政管理，管人、管事、管资产，从根本上要落实到管资产上来。资产受益是市场经济规律的必然要求，国有资产作为国有经济的生产要素，也要追求经济效益。尤其是经营性国有资产，国有资本的效益目标主要体现在国有资产的保值增值。（2）在不影响国有资产履行社会公益事业职能的前提下，国有资产要追求总体资产运行效率，就需要合理布局国有资产进入领域。国有企业进入公益性行业是其自身功能的需要，但也要适当吸收其他股权，使之形成制衡机制和产生国有资本放大作用。国有企业进入商业性行业，要坚持国计民生的领域，具有经济效益的行业。同时在产权配置形式上，主要可采用国有控股、国有参股等形式。发展混合所有制经济，促进国有企业转换经营机制，放大国有资本功能，提高国有资本配置和运行效率。（3）国有资产作为生产要素，要通过市场机制来配置。国有资产要依据市场机制、供求机制和竞争机制的作用，按市场信号来优化配置生产要素。在市场机制作用下，国有资产在市场运行中也应有进有退，尤其是商业类国有企业，更要采用灵活的投资经营机制；国有资本在商业类行业和企业布局上合理布局，不追求占有市场，而是追求效益。

另一方面，国有资产管理要遵循企业发展规律：（1）国有资产管理要遵循企业自主决策规律。国有资产的运行主体——国有企业要遵循市场规律，自主经营和自主决策，与其他市场主体平等竞争。国有资产管理体制改革服务于国有企业改革，坚持政企分开、政资分开、所有权和经营权分离，权利、义务、责任相统一，激励机制与约束机制相结合，国有企业作为独立法人，在市场经济中自主经营和自负盈亏。国有资产管理只能通过产权管理实施出资者权利、体现出资者意志，而不能干预企业经营。（2）国有资产管理要遵循现代企业治理规律。以股份制为主要形式的现代企业制度，其特点是股权分散、治理结构、有限责任和风险分摊。在公司制企业，股东会是出资者所有权的主体，国有企业出资者代表由国有资产监督管理委员会派出。国有控股企业，由国有资产监督管理委员会派出代表与其他股东组成股东会。有效落实多元董事会的法人财产权和经营决策、经理人法人代理权和经营管理和监事会的出资者监督权。（3）国有资产管理要遵循市场选任经理人规律。公司制企业经营者选聘需要有逐步成熟的职业经理人市场，企业经营者不应是长官意志产生。企业经营者通过职业经理人市场选择；国有企业经营者与行政体制剥离；职业经理人年薪制在政策规范的前提下由市场决定；企业高管年薪与职工收入的差距要合理。

　　国有资产管理遵循市场经济规律和企业发展规律，促进国有经济主导竞争力和提高国有资本保值增值效率。当前要重点解决国有资产监管不到位、困扰国有资本运行效率的一些问题：（1）国有资产管理要加强市场法制保障。市场经济是法制经济，国有资本的市场运行要依法而行，国有资产监管也要依法而行。确立国家出资者和企业法人的法律关系，各自法律主体地位。加强企业内部监督和引入外部监督。（2）切实防止国有资产流失。在国有资产重组和国有股权配置过程中，要按市场竞价原则处置，禁止低价贱卖国有股份和配送经营者股份。当前发展混合所有制改革中，要防止国有资产流失，要防止高管亲属从经营与国有企业关联业务中攫取国有企业利益。（3）治理内部人控制。完善公司治理结构是克服内部人控制的主要途径，要严格执行《公司法》和公司章程，发挥股东会重大事务决策作用，维护出资者权益，完善董事会集体决策机制，避免董事长专权。涉及职工利益和出资者利益的领域，要通过合法程序决策。（4）国有资产监管要消除利益输送行为。利益输送实际是变相行贿受贿和商业贿赂，利益输送是政府官员和国有企业高管经济腐败、政商通吃的重要手段。国有企业经营者要把"不行贿""不受贿"作为职业底线，一旦查处，轻者出局，重者坐牢。

当前深化市场经济体制改革和国有企业改革，需进一步完善国有资产管理体制，强化资产监督功能，加强经营性国有资产的统一监管，实施商业类和公益类国有企业的分类改革，提高国有资产经营效率，促进国有资产保值增值和国有经济社会责任的履行。

第八章

改革新时代国有企业深化改革

"改革新时代"是中国特色社会主义建设新的历史发展时期,大体以2012年中共十八大召开以后,中国经济新常态发展为起点;也有以2017年党的十九大召开为起始,因为新时代中国特色社会主义是党的十九大提出且是党的十九大的主题。我国当前处于改革新时代是人所共识的,这一时期有着特殊的国际国内背景:一方面,全球经济已经进入后危机时代,而我国经济发展已经走出高速发展阶段,处于经济发展的新常态,经过经济危机后的产业调整,国际市场和全球分工体系的变化,国有企业改革进入战略调整期,从经济持续高速增长转向中高速增长和经济高质量发展时期;另一方面,我国经济持续40多年的改革开放,从解决温饱、建设小康到基本实现现代化的"三步走"的战略来看,我国已经处于第二阶段全面建设小康社会的决胜阶段。新时代是从当前开始到21世纪中叶实现现代化的伟大时代。新时代中国特色社会主义经济建设,关键是发挥国有企业在国民经济中的引领作用。国有企业也唯有深化改革,才能做强做优做大。

第一节 新一轮国有经济和国有企业改革

随着改革开放尤其是国有企业改革的实践进程,理论界对国有经济性质和地位以及对国有企业改革方向的讨论,也是如影随形。

改革新时代,国有企业深化改革依然是主旋律。2012年中共十八大以来,党和政府坚定不移地推行国有企业改革,一如既往地强调国有企业是社会主义基本经济制度的基本保障。必须毫不动摇巩固和发展公有制经济,坚持公有制主体地位,发挥国有经济主导作用,不断增强国有经济活力、控制力、影响力。必须毫不动摇鼓励、支持、引导非公有制经济发展,激发非公有制经济活力和创造力。2018年9月,习近平总书记考察辽阳石化公司时再次强调做强做优做大国有企业,坚持两个不动摇的思想。

改革开放以来,关于国有经济和国有企业改革的相关决议体现了党和政府的顶层设计。杨卫东(2014)梳理了改革开放以来中央对国有经济和国有企业地位、性质的表述。1981年中共十一届六中全会《关于建国以来党的若干历史问题的决议》指出:"国营经济和集体经济是我国基本的经济形式";1982年9月中共十二大提出:"社会主义国营经济在整个国民经济中居于主导地位。巩固和发展国营经济,是保障劳动群众集体所有制经济沿着社会主义方向前进,并且保障个体经济为社会主义服务的决定性条件",正式承认个体经济。1984年10月《中共中央关于经济体制改革的决定》提出了社会主义经济是公有制基础上的有计划的商品经济的重要论断,第一次提出增强全民所有制的大、中型企业的活力,是经济体制改革的中心环节。1987年中共十三大提出国有企业改革新思路:按照所有权经营权分离的原则,搞活全民所有制企业。1992年中共十四大提出:建立现代企业制度,是我国国有企业改革的方向。1997年中共十五大提出公有制为主体、多种所有制经济共同发展是社会主义初级阶段的基本经济制度。1999年9月中共十五届四中全会《关于国有企业改革和发展若干重大问题的决定》提出国有企业改革的重点是从战略上调整国有经济布局。2002年中共十六大提出:"坚持和完善公有制为主体、多种所有制经济共同发展的基本经济制度。第一,必须毫不动摇地巩固和发展公有制经济。……第二,必须毫不动摇地鼓励、支持和引导非公有制经济发展。"2003年10月中共十六届三中全会《关于完善社会主义市场经济体制的若干问题的决定》,关于所有制和国有企业方面强调了以下观点:一是推行公有制的多种有效实现形式。大力发展国有资本、集体资本和非公有资本等参股的混合所有制经济,实现投资主体多元化,使股份制成为公有制的主要实现形式。二是国有资本的分布要更多地投向关系国家和国民经济命脉的重要行业和关键领域,增强国有经济的控制力。三是加快推进和完善垄断行业改革。四是大力发展和积极引导非公有制经济。[1]

杨卫东(2014)还认为,改革开放以来我们党对所有制结构的表述变化,体现了所有制理论的突破,主要向前走了三步:第一步,从中共十一届三中全会到中共十三大,个体私营得到了合法承认。首先是个体经济,

---

[1] 杨卫东:《论新一轮国有企业改革》,载于《华中师范大学学报》(人文社会科学版)2014年第3期。

其次是私营经济,最后是外资企业,逐一被冠以社会主义经济的补充。第二步,从中共十四大到中共十五大。是将非公经济统称为多种所有制经济,并提出了必须坚持以公有制为主体,多种经济成分共同发展的方针。个体私营经济由公有制经济的"补充"上升为与公有制经济"共同发展";特别是中共十五大正式提出了我国社会主义初级阶段的基本经济制度。个体、私营等非公有制经济成为社会主义市场经济的重要组成部分。第三步,从十六大到十七大。我党提出了"两个毫不动摇"的思想,使公有制经济与民营经济平分秋色,并驾齐驱。十七大对此原则进一步细化,提出了"两个平等""一个公正"的概念,使非公经济与公有经济在政治上、法律上、政策上平起平坐。每一阶段的形成都是一次理论的大飞跃。①

笔者认为,杨卫东阐述的公有制经济和国有企业改革问题基本厘清了改革以来的主导政策变化情况,尤其说明了国有企业改革的重心的变化,这是值得赞同的。但杨卫东在对公有制经济和非公有制经济关系的理解上有明显错误,需要做以下澄清:一是梳理我党关于公有制地位、国有企业的性质等问题的阐述,固然要与非公有制经济相关联,但要注意的是,公有制经济和非公有制经济"共同发展"是有前提的,前提就是"坚持公有制为主体"。这一点,任何时候都没有放弃。二是可以理解"非公有经济就是社会主义市场经济的重要组成部分",但绝不能将非公有制理解为"社会主义经济的组成部分",绝不能混淆社会主义和非社会主义的性质。三是公有制经济和非国有制经济更不是"平分秋色""并驾齐驱"。我们对非公有经济平等对待,是指市场经济政策、市场竞争地位上,公平公正对待,"两个不动摇"是指对公有制经济性质、地位的认识不动摇,对发展非公经济的政策不动摇,这是指思想认识和政策上的坚持,绝不是在所有制结构上同等重要、"平分秋色"或"并驾齐驱"。他们在国民经济制度地位、保障社会主义经济的基本性质等方面,社会主义公有制主体地位和国有经济的主导作用是无可替代的。

---

① 杨卫东:《论新一轮国有企业改革》,载于《华中师范大学学报》(人文社会科学版) 2014 年第 3 期。

第八章 改革新时代国有企业深化改革

关于国有企业改革在经济体制改革中的地位问题,杨卫东(2014)也做了梳理。中央从1984年中共十二届三中全会开始,就提出增强企业活力,是经济体制改革的中心环节。至1999年中共十五届四中全会仍然强调了"国有企业改革是整个经济体制改革的中心环节"的观点。从中共十六大开始,国有企业改革在经济体制改革中的地位没有再提,但仍然强调"国有企业是我国国民经济的支柱"。中共十七大则只讲了"深化国有企业公司制股份制改革,健全现代企业制度,优化国有经济布局和结构,增强国有经济活力、控制力、影响力"的一般性要求,国有企业在整个经济体制改革中的地位在不断下降。为什么会这样呢?是因为国有经济在国民经济中的比例在不断下降。但是随着改革开放的深入,国有企业在国民经济中的份额愈来愈低。显然它不再具有经济体制改革中心环节的地位。[①] 张春霖(2018)也认为改革初期国有经济占国民经济的比重甚大,故国有企业改革能成为经济体制改革的中心环节。随着国有经济份额下降,其不再是经济体制改革的中心环节。笔者以为,这个结论缺乏科学逻辑。因为国有企业改革是经济体制改革的中心环节是由其地位所决定。国有经济比率虽然相对下降,但公有制经济依然是主体经济,国有经济和国有企业依然处于国民经济的主导地位。这决定了它依然是经济体制改革的中心环节。

人们一般把中共十八大以后的国有企业改革称为新一轮改革。我国新一轮国有企业改革的目标和任务,依然是热议的主题。张春霖(2018)提出新一轮国有企业改革围绕四大任务展开:合理定位、公平竞争、政企分开、惠及全民。"(1)合理定位。从经济发展的总体战略需要出发确定国有资本在整个经济中的角色,采用行业目录、分红比例、增减投资等政策手段优化国有资本布局,并对投入企业的国有资本总规模进行调控。(2)公平竞争。采纳国际上普遍接受的'竞争中性'原则,并在此基础上结合中国国情制定和实施适用于国内外市场的、统一的中国国有企业公平竞争规范。(3)政企分开。按照'管资本'的原则,把主业处于充分竞争行业和领域的商业类国有企业转型为国家参股企业;把一部分国有股权委托给

---

① 杨卫东:《论新一轮国有企业改革》,载于《华中师范大学学报》(人文社会科学版)2014年第3期。

专业机构持有和管理；并按'花钱买服务'的原则建立一套国有企业非商业职能的管理制度。(4) 惠及全民。通过若干相互竞争的投资基金性质的机构投资者，把国有资本的一部分收益直接分配到民众个人手中，与财政分红、社保基金划转一起形成三条相互补充的国有资本收益惠及全民的渠道。"[①]

总体上看，新一轮国有经济和国有企业改革涉及两个层面：一是根据国有经济和国有资本合理定位的原则，进一步实行国有经济的分布结构调整。这反映在以国有经济为主体、多种所有制共同发展基础上，构建宏观层面的混合所有制结构；二是根据产权效率原则，搞好国有企业混合所有制改革，以国有产权为主体，国有资本与非国有资本融合，构建微观层面多元产权的混合所有制企业。

第二节 新时代国有企业改革再出发

中共十八大以来，国有企业改革进入"分类推进、全面深化"的全新时期。国有企业改革路线更加清晰，顶层设计不断完善。

一、新时代深化国有企业改革的基础

经过 40 多年来以国有企业改革为中心环节的经济体制改革，27 年来的公司制改革实践，国有企业改革带动了相关领域的全面改革，新时代国有企业改革已经具有坚实的基础。

第一，保证国有企业深化改革顺利进行的政策、制度和法规逐渐完备。从 1993 年《公司法》颁布到 2018 年最新修订的《公司法》出台，20 多年来一系列制度和政策的颁布，在企业产权制度、国有资产监管制度、经营者考核和选聘薪酬制度等方面日臻完善。2006 年，国务院国有资产监督

---

① 张春霖：《国企改革再出发》，载于《比较》2018 年第 8 期。

管理委员会出台《关于推进国有资本调整和国有企业重组的指导意见》，明确了中央企业集中的关键领域和重组的目标，通过主辅分离和改制推进了一大批大中型企业重组，一批特大型国有企业重组部分资产在国外上市。2006年8月，重新制定的《中华人民共和国企业破产法》（以下简称新《破产法》）颁布，新《破产法》对于促进资源优化配置、建立企业优胜劣汰的市场竞争机制，进一步深化国有企业改革提出了更高的要求。国有企业改革已形成以《中共中央国务院关于深化国有企业改革的指导意见》为统领，基本形成了全方位覆盖政策体系。2017年以来又相继出台《国务院办公厅关于进一步完善国有企业法人治理结构的指导意见》《国务院关于推进国有资本投资、运营公司改革试点的实施意见》《加快完善市场主体退出制度改革方案》等文件，制度建设为新时代国有企业改革提供了制度保障，新时代全面深化国有企业改革的主体制度框架初步确立，各领域国有企业改革向纵深推进。

第二，国有资产监管体制逐渐成熟，国有资产监管职能开始转变。

经过长期的探索，至2003年以后，国有资产监管体制步入正轨。2015年10月，国务院印发《关于改革和完善国有资产管理体制的若干意见》，对推进国有资产监管机构职能转变、改革国有资本授权经营体制、提高国有资本配置和运营效率、协同推进相关配套改革提出原则性要求和指导性意见。2017年4月，国务院办公厅转发《国务院国资委以管资本为主推进职能转变方案》，精简了43项国有资本监管事项，迈出了从以管企业为主的国有资本监管体制向以管资本为主的国有资本监管体制转变的重要一步；推进一批国有资本投资运营公司试点，在战略、集团管控与业务板块授权等方面做了有益的探索。国有资产监管体制是国有资产出资者所有权的重要制度安排，逐渐成熟的国有资本监管体制是新时代深化国有企业改革的重要保障。

第三，结构调整和产权重组使国有企业瘦身强体、面貌一新。

至2006年底，全国国有工商企业数量为11.9万家，比1998年减少了一半；中央企业数量由2003年的1996家减少至2012年的112家。2007年10月，中共十七大报告提出深化国有企业公司制股份制改革以后，以兼并重组为主要手段，进一步深化国有资产结构布局调整，重点推进了垄断性行业国有企业改革继续深化。民航、交通、石油、电信、电力行业的重组大力推行，中央企业结构调整与重组逐步展开，重组后的企业大大提升了市场适应性和综合竞争力。中共十八大召开以来，通过强强联合、优势互补、吸收合并、共建共享，完成20组38家中央企业重组整合，国务院国有资产监督管理委员会监管的中央企业由116家调整至97家，中央企业法人总数已由5万多户减至4万多户。同时，中央企业内部压缩管理层级力度加大，大多数中央企业管理层级由5~9层减至4层以下。经过国有企业结构调整和产权重组，以及企业管理改革，国有企业已经进入新时代改革冲刺的跑道。

第四，国有企业股份制改革趋于规范，混合所有制经济长足发展。

国有企业股份制改革从试点到大面积推进，从不规范股份制到逐渐规范，尤其是严格规范上市公司的经营行为。到2012年，我国工业企业中股份有限公司已达9012家，各类有限责任公司达65511家，混合所有制工业企业占规模以上工业企业总数的26.3%，资产占44.0%，主营业务收入占38.8%，利润总额占41.8%。中央企业及其子企业引入非公资本形成混合所有制企业已占总企业数的52%。新时代国有企业深化改革的另一个重点就是国有企业混合所有制改革，前期进行的股份制改革逐渐规范，这为下一步混合所有制改革提供了经验借鉴。

第五，国有企业功能界定和分类工作正式启动。

根据中共十八届三中全会精神，2015年9月，中共中央、国务院发布《关于深化国有企业改革的指导意见》，将国有企业分为公益类，以及主业处于充分竞争行业和领域的商业类、主业处于重要行业和关键领域的商业类。三种类型的国有企业，将会有不同的国有资产监管机制、混合所有制改革方案、公司治理机制以及国有经济战略性调整方向等。2015年12月，《关于国有企业功能界定与分类的指导意见》出台，与之相配套的《中央企业功能界定与分类实施方案》于2016年8月颁布。各地方政府普遍开展了对国有企业的功能界定工作，并积极研究制订和出台国有企业分类监管办法。这些对国有企业分类方案和措施的落实，将为国有企业深化改革做好准备。

二、新时代深化国有企业改革的目标和任务

2015年8月，中共中央、国务院发布《关于深化国有企业改革的指导意见》（以下简称《指导意见》），这是新时期国有企业改革的纲领性文件。《指导意见》提出国有企业改革的主要目标是：至2020年，形成更加符合我国基本经济制度和社会主义市场经济发展要求的国有资产管理体制、现代企业制度、市场化经营机制，国有资本布局结构更加合理，造就一大批德才兼备、善于经营、充满活力的优秀企业家，培育一大批具有创新能力和国际竞争力的国有骨干企业，国有经济活力、控制力、影响力、抗风险能力明显增强。实现这一目标，要抓好六项重点任务：一是分类推进国有企业改革。二是完善现代企业制度。三是完善国有资产管理体制。四是发展混合所有制经济。五是强化监督防止国有资产流失。六是加强和改进党对国有企业的领导。《指导意见》将国有资产管理体制、现代企业制度、经营机制、国有资本布局，企业家人才培养等，均作为渐进目标，落脚点是最终目标："培育一大批具有创新能力和国际竞争力的国有骨干企业，国有经济活力、控制力、影响力、抗风险能力明显增强。"

2018年10月9日，国务院副总理刘鹤在全国国有企业改革座谈会上发表讲话，提出"从战略高度认识新时代深化国有企业改革的中心地位。"会议布置了国有企业改革的六大任务，其中前三条最为重要：一是突出抓好中国特色现代国有企业制度建设。要有效划分企业各治理主体权责边界，充分发挥党委（党组）的领导核心作用，切实落实和维护董事会依法行使重大决策、选人用人、薪酬分配等权力，保障经理层经营自主权，加快形成有效制衡的法人治理结构。二是突出抓好混合所有制改革。要切实转换企业经营机制，增强企业内部约束和激励，保护各类所有制产权和合法权益，科学进行资产定价。发展混合所有制，提高国有资本配置效率，同时大力支持和带动非公有制经济发展，实现各种所有制资本取长补短、相互促进、共同发展。三是突出抓好市场化经营机制。推行经理层任期制和契约化管理，按照"市场化选聘、契约化管理、差异化薪酬、市场化退出"的原则，建立职业经理人制度。加快工资总额管理制度改革，统筹用

好员工持股、上市公司持股计划、科技型企业股权分红等中长期激励措施，充分调动企业内部各层级干部职工积极性。充分发挥企业家作用，推动国有企业家队伍发展壮大。

新时代深化国有企业改革要实现"增强国有企业国际竞争力"和"国有经济活力、控制力、影响力、抗风险能力"的改革目标。为此，还要从我国社会主义市场经济体制下的国有经济的实际出发，在改革过程中把握以下重点。

第一，正确把握国有企业改革目标，壮大国有经济，做强做优做大国有企业。

黄群慧（2018）认为：经过40年的国有企业改革，国有企业经营机制发生了重大变化，大部分已经进行了公司制、股份制改革，初步建立起现代企业制度，公司治理结构逐步规范，大多数国有企业已经成为独立自主经营的市场主体，从计划经济体制附属的传统国营企业转变为市场经济体制下"新国企"[①]。"做强做优做大"国有经济和搞活国有企业是国企改革的重要目标。国有经济作为国民经济的领导力量，国有企业要服务于社会公共服务和基础性经济活动。

第二，深化国有企业改革，发挥国有企业在国民经济中的中流砥柱作用。

在现有经济结构中，非公经济持续增长，国有经济逐步缩小，国有经济的主体地位受到挑战，这需要重塑国有企业在国民经济中的主体地位。我国社会主义性质决定了无论国有经济如何进退，作为国有经济的整体，依然是国民经济的领导力量。国有企业是所有行业中容纳劳动力最大的经济形式；国有企业是财政税收贡献最大的经济形式；国有企业是创造社会财富最多的经济形式。国有经济和国有企业在国民经济中的主体地位不容挑战。

第三，深化国有企业改革，重塑国有企业职工的主人翁地位。

改革开放以来，国有企业劳动者对国有企业改革的西方化方式极不适应。国有企业职工在企业治理结构中已经丧失了自己的地位，在企业产权

---

① 黄群慧：《"新国企"是怎样炼成的——中国国有企业改革40年回顾》，载于《中国经济学人》（英文版）2018年第1期。

关系中也失去了自己的产权；国有企业职工的劳动保障和个人劳动权益受到忽视；国有企业职工的主人翁意识也逐渐淡化。国有企业内部职工和管理层的矛盾冲突时有发生。因此，深化国有企业改革，重塑企业职工的主人翁地位非常必要。

三、深化国有企业改革要坚持两个不动摇

2018 年 9 月 27 日，中共中央总书记习近平来到中国石油辽阳石化公司考察，对坚持国有经济和国有企业问题，特别强调："我们的国有企业要继续做强做优做大，那种不要国有企业、搞小国有企业的说法、论调都是错误的、片面的。我们实行公有制为主体多种所有制经济共同发展的基本经济制度，这一点毫不动摇。任何怀疑、唱衰国有企业的思想和言论都是错误的。坚持党对国有企业的领导，必须一以贯之；国有企业建立现代企业制度，也必须一以贯之。我们要沿着这条路笃定踏实地向前推进。"① 习近平在辽宁考察时进一步强调"我国实行的是公有制为主体、多种所有制经济共同发展的基本经济制度。"要求毫不动摇地巩固和发展公有制经济，毫不动摇地鼓励、支持、引导非公有制经济发展。②

当前对国有经济及其地位问题有几种错误的观点。一种观点是担忧国有经济规模逐渐失去了优势，要保持国有经济的主体地位就得削弱非公有制经济，并认为非公有制经济协助公有制经济发展的历史使命已经完成，可以"退场"，从而维持国有经济的主体地位。最近遭受舆论广泛批评的"退场论"就是一例。非公有制经济"退场论"带来民营企业的一片恐慌，也带来经济理论界的强烈批判；另一种观点认为国有经济在规模上已经失去优势，相对民营经济而言，国有企业不仅在 GDP 创造上不占优，在吸纳劳动力和新增就业上更不如民营经济，国有经济的效率也不如非公经济，国有经济的主体地位和国有企业的主导作用名存实亡，国有经济的效率也不如非公经济，等等。还有一种极端的思想，就是一贯唱衰国有企业。部分学人将经

---

① 《习近平：怀疑、唱衰国企的思想和言论都是错误的》，新华网，2018 年 9 月 28 日。
② 新华社评论员：《坚持"两个毫不动摇"必须坚定不移》，中国共产党新闻网，2018 年 9 月 29 日。

济低效率、垄断经营与国有企业等同，任性的甚至逢公（公有制）必反、逢国（国家干预）必反，等等。对国有经济控制资源性领域也极力反对，甚至连国家产业政策也认为是与市场经济不相容的东西，应该取消。

此外，学界关于"国退民进"与"国进民退"问题一直热度不减。这实际也是对国有经济与民营经济关系的评价。20世纪90年代以来，国有经济产业布局随着产业结构的调整，中小国有企业大量退出竞争性领域，尤其是地市级、县级国有企业基本退尽，民营经济大量发展，"国退民进"是总趋势。而在2008年世界金融危机爆发，普遍的经济下行对各类企业都产生了不利影响，也正是在这一年新的《中华人民共和国劳动合同法》颁布，对中小民营企业用工规范管理，客观上增加了许多违规企业的用工成本，经济衰退和用工成本增加使得部分企业退出市场，甚至出现"民工荒"现象。近年来，中美贸易冲突，部分民营企业在国内外经济不利条件下，寻求国有企业收购现象，再加上个别人的民营经济"退出论"，由此引发人们惊呼"国进民退"。实际上，"国退民进"还是"国进民退"，都是舆论的放大，即使有企业进退现象，也是市场竞争使然，绝非经济政策改变。

对上述争议问题，学术争鸣值得提倡和支持，坚持两个"毫不动摇"是底线：毫不动摇地巩固和发展公有制经济，毫不动摇地鼓励、支持、引导非公有制经济发展。

正确认识国有经济、国有企业在国民经济中的地位和作用。国有经济是全民所有、全民共享，而民营经济和外资经济都是分散的私人所有。从所有权来说，国有经济可以与一个个单独的非公有制企业比较，但没必要与其他经济总和比较。如果硬要将非公有制经济作为整体与国有经济比规模，国有经济也是整个国民经济体系最大的，实力最强的。尽管国有经济可能放弃了51%这个绝对控制量，而分散的非公有制经济并不能结成共同体来向国有企业挑战。这就相当于股份公司的相对控股权。因此，国有企业在国民经济中的主体地位是无可撼动的。以国有企业在GDP总量上不占绝对多数，以国有企业所吸纳的劳动力少于非公经济，由此怀疑或否定国有经济和国有企业的主体地位，是不科学的。

在新时代深化国有企业改革的实践中，要把握改革的目标和方向，坚持做强做优做大国有企业，真正发挥国有经济和国有企业在国民经济中的中流砥柱作用。宋方敏（2014）认为，国有企业改革不仅不能削弱，而且还要加强，这是深化国有企业改革要达到的总目标。宋方敏认为，"所有制结构不是虚的，在我国所有制结构中坚持公有制为主体，国有经济为主导，……必须在质和量上给出科学界定。在质上，国有资本掌握优质的原材料、科技、人力等资源，物化为能够适应社会需求、高效竞争运营、控制经济命脉、引领战略发展、为国家提供较多税利的优质实体经济；在量上，国有经济无论是资本价值形态还是企业资产形态，都应该在国民经济中占据足以保证其发挥主导作用的规模比例"。[①] 宋方敏提出"国有资产是我国社会全民所有的法定资产，全体国民都是'股东'，任何人也没有权力以国企改革之名将其变为某一部分人的私产。产权明晰首先要保障国有资产神圣不可侵犯，即使国有企业内部的职工和领导，也不能自己决定给自己分股送股，把全民的公产变成个人的私产，这是违宪的。推行职工持股试点，可以自己掏钱买股增资，而不能把国有资产打折分股。国有企业搞股份制，无论是将来可上市的资本部分，还是不能上市的资产部分，都必须如实评估，不能低估。"[②]

第三节 国有企业混合所有制改革思想

国有企业实行混合所有制改革，是深化市场经济体制改革和新一轮国有企业改革的主要内容。2015年8月24日《中共中央国务院关于深化国有企业改革的指导意见》对混合所有制改革提出了原则和指导性意见。理论界也有诸多解读和争论，国有企业混合所有制改革后还是不是国企？国有企业混合所有制改革如何实施？国有企业混合所有制改革有没有底线？国有企业混合所有制改革要不要分类？职工持股如何实行？都需要从理论上给出合理的解释。

---

①② 宋方敏：《着眼做好国企改革大文章》，载于《红旗文稿》2014年第9期。

一、国有企业混合所有制改革的含义和性质

混合所有制,可以从所有制结构和企业产权结构两个层面来理解,也叫宏观层面和微观层面。曹立(2004)主要从所有制结构层面研究了混合所有制。"在宏观层次上,就是由单一的公有制经济发展为以公有制经济为主体,多种所有制经济相互并存、共同发展的基本格局;在微观企业层次上,多种经济成分之间相互渗透、相互融合,股权多元化的混合所有制企业逐步出现与发展。""混合所有制是与社会化大生产、市场经济相适应的一种财产主体多元化、运行社会化的财产制度。"[1] 当前讨论的混合所有制特指国有企业通过产权改革形成多元投资组成的现代公司,这是微观或企业层面的混合所有制。

国有企业混合所有制改革是新时代深化改革的重要内容。2015年9月,国家发展改革委牵头起草和颁发了《关于国有企业发展混合所有制经济的意见》和《关于鼓励和规范国有企业投资项目引入非国有资本的指导意见》。2016年,先后出台了《国有科技型企业股权和分红激励暂行办法》和《关于国有控股混合所有制企业开展员工持股试点的意见》;2017年8月8日,国务院印发《关于促进外资增长若干措施的通知》,明确鼓励外资参与国有企业混合所有制改革。

2014年,国务院国有资产监督管理委员会选择中国建材、国药集团开展混合所有制改革试点。2016年以来,在电力、石油、天然气、民航、电信、军工等重要行业领域,先后选择三批共50家国有企业开展混合所有制改革试点。2016年8月,混合所有制企业员工持股试点正式启动,全国约200家企业进入这一试点。截至2017年底,国务院国有资产监督管理委员会监管的中央企业及各级子企业中,混合所有制户数占比达69%,省级国有企业混合所有制户数占比达56%。2013~2017年,民营资本通过各种方式参与中央企业混合所有制改革,投资金额超过1.1万亿元,省级国有企业引入非公有资本超过5000亿元。通过混合所有制改革,现代企

---

[1] 曹立:《混合所有制研究》,广东人民出版社2004年版,第93页。

业制度日趋完善，国有企业党建工作持续加强，中央企业全部开展了集团层面章程修订工作，实现了党建工作要求进章程。按照《国务院办公厅关于进一步完善国有企业法人治理结构的指导意见》和《中央企业公司制改制工作实施方案》要求，中央企业集团公司层面68家全民所有制企业全部完成改制，全国国有企业公司制改制面达94%。国有资产监管部门向建有规范董事会的国有企业陆续下放发展决策权、经理层成员选聘权、业绩考核权和薪酬、职工工资分配及重大财务事项等重要权限，促进企业加快完善市场化经营机制。

国有企业是国家投资兴建的全民所有制企业，是国有经营性资本的载体，也是社会主义公有制的主要实现形式。截至2018年，全国国有企业资产总额178.7万亿元，其中中央企业80.3万亿元，地方国企98.4万亿元。[①] 如今何以要大范围推行国有企业混合所有制改革？国有企业混合所有制改革后的企业还是公有制或国有企业吗？由此，引发人们的思考，国有企业改革究竟为何？

当前我国国有企业混合所有制改革，即国有企业通过吸收集体资本、非公有资本以及员工持股形成多元投资主体的混合所有制企业的改革过程，混合所有制企业总体又构成混合所有制经济。据国务院国有资产监督管理委员会副主任翁杰明（2018）披露，2016年8月份，混合所有制企业员工持股正式启动，目前全国已有近2000家企业开展这一试点。国有企业主要优质资产都已实现混合。截至2017年底，国务院国资委监管的中央企业总资产中，大约65%已进入上市公司，比2012年底的54%增幅明显；地方层面，一些省份的国有企业，超过45%的总资产已进入上市公司。翁杰明表示："要针对商业一类、商业二类的不同情况，合理确定混合所有制改革的节奏、进度和途径。主业处于充分竞争行业和领域的商业类国有企业要积极推进混合所有制改革，按照国有资本布局结构优化的要求，实现合理进退……地方国企根据中央政策文件要求，区分不同情

---

① 财政部资产管理司：《2018年1－12月全国国有及国有控股企业经济运行情况》，财政部网站，2019年1月22日。

况，从实际出发推进混合所有制改革。"①

　　混合所有制经济具有特定内涵和性质。在社会主义基本经济制度体系中，混合所有制确实不是纯粹的公有制经济，但其中具有公有成分，如果其公有成分居多，甚至能放大公有制经济的功能作用。混合所有制企业是产权明晰的国有、集体或私有多元投资主体出资建立起来的企业，一般以上市公司的形式组成。国有企业实施混合所有制，通过资本市场吸收法人和自然人投资，形成混合所有制、联合产权的公司制企业。吴宣恭（2004）较早地揭示了混合所有制的性质："在社会主义初级阶段存在很多由国有企业、私有企业、境外资本和私人投资组建的股份有限公司……严格地说，存在多种性质出资者的股份公司是公有股和私股组成的，既有公有制成分又有私有制成分，在性质上属于公私混合所有制。"显然，吴宣恭在此揭示的是资本联合，形成混合所有制，具有联合产权。从实践来看，混合所有制的核心是资本联合，混合的基础是资本混合。故有人认为，混合所有制是指由不同所有制成分在企业内部以资本为纽带结合而形成的所有制形态（何自力，2014）。还有人认为，现代企业制度只要不存在所有权歧视，天然就是混合所有制（李维安，2014）。这里隐喻现代公司企业必然是股份制。其实不然，没有上市的国有独资公司也是现代企业制度的客观形式，却不能说它是混合所有制。

　　混合所有制不仅表现在企业产权层面上，也表现在所有制结构层面上。程恩富和谢长安（2015）认为混合所有制经济有微观和宏观层面之分。微观层面的混合所有制经济是不同所有制性质的投资主体共同出资建立的企业，而宏观层面的混合所有制经济是指在一个国家或地区的所有制结构中，包含国有、集体、合作、个体、私营、外资等多种所有制形式及其经济。笔者以为，微观层面是混合所有制企业，宏观层面是混合所有制经济。一般不加区分的表述时，要根据语境来判断。孙宗伟（2014）指出，中共十八届三中全会提出的公有资本和非公有资本相互融合、交叉持股所形成的混合所有制经济的所有制性质，既不是传统意义上的公有制经

---

① 翁杰明：《积极有序推进新时代国有企业混合所有制改革》，载于《学习时报》2018年11月19日。

济，也不是典型的资本主义性质的私有制经济，它是具有中国特色的股份制经济。张晖明和陆军芳（2015）指出，混合所有制经济本身不是一种独立的所有制形式，它是由公有制经济成分与非公有制经济成分相混合组成的。混合所有制经济组织体现什么样的社会属性，取决于公有经济成分与非公有经济成分的实力对比和合作目标的实现；取决于特定的经济和政治环境；取决于特定的政策与法规，归根结底取决于基本经济制度的性质。笔者以为，以上论述都有利于对混合所有制经济的内涵和性质的认识。概括起来说，国有企业混合所有制改革后的混合所有制是以资本为基础的国有经济、集体经济和非公有经济的融合，性质是社会主义和非社会主义的混合体，在所有制结构上没有改变社会主义公有制的主体地位。

　　国有企业混合所有制改革是在深化市场经济体制改革的背景下提出的，为什么要推行国有企业混合所有制改革，具体原因是多方面的。第一，从竞争性领域国有企业效率来看，王小鲁（2018）研究认为，国有企业之所以需要改革，是因为竞争性领域的国有企业效率仍然明显低于民营企业。以2017年"规模以上工业企业数据为例，国有控股企业亏损面高达25%，非国有企业只有11%；国有控股企业的总资产利润率只有3.9%，而非国有企业为8.4%。国有控股企业的杠杆率（负债/总资产）为60.4%，非国有企业为52.5%。"[①] 第二，从国有资产管理体制层面看，现有国有资产管理越位，行政管理方式习惯成自然。黄速建和金书娟（2009）认为，国务院国有资产监督管理委员会依然存在既当"裁判员"又当"运动员"的角色定位问题，在管控模式上具有过多的"淡马锡"情结，国资委本身缺乏有效监督。第三，从国企功能层面看，国有企业尤其是大型国有企业，运行机制不灵。荣兆梓（2014）认为，国有企业功能定位界定不清晰，无法真正建立现代企业制度，政企分开的改革目标难以落实，从而成为混合所有制经济在企业中融合互补的最大障碍。第四，从公司治理机制层面看，"强行政化"和"弱市场化"现象依然存在。李维安（2014）认为，在国有企业，公司治理行为的行政化问题严重，突出表现为"内部治

[①] 国家统计局网站数据，转引自王小鲁《改革40年的回顾与思考》，载于《新三农》2018年11月21日。

理的外部化、外部治理的内部化"。从政府管理体制层面看，徐朝阳（2014）提出，国有企业新一轮改革的突破口不在国有企业本身，而在于政治和行政管理体制等政府自身行为层面的改革。第五，从产权结构层面，现有国有股权一股独大，难以形成规范的治理机制。剧锦文（2018）指出，"一股独大"的产权结构导致了国有企业存在激励不足、运营效率低下，甚至腐败案件频发等严重问题，企业中的代理成本日趋提高。从市场经济层面看，笔者认为，国有企业混合所有制改革最重要的原因是市场经济的推动。市场经济是资源自由配置的经济，资本要素是重要的经济资源，市场竞争促进各类资本走向融合，必然要突破所有制的壁垒，寻求共赢的资本融合，国有企业改变单一国有股权，走上混合所有制也就成为必然。

国有企业混合所有制改革是深化经济体制改革的主要环节，具有特定的目标。卢俊（2014）认为推进混合所有制深化国有企业改革，有助于重塑市场经济的微观基础，推进国有企业体制的市场化，增强国有经济的活力，促进国有企业效率效益的最优化，增强国有经济的控制力，实现国有企业主导能力的最大化，增强国有经济的影响力；武常岐和张林（2014）认为，国有企业混合所有制改革中，国有资本参股而非控股应当是更好的选择，企业控制权的改革对于国有资本保值增值，提升企业竞争力的作用会更明显；李维安（2014）指出，国有企业改革中引入混合所有制，实现国有资本与民营资本等非国有资本交叉持股、相互融合，可以将国有资本的资本优势与民营资本的灵活市场机制优势合二为一，从而产生"$1+1>2$"的治理效果。王宏波和陶惠敏（2017）认为，国有企业混合所有制改革要有利于解放和发展国有企业生产力，坚决防止国有企业混合所有制改革陷入私有化的误区，坚守国有企业混合所有制改革的目标和底线。笔者以为，国有企业混合所有制改革的本质是生产关系的调整，是社会主义基本经济制度框架内生产关系的自我完善。这决定了国有企业混合所有制改革的目标是整体上壮大国有资本的规模、提高国有企业的竞争力、增强国有经济的效率。国有企业混合所有制改革本身不是目的，其目的是提高国有企业和国有资本的运营效率，发挥多元资本合作共赢的优势，促进国民经济高质量增长。

如何把握国有企业混合所有制改革的正确方向，也是学界关注的重点。朱继东（2014）提出国有企业改革的红线、底线和方向。国有企业改革的红线是不能借国有企业改革之名牟取暴利。发展混合所有制经济，要坚持公开透明的原则，要尽快设置全国统一的国有企业产权或资产转让平台，不允许企业私自转让或委托某个机构转让。发挥混合所有制经济，要防止外资控制我国经济命脉；发展混合所有制经济，需要人民群众参与监督；发展混合所有制经济，要警惕有人打着发展混合所有制经济的旗号瓜分国有资产。无论管理层持股还是职工持股，都没有权力将国有企业变为一部分人的私产。国有企业改革的底线是，国有企业不仅不能削弱，而且要加强。一说发展混合所有制经济，不少人想到的就是出卖国有企业的产权或资产，就是单向地让私营企业、外资企业进入国有企业中。其实，发展所有制是双向甚至多向的。私营企业、外资企业可以通过购买国有产权或资产进入国有企业中，国有企业也可以通过购买产权或资产进入私营企业、外资企业中。甚至控股一些优质的私营企业、外资企业，这样才是真正意义的混合所有制。如果发展混合所有制只是出卖国有企业的产权或资产，带来的结果必然是削弱国有企业，谈何加强？发展混合所有制，绝不是削弱国有企业，更不是私有化。我们要推行的是国有企业、私营企业、外资企业之间双向甚至多向的混合所有制，而绝不仅是出卖国有企业的产权或资产给私营企业、外资企业。国有企业改革的方向是不断增强国有经济活力、控制力、影响力。[①]

针对有人指责国有资本"一股独大"问题，夏小林（2014）撰文指出"一股独大"不是国有企业的弊端。现在有一种流行的观点认为，发展混合所有制经济的重头戏是改革"国有企业一股独大的现象"。有学者认为，国有资本一股独大，使私人资本参与国有企业改革的积极性不高，所以应当在国有企业中尽可能地扩大中外非公有资本，特别是私人企业的资本和股权比例。这样的观点不应采纳。夏小林认为，发展混合所有制经济，主要是引导鼓励和支持各种资本"交叉持股"，共同发展，增强国有经济获利、控制力、影响力，而把国有资本"一股独大"作为重点改革对

[①] 朱继东：《国企改革的红线、底线和方向》，载于《红旗文稿》2014年第11期。

象，显然是南辕北辙。国内外经验表明，在股份制公司，"一股独大"是一个普遍现象。没有证据证明它必然导致低效率。盲目追求股权分散改革未必就会增加经济平等。①

二、对于国有企业混合所有制改革的论争

对于国有企业混合所有制改革，中共中央和国务院提出了明确改革指导意见，对其必要性是没有疑义的，但对其解读却出现了不同的声音。

厉以宁（2017）提出了比较有代表性的国有企业混合所有制改革的四条具体意见。（1）国有企业管理体制从"管资产"转为"管资本"是一次重大的改革，有深远意义，即以提高资本配置效率为主，使资本盘活、增值。（2）怎样在国有控股企业中建立有效的法人治理结构，历来被认为是难题。坚持党管干部原则和发挥法人治理结构应有的作用，二者是可以统一的，关键在于规范化。（3）国有企业高管向职业经理人的转变。（4）国有企业在体制转型过程中，可以分为两类企业。一类是特殊行业的企业，另一类是一般行业的企业。特殊行业的企业可以暂缓，一般行业的企业可以先改先实行。要大胆改制，吸引民间资本进入，以建立混合所有制的股份制企业为目标。国有企业中可以实行改革改制为混合所有制企业的，一定有改制细则为依据。如果股权分散，由国有企业控股的混合所有制企业不一定要死守51%这条控股线，控股40%或30%甚至更低一些，也是可行的。只有这样看待国有股的控股权，才能使国有股继续对转型后的企业股份行使有效的控股。当然，改制为混合所有制后，并非任何一家企业都需要国有投资方控股，有些混合所有制企业不一定要国有控股制，应以行业性质和国有企业原来的经营状况而定。②

夏小林（2017）不认同厉以宁对国有企业"抽血疗法"的混合所有制改革思路，对此提出了严厉的批评，并提出了自己的政策建言。他认为，厉以宁教授的"建言献策"不仅坚持"搞产权私有化"，而且建议国

---

① 夏小林：《"一股独大"不是国有企业的弊端》，载于《红旗文稿》2014 年第 10 期。
② 厉以宁等：《为"深化供给侧结构性改革，促进经济平稳健康发展"建言献策——政协第十二届全国委员会常务委员会第二十一次会议发言摘登》，载于《人民政协报》2017 年 6 月 28 日。

有企业"改制""以建立混合所有制的股份制企业为目标""由国有企业控股的混合所有制企业不一定要死守51%这条控股线""30%甚至更低一些""才能使国有股……行使有效的控股",等等。这种流行的"产权私有化"理论和政策思路不符合《中共中央国务院关于深化国有企业改革的指导意见》(以下简称《指导意见》)精神。厉以宁教授的这种"建言献策",在实际效果上容易使习近平总书记和党中央多次提出的"坚定不移把国有企业做强做优做大"重大决策,被扭曲为"坚定不移做强做优做大国有企业"中私人资本(股权)的危险行动。夏小林认为,国有企业改革目标不是聚焦"股份制"国有企业改革(含混合所有制改革),或如厉以宁教授所说的"国有企业改制",其目标是什么?从《指导意见》的规定看,国有企业各方面的改革(含混合所有制改革)"目标",都是含多种因素的结构性目标。它们绝非是"一律"聚焦于"股份制"而不计其余,更非是眼睛全盯在产权(或是在吸引私人资本)上大做文章。

夏小林批评厉以宁突出的原则性问题是把国有企业改革"目标"表达为单一的国有企业吸引私人资本的产权改制,这是典型的"为混而混",也即为美式的"产权迷信"。厉以宁主张的聚焦产权目标的国有企业"改制","特殊行业的企业可以暂缓,一般行业的企业可以先改先试行"。其意即混合所有制改革最终还是要覆盖全行业绝大部分国有企业的。而在如其所言的国有企业"取消垄断"之后,还可以顺理成章地采用解决竞争性国有企业的混合所有制改革老办法,将那一小部分原"特殊"垄断国有企业混合所有制改革成"不一定要国有股控制"的企业。夏小林批评这些"建言"与国有企业改革《指导意见》的"目标"是背道而驰的。第一,《指导意见》确定的国有企业改革(含混合所有制改革)"目标",是由多种因素组合而成的结构性目标,绝非是"单点对焦"而不计其余,更非是眼睛全盯在产权(或说在吸引私人资本)上大做文章。《指导意见》还规定,国有企业混合所有制改革"不搞全覆盖",要严格区分"已混改""宜混改"国有企业,区别对待,不搞"一刀切";在"国企与谁混"的对象选择上,也绝不仅仅局限于国有企业吸收国内私人资本(所谓"民间资本");国有企业吸引外部资本不是目的;只有企业间有产业"节点"(即交会点),确实能够"取长补短",才有可能进一步考虑资本合作,及相关股权配置等问题。第二，厉以宁教授"为混而混"的"建言"含有"私有产权迷信"。国有企业的核心问题是合理设计委托—代理关系，完善激励、约束机制，及其他多种相关条件的配合。夏小林认为，中国私营企业的整体实力，包括企业规模、管理、人才和科技开发能力等，实际上是远不及国有企业的。要求国有企业从以劳动密集型的小、微企业为主流的2000多万户私企中"取长补短"，其效果将非常有限。混合所有制改革要有利于"做强做优做大国有企业"。厉以宁教授在确定单一吸引私人资本的混合所有制改革为国有企业改革"伪目标"之后，就进一步"谋划"国有企业资本构成（或股权构成）层面的改革，其为国有企业混合所有制改革"建言献策"道：混合所有制改革要大量减少国有企业中的国有资本（国有股）比重；国有股比重降到"30%甚至更低一些"，"才能"实现国有股"有效地控股"。这种"抽血疗法"毫无事实根据。

夏小林批评指出：厉以宁关于"竞争性行业积极探讨和实行混合所有制，国有资本所占股权比例不设底线"的观点，实际上涉及了目前99%以上的国有企业在混合所有制改革中"不设底线"的重大问题，性质已经是相当严重了。其观点对于国有企业改革《指导意见》的重要否定体现在三个方面。

首先，厉以宁主张"不一定要死守51%这条控股线"的内在倾向性十分明显，其实质是要否定在国资控股的各类股份制企业中，"可以"乃至一定要实行国有资本"绝对控股"的合理性、必要性。实际上，不按党中央决策坚持国有资本绝对控股，不仅会严重削弱国家对于商业类、公益类国有企业的控制力，相应大大增强中、外私人资本对于这些国有企业的影响力、控制力，并且，还将可能导致在国有企业层面上国家大量减资、减收，最终影响到国家财政支出。如此，《指导意见》的以下重要分类改革决策就被厉以宁教授否定了。

其次，厉以宁主张大规模减少股份制国有企业中国有资本（国有股）的"抽血疗法"，否定了《指导意见》"坚定不移把国有企业做强做优做大"，及"确保国有资产保值增值"决定和相关重要措施。其结果将有可能为私人股（及股东）在国有企业股权构成和"权力机构"（即股东大会）中占据控制地位大开方便之门，让国有企业改革有可能成为少数人

"牟取暴利的机会",甚至是使这些国有企业可能遭到某些私人股东反噬,彻底"依法""转基因"为私营企业。所谓国有股在30%的线上"更低一些",国有股"才能行使有效的控股"实在于理不通,有违《公司法》和公司实践的基本常识。如按其办理,在占国有企业户数大部分的股份制国有企业(或全部国有企业)中,将在全国人民眼前出现如下怪异现象:一是这些国有企业的资本(或股权)构成将由私人资本("民间资本"或外资)占绝对优势,由私人资本主导。如此,在混合所有制改革中庞大起来的国有企业资产,将是虚胖而非强壮,经不起风吹浪打。二是这些国有企业的净利润构成与股权构成相适应,中、外少数的私人所有者将因其拥有国有企业的股权绝对优势而拿走净利润中的绝大部分。同时,这也可能导致在全国国有企业的净利润构成中,将由中、外私人资本占据其绝大部分。政府最终落得的结果是减资、减收、减支。三是这些国有企业的权力运作机制将发生明显的,甚至是逆转性的变化,并使相关国有企业的前途充满可能质变的不确定性。国有股的控制力将被极大地削弱,党对国有企业的领导也将受到诸多掣肘,甚至可能是"名存实亡"。

最后,厉以宁教授的国有企业改制三部曲包括:(1)国有企业应放弃国有资本绝对控股;(2)国有企业应搞国有资本相对控股,且国有股占比一般在"30%"以下最好;(3)"部分",实际是99%以上的国有企业因处于竞争性行业,所以"不一定要国有股控制",应变成国有资本"参股"或国有资本完全退出。厉以宁教授"搞产权私有化"的国有企业改制三部曲演奏完毕之后,中国还能够剩下几家国有企业?我国宪法规定的公有制主体和国有经济主导作用还存在吗?

夏小林提出自己的政策建议:党要加强对国有企业改革,尤其是对混合所有制改革的领导。对混合所有制改革中国有企业的资本(含股权)构成变化要做到心中有数,有政策底线。要高度警惕党中央"坚定不移把国有企业做强做优做大"的重要决定,被少数人歪曲为"坚定不移做强做优做大国有企业"中私人资本(股权),并进而明显削弱甚至可能是否定党和国家,及国有资本(国有股)对国有企业的控制力的危险倾向。在国有企业的资本(股权)构成和"权力机构"(即股东大会)方面不能大搞"国退私进"。

第一,要在绝大部分国有企业的股权构成中保证国有股控制地位。要根据《公司法》等在股份制国有企业的"权力机构"(即股东大会)中保证国有股东的表决权优势。借鉴世界经济合作与发展组织(OECD)的经验,制定特殊规则来保证国家及国有股的控制力。这应该成为国家所有权政策的基本原则。在此,不应形而上学地将"政企分开"绝对化。

第二,国有企业混合所有制改革要认真考虑由国有股权多少决定的利润分配及对谁最有利的大问题。在实现"共同富裕"和扩大"马太效应"方面,非公有资本于前——政策选项是不堪重任,于扩大后——社会效应之功则是"天然浑成"。从已公开的政府数据看,在 GDP 构成中,非公有制经济占比60%左右,但近年全国税收收入构成中,私营企业、个体工商户的占比分别仅为9.6%、5.1%,总计为14.7%,甚至还有逐年下降的现象。与之相比,在 GDP 中占比很低的全民所有制的国有企业,则做出了高达36.6%的税收收入贡献,以及向财政上缴大量利润、向社保基金划拨资产等。如国有企业中的国有资本被大量抽空,对于国家财政收入及国防建设、民生福利支出等方面的负面影响,极可能是非常严重的。有关领导机构应明察秋毫,心中有数,手里有对策。

第三,党和政府对国有企业混合所有制改革要有更长远的战略规划和目标,对其前途做"多手准备"。党和政府对混合所有制改革国有企业可能发生的好、中、差三种情况,要有预测和对策。这里的"好"情况是指,通过混合所有制改革,不仅股份制国有企业的资产、利润总额增长了,更为重要的是,在其净资产、净利润构成中,归属国家部分的绝对额、相对比重也增加了,并进而提高了全部国有企业中国有净资产、净利润的绝对额和相对比重。财政收入、社保基金、其他公共事业、国防建设、民生福利等都获益匪浅。目前来看,短、中期要达到这种目标比较难。"中""差"的情况则是,混合所有制改革程度不等的在方方面面或造成,或维持,或扩大了股份制国有企业净资产构成中的"私多国少"剪刀差,及净利润构成中的"私富国穷"剪刀差,等等。建议有关机构对此等重要问题进一步组织研究分析。而为了避"差"保"中"争"好",对国有企业混合所有制改革要有更长远的战略规划和目标。可以在结构调整的"有进有退"中"不计较一时一地的得失",但一定要咬定"做强做优做大国有企业"不放松,最终实现"好"的目标。有关方面要认真重视OECD国家的相关经验,彻底破除"切割"政企关系和私人产权"一混就灵"的两大迷信,防止日后出现国际性的"城内高髻,城外丈余"的"改革"笑话。

第四,要用正确方法、适度量化的标准来规范扩大国有经济"控制力、影响力"的目标。在国有企业混合所有制改革过程中,一定要注意保证股份制国有企业中国有资本(国有股)及所得利润的相对占比之价值合理性,即要保证其国家所有权及相应利润分配方面的优势,及股东大会中相应的表决权优势。①

国有企业改革是经济体制改革的中心环节,我国从20世纪80年代的经营权改革,到90年代的产权改革,再到如今的混合所有制改革,国有企业改革始终执经济体制改革之"牛耳"。尽管我国15万户国有企业已经成为自主经营、自负盈亏的独立的市场主体,但经营机制不灵、生产效率不佳、竞争力不强等问题,依然困扰着国有企业的发展。为进一步完善国有企业经营机制,增强国有经济的整体实力,国有企业混合所有制改革走上前台。2013年中共第十八届三中全会通过的《中共中央关于全面深化改革若干重大问题的决定》指出,"国有资本、集体资本、非公有资本等交叉持股、相互融合的混合所有制经济,是基本经济制度的重要实现形式,有利于国有资本放大功能、保值增值、提高竞争力,有利于各种所有制资本取长补短、相互促进、共同发展"。以此为起点,国有企业混合所有制改革从试点到逐步推广,同时学术界也兴起了对国有企业混合所有制改革的理论探索。改革进入新时代,2017年党的十九大再一次强调加快推行国有企业混合所有制改革。针对近年来国有企业混合所有制改革而起的"唱衰"国有经济的杂音和民营经济"退场论"的泛起,有必要正确认识国有企业混合所有制改革为什么?改什么、如何改?

围绕国有企业混合所有制改革的相关问题,就厉以宁、夏小林的观点笔者做以下分析。首先,厉以宁和夏小林两位学者围绕国有企业混合所有

---

① 夏小林:《国企混改不能搞大规模"抽血疗法"——与厉以宁教授商榷》,载于《管理学刊》2017年第6期。

制改革建言献策，都有积极意义，值得点赞。其次，厉以宁坚持特殊行业的国有企业混合所有制改革可以暂缓，混合所有制改革可以在一般行业实行。这是考虑到了特殊行业的难度，其出发点也是好的；这里也看不出厉以宁教授主张特殊行业的国有企业混合所有制改革可以放弃控股权的思想。但笔者认为，国有企业混合所有制改革分类进行，系统操作，是可以也应该同步进行的。反过来，不同步进行，单兵突进，缺乏系统性，倒是问题多多。改革历史上，多种制度的"双轨制"就是缺少系统思考，导致出现新问题。国有企业混合所有制改革只要切实按照做强做优做大，搞活国有经济的原则实施即可。最后，国有企业混合所有制改革，从产权结构来说，也应该是有一个红线的，就此而言，笔者的意见与夏小林的相似。要保持国有经济的主体地位，具体到混合所有制改革企业就是总体上还是保持控股权，但也允许一般竞争性行业的一些企业保持相对控股权，而不必一定要绝对控股权；国有企业依然要发挥主导作用，混合所有制经济客观上是有主有次的，国有经济和国有产权的主导地位也是毋庸置疑的。

三、国有企业为何实施混合所有制改革

我国国有企业改革虽然经过 20 世纪 90 年代以来现代企业制度改革和国有资产管理体制改革，但国有企业机制不活、效率不佳、运转不灵、股权单一、行政干预、治理结构不顺等问题依然存在，这限制了国有企业竞争力和国有经济优势作用的发挥。国有企业混合所有制改革就是要针对国有企业目前存在的上述主要问题，"有的放矢"进行改革。

国有企业混合所有制改革，重在所有制结构的改革。随着国有企业混合所有制改革的推行，混合所有制经济将成为社会主义市场经济的又一种实现形式，社会主义基本经济制度中所有制结构的一部分。我国的所有制结构将出现公有制为主体，公有制经济、私有制经济和混合所有制经济共同发展的结构。具体表现为：国有经济、集体经济为主体，私人经济、个体经济、外资经济和混合所有制经济共同发展。国有企业混合所有制改革创新出混合所有制，这在宏观层面并未削弱国有经济或公有经济，只是各种所有制经济交叉融合，各种资本所有权重新组合，公有制资本与其他资

本融合，没有减少公有资本的规模，只是全社会资本结构的优化组合，更有利于国有资本和公有制经济作用的发挥。

国有企业混合所有制改革，重在企业产权结构优化。鉴于目前国有企业投资基本源于单一国有资本，这使得现代企业制度所要求的公司治理机制难以到位，董事会和股东会混为一体，行政干预习惯成自然。因此，国有企业混合所有制改革首先是优化产权结构，即以国有资本为基础，吸收非国有资本进入，组成混合多元的资本结构。这是做大做强国有企业，壮大国有资本的主要途径。为此，国有企业混合所有制改革，一方面是吸收社会资本，包括其他国有法人资本、集体资本、私企资本、自然人资本，从而放大国有资本的功能；另一方面是实施职工持股，只要坚持自愿原则，就应全面放开职工持股。这样既放大国有资本的规模，又使职工"有恒产，有恒心"，增强企业职工的凝聚力。由于加入混合所有制企业的资本来自多元投资者，故必然建立多元股份的股东会和董事会，产生新的治理结构，由此能有效避免外部行政干扰。混合所有制改革以后的企业经营，将进一步市场化、规范化。

国有企业混合所有制改革，重在经济运行机制改善。在国有资本独资经营的情况下，企业内部缺乏产权制衡和内部竞争，就不能根据市场变化，灵活适应市场的需要调整资源配置和经营决策。因此，形成多元股权的混合所有制，才能在企业实现产权融合的基础上开展竞争，同时适应外部市场的变化，优化经济运行。国有企业混合所有制改革，就是通过吸收各类法人资本和自然人资本，尤其是非国有资本进入，打破国有资本"一股独大"的局面，形成企业内部公平有序、产权主体相互制衡的结构；对外来说，共同多元资本的混合，必须兼顾各方资本所有权的权益，由此倒逼企业实行市场经济的运行机制。混合所有制企业更有利于运用市场价格机制调节生产和流通，根据市场供求机制配置资源，通过市场竞争机制增强经济效率。因此，国有企业混合所有制改革重在引进非国有资本天然适应市场的灵活机制，促进企业市场竞争，提高经济效率。

国有企业混合所有制改革，重在聚集和使用优质人力资源。人力资源是市场经济重要的生产要素，现有国有企业的人力资源，尤其是专业技术人才和管理人才，作为生产要素的生产效率发挥有限。从生产要素的人力资源角度看，通过国有企业混合所有制改革而积极吸收非国有资本进入的同时，必然使得民营经济的专业技术人员、管理人员也随之进入。同时，市场竞争机制也使得国有企业存量的专业技术人才脱颖而出。因此，国有企业混合所有制改革重在引进社会智力，促使优质人力资源进入优势企业，并激发企业存量人才竞争与创新，这就为提高企业创新能力和管理现代化创造了优质人力资源条件。

国有企业混合所有制改革，重在促进企业转型升级。由于历史的原因，国有企业所进入的产业基本全面覆盖，产业结构和产业价值链的低端化制约了国有经济的效率。因此，国有企业混合所有制改革要借助经济结构优化，通过混合所有制改革促进企业转型升级。当前，在优质企业双向实行混合所有制改革，即国有企业控股权下的混合所有制改革，以及私人企业为主的混合所有制改革。通过混合所有制改革，促进资本流向实体经济，资本市场服务实体经济，增强实体经济。有一种说法，国有企业混合所有制改革应首先在优质企业实行。笔者以为这将是为混合所有制改革而混合所有制改革，主动放弃国有经济的产权控制能力，而不是从实际出发，有针对性的混合所有制改革。故所谓"优质资产优先混改"的观点值得商榷。恰恰相反，国有企业混合所有制改革的重点正是那些机制不灵、经营不善的国有企业，通过混合所有制改革途径而改变现状，提升企业经营机制。此外，国有企业混合所有制改革实际也是市场配置资本要素，国有企业混合所有制改革不能政府强扭瓜、拉郎配，而是要遵循市场化原则，运用市场手段来实施。

国有企业混合所有制改革，重在完善现代企业治理机制。混合所有制改革要走出旧体制的路径依赖。汤吉军和戚振宇（2018）从路径依赖的视角分析了我国国有企业混合所有制改革面临着市场失灵、转换成本壁垒、既得利益集团阻挠、旧制度自我强化、现状偏差与禀赋效应、非正式制度约束六大困境。笔者以为，针对旧体制的路径依赖，国有企业混合所有制改革需要克服困难，重在完善公司治理结构。一是构建多元产权所决定的公司治理结构。混合所有制改革的难点是，如何建立多元产权的企业治理结构，形成高效的治理机制。在混合所有制决定的财产关系中，各元产权主体的权益、意志的平衡，需要磨合，甚至控股权的竞争也在所难免。如能完成多元所有权的公司治理机构,将是一个良好的开端。二是合理设置商业类国有企业混合所有制改革的治理结构。商业类国有企业混合所有制改革将更大力度地发挥市场机制的作用,坚持平等、自愿、资产选择、公开公平的原则,按资本规模、根据责权利对称原则,构建公司治理结构。三是合理设置公益性国有企业混合所有制改革的治理结构。公益性国有企业也要引进非国有资本,混合所有制需要合理选择公益性国有企业,根据这类企业的国有特征,坚持国有资本为主体,但可以是相对控股,不必绝对控股。按资本规模和权责利对等原则设立公司治理结构。总之,要清晰界定商业类国有企业和公益类国有企业,以及两类国有企业混合所有制改革的标准设计和实施,从而推进国有企业混合所有制改革。

混合所有制改革在我国改革进程中有所实践,但作为新一轮国有企业改革重点是近年来推出的,总体绩效还难以评价。据莫龙炯和景维民(2019)研究发现,"国有经济比重对地区经济增长影响呈显著'倒 U'型关系,并测算出国有经济最优比重为30%左右。新阶段我国国有经济比重对地区经济增长影响还处于正向效应阶段,国有经济改革方向是大力发展混合所有制经济,做优做强做大国有经济。"[1] 该文主要从地区比较混合所有制绩效,主要分析混合所有制经济,而非国有企业微观混合所有制改革,但无论是宏观的还是微观,国有企业混合所有制改革绩效可期。

四、国有企业混合所有制改革思路[2]

当前我国国有企业实行混合所有制改革,既要汲取过去股份制和产权改革的成功经验,又要避免曾经出现的内部人控制、滥用管理层收购(MBO)、贱卖国有资本的教训。要进一步推动我国国有企业混合所有制改革,应当科学设计、有序推行。

国有企业混合所有制改革究竟怎么改?理论界有学者从多个角度提出了国有企业混合所有制改革的方法和路径。从国有企业混合所有制改革方

---

[1] 莫龙炯、景维民:《转型时期混合所有制的经济增长效应》,载于《经济学动态》2019年第11期。
[2] 何玉长、李波:《国企混改三解》,载于《海派经济学》2019年第2期。

向上，吴宣恭（2018）认为，要重视和尝试推行"双向混改"，既可引入私有资本参与国有企业，也要鼓励国有企业以不同方式、不同比例参股私有企业。在大力发展混合所有制经济治理机制设计方面，刘戒骄（2018）认为，董事会中心型比股东中心型和经理中心型更适合我国当前阶段的混合所有制企业，要科学配置股东会、董事会和经理层的权责，在出资人、股东会、董事会和经理层等多个维度形成现代公司治理结构。张斌和嵇凤珠（2014）倡议通过制定激励性股权转让制度、引入机构投资者等构建合理的股权制衡，从而为混合所有制改革的顺利开展提供有力的支撑。从激励机制方面，巩娜（2018）认为，员工持股计划被认为是混合所有制改革的有效路径之一。在具体操作层面，建议应选择适当的窗口期公布实施员工持股计划，在实践中探索合理的员工持股比例，明确参与员工持股计划的员工范围。在政府职能和国有企业行政方面，杨建君（2014）指出，政府放权、减少干预，为混合所有制改革创造条件；实施去行政化管理，取消大型国有企业及其领导人的行政级别；重新认识国有企业的定位。在国有企业监管方面，张东明、史册（2015）指出，国有企业实行混合所有制改革后，国有企业成为真正意义上的股份制企业，应更多地接受产权交易管理部门、证监会等多部门的监管，应该像真正的股东那样重点监管企业资本的投资、收益与分配行为；在国有企业分类别进行混合所有制改革方面，邱海平（2014）指出，必须根据国有企业所具有的不同的特点和地位，分成七类进行程度不同的混合所有制改革，并分别探讨了在不同类型的国有企业中实施混合所有制的路径和应该注意的问题。在防范国有资产流失方面，王再平（2015）认为，为防止国有资本"贱卖"的情况再次发生，国资委等政府部门要做到：遵循信息公开原则，信息公开，秉承公平、公正和公开的信念，进行信息披露，形成一种公共的监督机制，进一步完善国有资产管理体制和国有资本功能定位，通过有效的制度防范部分利益主体通过混合所有制侵吞国有资产或变相私有化，把"混合"搞成"贱卖"。

参考上述观点，笔者提出国有企业混合所有制改革的具体方法和实现途径。

第一，国有企业混合所有制改革不是"一混就灵"，而是要因类制宜、有序推进。我国国有企业经历了多年的股份制改革探索，积累了产权改革的经验，在此基础上可加强多元资本融合的力度，实行混合所有制改革。但国有企业混合所有制改革，绝非不分类型一刀切、不加区别一哄而起，绝非抢时间比进度、简单强制推广。而是要根据国民经济的实际状况，根据现有国有企业分布类别，以及非公有制企业的实际状况，能混合、愿混合则混合。商业类混合所有制改革不强求国有资本控股，处于充分竞争的商业一类国有企业，可整体上市，实现股权多元化；处于关系国家安全和战略性领域的商业二类国有企业，坚持绝对控股或相对控股前提下吸收多元投资；公益类国有企业混合所有制改革要坚持国有资本绝对控股，适当吸收其他资本参股。国有企业混合所有制改革事前要作出评估，确认混合所有制改革有市场前景和发展潜力，并借助资本市场平台，进而实施混合所有制改革。混合所有制改革的结果要达到"1+1>2"的效果，产生规模经济效应。

　　第二，国有企业混合所有制改革不是单向或简单合并，而是多样化综合改革。既然是国有企业混合所有制改革，就应主要以国有企业为主干企业，联合其他企业组成混合所有制企业。混合所有制改革形式可以多样化，既可以是国有企业与其他国有企业的混合，也可以是国有企业与其他非国有法人企业的混合，还可以是国有企业与自然人投资的混合，混合所有制改革的结果是多元产权的混合所有制企业。混合所有制的主要资本混合形式有：国有、集体与非公有混合；中央企业与地方企业混合；企业资本与员工持股混合。在各类混合所有制企业改革中，要普遍推广职工持股计划，并在公司治理结构中充分体现职工权益。职工持股既可增加职工对企业的忠诚，增强企业凝聚力，同时也实际提升了国有企业的公有化程度。通过混改，将放大国有资本功能，提高企业规模效益，增强国有经济综合经济实力。

　　第三，国有企业混合所有制改革不是"收编"私人经济，而是自愿融合私人资本。通过混合所有制改革吸收非公经济产权，这是混合所有制改革的重要形式，但吸收非公有产权是以自愿与合作为前提，以产权的公平地位和产权绩效为结果。国有企业混合所有制改革既不是"收编"私人经济，更不是"国进民退"，而是公私产权融合，公私权利分享，公私利益共赢。通过混合所有制改革，不同所有制的投资组成多元股份公司，实现了财产混合、产权融合、实力综合；各种所有制的产权主体是平等的法律关系，按投资比例享有利益、分担风险和履行责任；实施完成混合所有制改革的企业，将进一步完善现代企业制度，重组公司治理结构，按产权比例重组公司股东会，按多元股权产生董事会，按市场选任经营管理者，聘任职业经理人，依法组建监事会。

第四，国有企业混合所有制改革不能流失国有资本，而是要做大做强国有资本。要吸取20世纪90年代前后股份制改造过程中国有资产流失的教训，避免滥用管理层收购（MBO）模式和贱卖国有资产的现象。混合所有制改革实施要规范利益相关方的投资行为，兼顾利益相关方的权责利，杜绝国有资本流失的渠道。国有企业混合所有制改革过程要公开透明、公平竞争、公正实施，要规范有序推进国有企业混合所有制改革。国有企业上市公司是混合所有制的重要形式，应通过资本市场公平地吸收社会各类资本，迅速形成以国有资本为主体的混合所有制经济。通过混合所有制改革，实际上形成资本集聚和集中效应，形成原国有资本的"N次方"，将实际上壮大国有经济。

第五，国有企业混合所有制改革不能放弃国有企业的公益功能，混合所有制改革企业乃至加入混合所有制改革的私人资本必须承认企业的公益功能。国有企业混合所有制改革分类进行，重点是保证混合所有制改革企业服务公益的功能不能缺失。国有企业满足公共需要、服务公共利益的特殊功能决不能因引入私人资本而使之放弃。私人资本在自愿配合国有资本履行社会职能的前提下，可以追求自身的利益。因此分类推进国有企业混合所有制改革非常必要。当前重点是区分公益性国有企业和商业性国有企业的不同混合所有制改革方式。一方面，公益性国有企业混合所有制改革要大胆吸收社会资本；另一方面要坚持国有资本的控股权，以切实保证企业的公益服务性质。商业性国有企业的混合所有制改革可以全面放开，国有资本不必强求控股权，能控股就控股，不能控股就参股，并加快推进职工持股。

第六，国有企业混合所有制改革不能放弃公有制的主体地位，而是要进一步巩固公有制的主体地位。国有经济是我国社会主义经济制度的基础，在多种所有制共同发展的背景下，虽然国有经济规模已经相对缩小，但其绝对数量和质量依然强大。通过混合所有制改革，旨在增强和放大国有企业功能，但如果出现国有资本和国有经济严重削弱，在整个国民经济中控制权不保，则将动摇社会主义经济的根基。因此，国有企业混合所有制改革要坚持保障国有经济的主体地位为前提。微观企业层面上，旨在壮大国有企业资本的凝聚力，做强做优做大国有企业；宏观层面上，在于扩大国有资本的辐射力，增强国有资本对各类资本的控制力，做大国有控股资本规模，增强国民经济资本中的国有因素。

总之，国有企业混合所有制改革是新时代国有经济的自我完善，是社会主义生产关系的自我完善。

第四节　国有企业改革展望

新中国成立70年，市场经济体制改革41年，国有企业改革初步成功决定了社会主义市场经济体制改革的初步成功，国有企业是中国特色社会主义经济的根基和国民经济的核心力量。改革开放40多年来，我国经济总量持续增长，经济效益同步提升。从国内生产总值来看，1978年为3678.7亿元，2017年为827121.7亿元。1979~2017年国内生产总值增长率年均增长9.5%，其中21世纪以来2001~2017年平均增长9.3%。从人均国内生产总值来看，1978年为386元，2000年为7942元，2016年为53935元，2017年为59660元。1979~2017年人均国内生产总值年均增长8.7%，其中2001~2017年年均增长8.5%。从全国居民人均可支配收入来看，1979~2017年年均增长8.5%；其中2001~2017年年均增长9.6%；从财政收入来看，一般公共预算收入1979~2017年年均增长13.7%；其中2001~2017年年均增长16%。[1]数据表明，改革开放40多年经济增长基本与居民收入增长同步。此外，从40多年经济增长波动情况也可看出，

---

[1]《中国统计年鉴》（2018年），中国统计年鉴社网络版。

1984年、1992年和2007年处于三个峰值,这说明20世纪80年代改革开放初期的制度创新带来的经济增长绩效在1984年充分体现出来。整个80年代的改革积淀,集中体现在1992年增长高潮,而2007年的峰值,正是新千年以来借助"入世"加快改革开放的后果。1981年、1990年、1999年、2016年为低谷。但经济发展进入新常态后,虽然经济增速放缓慢,但比较平稳。[①] 国有经济和国有企业带来的经济效益和社会效益是其他所有制经济不能比拟的,如图8-1所示。

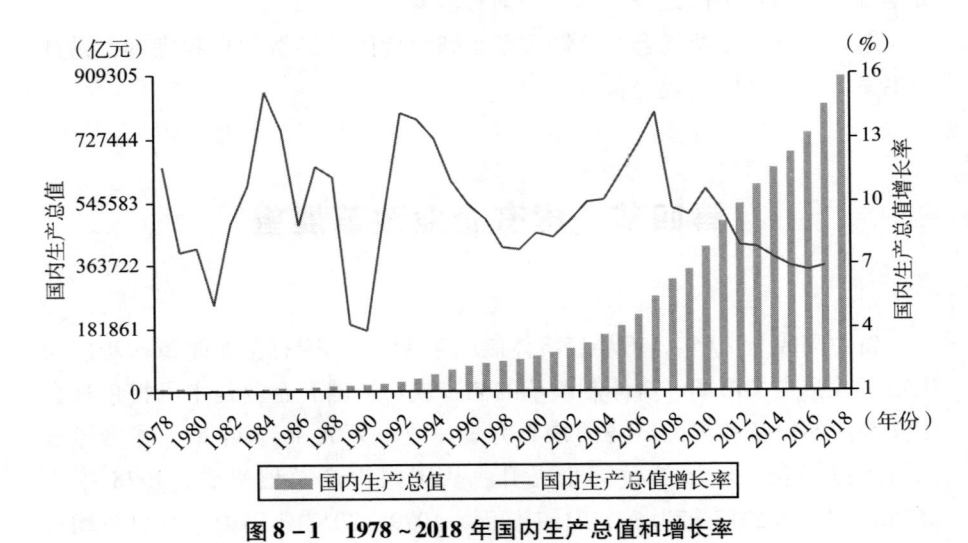

图8-1 1978~2018年国内生产总值和增长率

资料来源：国家统计局/国家数据, http://data.stats.gov.cn/ks.htmcn。

当前我国以混合所有制改革为重点的国有企业改革正在进行,通过国有企业混合所有制改革,旨在做强做优做大国有企业。为此,需要把握两个方面的问题。

一方面,巩固国有企业改革成果,深化国有企业改革需要政治体制改革的保障。国有企业改革是经济体制改革的一部分,而经济体制改革的重要保障是政治体制改革。国有企业改革的配套改革更多涉及政治领域的改

---

① 资料来源：中国统计数据库。

革。进一步深化经济体制改革尤其是国有企业改革，政治体制改革是不可或缺的。一是加强国有企业职业经理人队伍建设。彻底剔除企业干部身份的官员化，破除企业领导人的官本位，正确定位企业经营管理者的企业家和职业经理人的角色定位。逐渐完成企业经理人的职业化、市场化、年薪制。二是进一步完善国有企业党组织的政治功能和作用机制。国有企业党的组织要在政治核心、企业文化、经营方向监督等方面发挥作用。

另一方面，发挥国有企业的引领作用，促进中国从经济大国走向经济强国。作为全球第二大经济体，第一大贸易出口国，有"世界工厂"之称的世界最大的制造业大国，要真正走向经济强国，需要艰苦的努力，其中国有企业的引领作用至关重要。一是发挥国有企业实现产业升级引领作用；二是发挥国有企业在科技创新中的引领作用；三是发挥国有企业在强化实体经济中的引领作用；四是发挥国有企业在高质量发展中的引领作用。

国有经济和国有企业是中国特色社会主义的强大支撑，是国民经济的重要基础。国有企业改革是搞活国有企业的主要途径，发挥国有企业在国民经济中的主导作用，是社会主义兴旺发达的保证。坚持国有企业改革，发挥国有企业的主导作用，主要体现在以下方面：

第一，强化国有经济和国有企业的核心竞争力。核心竞争力来源于国有企业的创新能力。培育核心竞争力，重要的是国有企业要坚持产品创新，要发挥国有企业优势，加大科技应用和开发，开发研制新产品；推进生产工艺创新，降低生产成本，提高经营效率和市场供给质量；加强管理创新，实现科学管理，保持持续发展。

第二，加强国有经济的经济领导力。在整个经济结构体系中，国有经济是保障经济结构相对稳定的状态。尽管国有经济在国民经济结构中比例逐渐减少，但大企业的综合调节作用是中小企业所不能替代的。国有经济的领导力在于对其他所有制经济的引领作用；保证国民经济健康运行的稳定作用；在国民经济中处于"领头羊"的作用。

第三，增强国有经济的宏观调控力。发挥国有企业在宏观经济中的调节作用，一是消除市场周期波动对国民经济的不利影响，熨平经济波动的波幅。二是调节社会总供给和总需求，并通过进出口贸易调节供求平衡。

通过改革供给侧结构，提升产品供给质量，通过激励需求，活跃市场，搞活国有企业。

第四，国有经济和非公有经济的合作与竞争。市场公平竞争，要求排除所有制性质差别的干扰，国有经济与非公有经济并存于社会主义经济体系中。国有经济和国有企业在国民经济活动中，要保持中性竞争的状态。"竞争中性原则的要义是，政府采取的所有行动，对国企与其他企业之间的市场竞争的影响度应该是中性的；也就是说，政府的行为不给任何实际的或潜在的市场参与者尤其是国企带来任何'不当的竞争优势'"[1] 张春霖提出："如何才能把国企置于公平竞争的环境之中？根本途径可以概括为两条：一是确保国企不利于国家的权力强化自己的竞争优势；二是确保国企尽管有一个国家股东，但在其他方面和别的企业一样是独立参与市场竞争的商业实体"。[2]

总之，我国国有企业改革是社会主义现代化建设的重要内容，国有企业改革思想是中国特色社会主义理论的重要组成部分。国有企业改革实践已经为中国特色社会主义建设提供了阶段性成功的经验，但国有企业改革依然任重道远。

---

[1][2] 张春霖：《国企改革再出发》，载于《比较》2018 年第 8 期。

附录　新中国国有企业改革大事记

1949年10月1日，中华人民共和国中央人民政府宣告成立。10月21日，中华人民共和国政务院成立。

1949~1952年，实现了国民经济恢复；在征收国际垄断资本、没收官僚资本的基础上建立起最早的一部分国营经济；国有企业计划管理体制的雏形确立。

1950年2月28日，中财委发出《关于国营、公营工厂建立工厂管理委员会的指示》，中心环节是建立有工人参加的工厂管理委员会。

1951年1月17日，东北齐齐哈尔机床厂马恒昌小组向全国工人发起了马恒昌小组竞赛活动。

1951年9月28日，中共中央作出《关于管理国营工厂的决定（初步草案）》。

1952年12月，中共中央根据毛泽东提议，提出了过渡时期的总路线：要在一个相当长的时期内，逐步实现国家的社会主义工业化，并逐步实现国家对农业、对手工业和对资本主义工商业的社会主义改造。

1953~1957年，第一个五年计划实施。1956年提前完成"一五"目标。计划经济体制和国有企业经济管理体制基本形成。苏联援建156个重点项目建设实施，建立了一批国家投资建设的现代工业的国营企业。

1954年1月4日，中共中央批转中财委提出的《关于1954年扩展公私合营工业计划会议的报告》和《关于有步骤地将十个工人以上的资本主义工业基本改造为公私合营企业的意见》。

1954年5月28日，中共中央转发华北局《关于在国营厂矿企业中实行厂长负责制的决定》。

1954年9月15日,第一届全国人民代表大会一次会议通过了《中华人民共和国宪法》。宪法总纲规定:中华人民共和国依靠国家机关和社会力量,通过社会主义工业化和社会主义改造,保证逐步消灭剥削制度,建立社会主义社会。

1956年4月25日,毛泽东在中共中央政治局扩大会议上做了《论十大关系》的讲话,初步总结了我国社会主义建设的经验,提出了探索适合我国国情的社会主义建设道路,系统阐述了正确处理国民经济和社会发展的十大关系。

1956年9月,中共八大召开,社会主义改造完成,中国社会进入社会主义阶段。

1957年9~10月,中共八届三中全会通过了《关于改进工业管理体制的规定(草案)》《关于商业管理体制的规定(草案)》《关于改进财政管理体制的规定(草案)》,以后又经国务院和全国人大通过,并由国务院颁发1958年起试行。

1958年5月5~23日,中共第八次全国代表大会第二次会议在北京举行,大会通过了毛泽东倡议提出的"鼓足干劲、力争上游、多快好省地建设社会主义"的总路线及其基本点。会议号召全党和全国人民,认真贯彻执行社会主义建设总路线,争取在15年,或者更短的时间内,在主要工业产品产量方面赶上和超过英国。

1958年6月22日,毛泽东转发冶金部党组《关于产钢计划的报告》。报告说"明年钢的产量可以超过三千万吨,而1962年的生产水平则将可能争取达到八九千万吨以上。"报告转发后,工业高指标、浮夸风日益泛滥。8月,中共中央政治局在北戴河举行扩大会,通过了《关于在农村建立人民公社问题的决议》,决定在全国农村普遍建立人民公社。随后,在全国形成了全民炼钢和人民公社化运动。

1958年9月24日,中共中央、国务院发布《关于改进计划管理体制的规定》《关于市场物价分级管理的规定》《关于改进物资分配制度的几项规定》等文件。

1960年3月,"鞍钢宪法"在全国推行。

1960年10月4日,中共中央发出《关于发展"两参一改三结合"制度，提高企业管理工作的指示》。批转黑龙江省庆华工具厂实行企业民主管理的经验，"两参一改三结合"的要点是：干部参加劳动、工人参加管理；改革不合理的规章制度；在技术改革中实行企业领导干部、技术员和工人三结合。

1961年1月，中共八届九中全会通过对整个国民经济实行"调整、巩固、充实、提高"的八字方针。中国经济进入（1961～1965年）调整时期。

1961年6月，中共中央《关于改进商业工作的若干规定（试行草案）》发布，简称"商业四十条"。

1961年9月，中共中央颁发《国营工业企业工作条例（草案）》，共10章70条，故称"工业七十条"。

1964年2月5日，中共中央发出《关于传达石油工业部关于大庆石油会战情况的报告的通知》。12月15日，毛泽东号召全国工业战线开展"工业学大庆"的群众运动。随后大庆成为全国工业战线的一面旗帜。

1964年8月17日，中共中央和国务院批转国家经济委员会党组《关于试办工业、交通托拉斯的意见的报告》，批转全国试办12个托拉斯，后因"文化大革命"的到来而中断。

1966～1976年，"文化大革命"时期。企业经济管理一度比较混乱，工业生产和经济秩序受到冲击和破坏。反映当时政治与经济关系的口号是"抓革命、促生产"。企业主要权力机构是革命委员会；1969年4月中共九大以后，企业党组织恢复，一度实行党的一元化领导。

1969年12月23日，国务院、中央军委通知，经中共中央批准，在中央军委办事组领导下，成立国防工业领导小组，统一管理整个国防工业。

1970年3月5日，国务院拟定《关于国务院工业交通各部直属企业下放地方管理的通知（草案）》。

1971年12月，周恩来在听取国家计委汇报会议情况时指出，企业管理乱得很，要整顿。随后，国务院主持起草了《1972年全国计划会议纪要》，提出若干整顿措施，其中包括整顿企业管理、落实党对干部、工人和技术人员的政策，坚持又红又专等。

1975年1月13～17日，第四届全国人民代表大会第一次会议在北京举行。周恩来作《政府工作报告》，重申第三届全国人民代表大会提出的发展国民经济的两部设想，第一步，在1980年以前，建设一个独立的比较完整的工业体系和国民经济体系；第二步，在本世纪内实现农业、工业、国防和科学技术的现代化，使我国国民经济走在世界的前列。

1975年8月18日，邓小平等中央领导参加国务院关于整顿工业问题的讨论。邓小平等中央领导人就工业发展问题，提出了一系列意见。随后，形成了《关于加快工业发展的若干问题》草案（简称《工业二十条》）。

1978年4月20日，《中共中央关于加快工业发展若干问题的决定（草案）》（简称《工业三十条》）。对整顿企业提出了要求和标准，对国有工业企业的任务、基本制度和工作方法等作出了明确的规定，是当时指导工交战线拨乱反正的重要文件。

1978年10月，经国务院批准，四川省重庆钢铁公司、成都无缝钢管厂、宁江机床厂、四川化工厂、新都县氮肥厂和南充钢铁厂6家地方国营工业企业率先实行扩大企业自主权试点。主要做法是给企业核定增产增收年度指标，允许企业完成指标后提留少量利润作为企业发展基金和给职工发放少量奖金。1979年上半年试点企业增加至100家。

1978年12月，安徽省凤阳县小岗生产队18位农民将集体土地承包到户，拉开了农村家庭联产承包的序幕。

1978年12月，中共中央召开十一届三中全会，确定党和国家的工作重心转移到社会主义现代化建设上，实行改革开放的重大决策。提出让企业有更多的经营管理自主权，开启了国有企业"放权让利"的改革破冰之旅。

1979年2月，四川省出台《四川省地方工业企业扩大企业权力、加快生产建设步伐的试点意见》，将试点工业企业扩大至100家，并选择40家国营商业企业进行扩大经营管理自主权试点。

1979年5月，国家经委、财政部等6部委联合发文，选择首都钢铁公司、北京清河毛纺厂、天津自行车厂、天津动力厂、上海柴油机厂、上海汽轮机厂等京津沪8家大型国有企业进行扩大企业自主权改革试点。

1979年7月，中共中央、国务院同意在广东省深圳市、珠海市、汕头市和福建省厦门市试办出口特区。1980年5月改称为经济特区。1988年4

月设立海南经济特区。

1979年7月,国务院发出改革国有企业管理体制试点的5个文件:《关于扩大国营工业企业经营管理自主权的若干规定》《关于国营企业实行利润留成的规定》《关于开征国营工业固定资产税的暂行规定》《关于提高国营工业企业固定资产折旧率和改进折旧率使用办法的暂行规定》《关于国营工业企业实行流动资金全额信贷的暂行规定》。这些文件明确了企业作为相对独立的商品生产者和经营者应具有的责权利,并在全国26个省级区域的1590家企业进行了试点。同年底,试点企业扩大至4200家,1980年又增加至6600家。这标志着开始以扩大企业自主权为主的国有企业改革。

1980年1月22日,国务院批转国家经委、财政部关于《国营工业企业利润留成试行办法》。

1980年2月1日,国务院发出《关于实行"划分收支、分级包干"财政管理体制的通知》,决定从1980年起,实行财政管理新体制。同时下发《关于实行"划分收支、分级包干"财政管理体制的暂行规定》;1982年12月7日,国务院发出《关于改进"划分收支、分级包干"财政管理体制的通知》。

1980年9月,国务院批转国家经委《关于扩大企业自主权试点工作情况和今后意见的报告》,批准自1981年起,在国营工业企业中全面推广扩大企业自主权的工作。

1981年11月11日,国务院批转国家经委、国务院体改办、国家计委、财政部、国家劳动总局、人民银行、全国总工会等讨论制定的《关于实行工业生产经济责任制若干问题的暂行规定》,在全国推广工业经济责任制。到1982年底,全国有80%的预算内国营工业企业实行了经济责任制,商业系统也达35%。

1982年1月,中共中央、国务院作出《关于国营工业企业进行全面整顿的决定》。

1982年1月,中共中央、国务院关于颁发《国营工厂厂长工作暂行条例》。指出企业管理的根本原则是党委集体领导、职工民主管理、厂长行政指挥。

1982年5月4日，国家经济体制改革委员会正式成立。

1982年5月6日，我国第一个打破地区和部门界限，按行业实行联合和改组的专业公司——中国船舶工业总公司在北京成立，总公司实行董事会领导下的总经理负责制。5月7日，第二个跨行业跨地区的专业公司——中国汽车工业总公司又宣告成立。

1982年9月16日，国务院批转国家物价局等部门《关于逐步放开小商品价格实行市场调节的报告》。

1983年，国营企业实行第一步"利改税"，税利并存。在1979年开始的湖北、广西、上海和四川等地部分国营企业"利改税"试点基础上，1983年1月1日启动第一步"利改税"，采用"利税并存"方式。1984年，国营企业实行第二步"利改税"，即完全"利改税"。

1984年3月5日，国务院发布《国营企业成本管理条例》。

1984年5月10日，国务院颁发《关于进一步扩大国营工业企业自主权的暂行规定》，从生产经营计划、产品销售、价格制定、物资选购、资金使用、资产处置、机构设置、人事劳动管理、工资奖金使用、联合经营10个方面放宽对企业的约束。

1984年5月18日，中共中央、国务院下发《国营工业企业法（草案）》试行。决定改革国营工业企业领导体制，实行生产经营和行政管理工作厂长（经理）负责制。并对厂长、企业党组织和工会的职责、权限作出明确规定。

1984年6月22日～7月7日，全国第二步利改税工作会议在北京召开。会议研究部署由税利并存逐步过渡到完全以税代利的实施。9月18日，国务院批转财政部《关于在国有企业推行利改税第二步改革的报告》，并颁布《国有企业第二步利改税试行办法》，从10月1日起实行。

1984年7月，国务院批转商业部《关于当前城市商业体制改革若干问题的报告》指出，商业体制改革的方向是：实现政企分开、建立以国营商业为主导的，多种经济形式、多种经营方式、多种流通渠道的商业流通体制，走出一条中国式的社会主义商业路子。

1984年10月4日，国务院批转国家计委《关于改进计划体制的若干暂行规定》，要根据"大的方面管住管好，小的方面放开放活"的精神，适当缩小指令性计划的范围，扩大指导性计划和市场调节的范围。

1984年10月，中共十二届三中全会召开，通过《中共中央关于经济体制改革的决定》。会议阐明了加快城市为重点的整个经济体制改革的必要性、紧迫性，规定了改革的性质和任务。提出搞活大中型国有企业，经济体制改革的中心环节是国有企业改革。会议进一步明确了企业是自主经营、自负盈亏和自我发展的独立经济实体。会议提出国有企业的所有权和经营权可以适当分开。此后，以利润包干为主要内容的承包经营责任制快速发展。

1984年11月15日，国务院发布《关于经济特区和沿海14个港口城市减征、免征企业所得税和工商统一税的暂行规定》。

1985年1月5日，国务院发出《关于国营工业企业工资改革问题的通知》，对国营工业企业工资改革做出具体、明确规定。

1985年2月18日，中共中央、国务院批转《长江、珠江三角洲和闽南厦漳泉三角地区座谈会纪要》，决定在长江三角洲、珠江三角洲和厦漳泉三角地区开辟沿海经济开发区。

1985年3月21日，国务院发出《国务院关于实行"划分税种、核定收支、分级包干"财政管理体制的规定的通知》，决定从1985年起实行新的财政管理体制。

1986年7月12日，国务院发布实施《国营企业实行劳动合同制暂行规定》。

1986年9月15日，中共中央、国务院发出通知，颁发《全民所有制工业企业厂长工作条例》《中国共产党全民所有制工业企业基层组织工作条例》和《全民所有制工业企业职工代表大会条例》。决定在企业中普遍推行厂长负责制。

1986年12月2日，第六届全国人民代表大会常务委员会第十八次会议通过了《中华人民共和国企业破产法（试行）》。

1986年12月5日，国务院颁发和实施《关于深化企业改革增强企业活力的若干规定》。其中规定，国有企业推行多种形式的承包经营责任制，给经营者以充分的经营自主权。小型企业可以积极试行租赁、承包经营，大中型企业实行多种形式的承包经营责任制；各地可以选择少数有条件的大中型企业进行股份制试点；有些小型商业、服务业，可以拍卖或折股出售，等等。

1987年3月，第六届全国人民代表大会第五次会议的《政府工作报告》提出，在所有权和经营权适当分离的原则下实行承包经营责任制。由此，国有大中型企业全面实施承包经营责任制。

1987年8月，全面推行全民所有制企业厂长（经理）负责制。

1987年11月16日，我国第一家股份集团——中国嘉陵工业股份公司（集团）成立。

1988年2月27日，国务院发布《全民所有制工业企业承包经营责任制暂行条例》，规定：承包经营责任制是坚持企业的社会主义全民所有制的基础上，按照所有权与经营权分离的原则，以承包经营合同形式，确定国家与企业的责权利关系，使企业做到自主经营、自负盈亏。

1988年4月13日，第七届全国人民代表大会第一次会议审议通过《中华人民共和国全民所有制工业企业法》，确立了国有企业是独立的法人主体而不是政府附属物的法律地位，使国有企业成为自负盈亏的责任主体。

1988年5月18日，国务院第五次常务会议通过《全民所有制小型工业企业租赁经营暂行条例》，自1988年7月1日起施行。

1988年第七届全国人民代表大会第一次会议批准设立国家国有资产管理局。这是国务院所属专职从事国有资产管理的政府职能机构。1994年国务院机构改革时，调整为财政部属局；1998年国务院机构改革撤销国有资产管理局；2003年设立国务院所属的国有资产监督管理委员会。

1988年6月，国务院发布《中华人民共和国私营企业暂行条例》。

1990年7月，国务院发出《国务院关于加强国有资产管理工作的通知》。要求在全国范围内有计划地开展清查资产、核实国有资金、摸清国有资产"家底"工作，坚决防止和纠正损害国有资产产权的行为。

1990年11月26日，上海证券交易所成立。1990年12月1日，深圳证券交易所成立。

1991年5月，国务院发出《关于进一步增强国营大中型企业活力的通知》。通知指出，国有大中型企业是我国现代化建设的支柱和骨干力量，是国家财政收入的主要来源，增强其活力，直接关系到我国经济的发展和社会主义制度的巩固。

1991年7月25日,国务院发布实施《全民所有制企业招用农民合同制工人的规定》。

1991年11月,国务院公布施行《国有资产评估管理办法》。

1992年1~2月,邓小平视察南方部分城市并发表南方谈话,为市场经济正名。10月,中共十四大召开,确定我国经济体制改革的目标是建立社会主义市场经济体制,国有企业现代企业制度改革启动。

1992年7月,国务院颁布《全民所有制工业企业转换经营机制条例》,规定了14项企业经营自主权。

1993年,中国上海石化、马钢等9家企业于境外上市,1994年又有东风汽车、武钢等22家企业于境外上市。

1993年11月,中共十四届三中全会审议通过《中共中央关于建立社会主义市场经济体制若干问题的决定》,明确提出:建设产权清晰、权责明确、政企分开、管理科学的现代企业制度是我国国有企业改革的方向。

1993年12月29日,第八届全国人民代表大会第五次会议审议通过《中华人民共和国公司法》,这是我国首部为规范公司的组织和行为,保护公司、股东和债权人合法权益,维护社会经济秩序,促进社会主义市场经济发展而制定的法律。

1994年7月24日,中华人民共和国国务院发布《国有企业财产监督管理条例》。规定企业财产属于全民所有,即国家所有。国务院代表国家统一行使对企业财产的所有权。在国务院统一领导下,国有资产实现分级行政管理。国务院授权有关部门或者有关机构,对指定的或者其所属的企业财产的经营管理实施监督。

1994年11月2~4日,国务院召开建立现代企业制度试点工作会议。

1994年,国务院决定选择100家国有大中型企业,按照《中华人民共和国公司法》进行现代企业制度试点,各省(自治区、直辖市)也在各自范围内共选择2343家地方企业进行试点。

1994~1997年,在推进公司股份制改造、建立现代企业制度的同时,国家启动了一系列改革措施:实施"债转股"优化资本结构、国有企业兼并破产试点;分离企业办社会职能;"减员增效""下岗职工再就业工程"；实施"三改一加强"（改组、改制和改造有机结合并加强企业内部管理）、学习"邯钢经验"，提高管理科学化水平；探索国有资产管理有效形式，设立国有控股公司；开展企业集团试点，"抓大放小"搞活国有中小型企业，等等。

1994年11月，全国国有资产管理暨清产核资工作会议召开。会议提出，将在今后3~5年内，为初步建立起具有中国特色的、适应社会主义市场经济要求的国有资产管理和经营体制打好基础。

1995年1月，世界贸易组织（WTO）取代关税与贸易总协定（GATT），同年中国正式申请加入WTO，并开始与WTO的37个成员方逐一开始拉锯式的双边谈判，1997年8月与新西兰率先达成协议，2001年9月最后一个与墨西哥达成协议。

1996年，国家经贸委宣布"抓大放小"的国有企业改革思路。

1997年1月，国务院召开全国国有企业职工再就业工作会议。朱镕基副总理在会上提到，加强企业管理和实施再就业工程，要靠减员增效、下岗分流、规范破除、鼓励兼并来推动国有企业机制的转换，促进国民经济结构调整，解决国有企业当前的困难。

1997年，国有经济产业布局调整启动。

1997年5月，国务院批转国家计委、国家经委、国家体改委《关于深化大型企业集团试点工作的意见》，对深化大型企业集团试点提出了新的要求，试点企业集团由57家扩大至120家。

1997年6月17日，国务院批转国家经贸委《关于1997年国有企业改革与发展工作的意见》，意见指出，1997年国有企业改革与发展工作要坚持"三个有利于"的标准，进一步解放思想，实事求是，着眼于搞好整个国有经济，把国有企业改革、改组、改造和加强企业经济管理紧密结合起来，有针对性地采取措施，搞好大的，放活小的，做好减员增效、下岗分流、规范破产、鼓励兼并和职工再就业工作，务求在国有企业改革和发展方面取得实效。

1997年9月，中共十五届一中全会部署实施国有企业"三年脱困"的改革攻坚战。

1998年6月，中共中央、国务院发出《切实做好国有企业下岗职工基本生活保障和再就业工作的通知》。

1998~2000年，国有企业三年改革脱困行动计划实施。国务院1997年9月，中共十五届一中全会提出国有企业改革与脱困三年目标。截至2000年底，电力、石油、石化、冶金等14个重点行业基本实现盈利。

1998年，国务院机构改革，国家国有资产管理局裁撤。国有经济职能管理部门大幅度减少。

1999年9月，中共十五届四中全会通过《中共中央关于国有企业改革和发展若干重大问题的决定》，强调从战略上调整国有经济布局，坚持有进有退，有所为有所不为，提高国有经济的控制力。国有经济要在关系国民经济命脉的重要行业和关键领域占支配地位。

2000年，我国宣布基本建成小康社会。

2001年9月17日，世界贸易组织（WTO）中国工作组第18次会议通过了中国入世议定书及附件和中国工作组报告书，标志着中国加入世贸组织的谈判全部结束。2001年12月11日，中国正式加入世界贸易组织（WTO），成为其第143个成员。

2002年11月，中共十六大报告在强调坚持继续调整国有经济布局和结构改革方向的同时，进一步明确关系到国民经济命脉和国家安全的大型国有企业、基础设施和重要自然资源等，要由中央政府代表国家履行出资人职责。

2002~2007年，根据中共十六大提出的改革国有资产管理体制要求和第十一届全国人民代表大会第一次会议审议批准的国务院机构改革方案，2003~2006年底，中央、省、市（地）三级国有资产监管机构相继组建，按照"国家所有、分级代表"的原则，确立了"三分开、三统一、三结合"的国有资产管理体制。为保障国有资产监管工作规范有序进行，国务院分别于2003年5月、2006年4月、2007年3月颁发《企业国有资产监督管理暂行条例》《地方国有资产监管工作指导监督暂行办法》和《关于试行国有资本经营预算的意见》。

2003年3月，国务院国有资产监督管理委员会成立。

2003年，中共十六届三中全会作出《中共中央关于完善社会主义市场经济体制若干问题的决定》，对完善我国基本经济制度提出了许多新观点和政策。

2006年8月27日，历经13年修改完善、重新制定的《中华人民共和国企业破产法》（简称新《破产法》）颁布，有利于促进资源优化配置、建立企业优胜劣汰的市场竞争机制，对进一步深化国有企业改革也提出了更高的要求。到2006年底，全国国有工商企业数量为11.9万家，比1998年减少了一半；中央企业数量由2003年的196家减至2012年的112家。

2006年，国务院国资委出台《关于推进国有资本调整和国有企业重组的指导意见》，明确了中央企业集中的关键领域和重组的目标，通过主辅分离和改制推进了一大批大中型企业重组，一批特大型国有企业重组的部分资产在国外上市。

2007年10月，中共十七大报告提出深化国有企业公司制股份制改革，以兼并重组为主要手段，进一步深化国有资产结构布局调整。

2008年1月1日，《中华人民共和国劳动合同法》开始实施。

2008年，美国金融危机蔓延至全球，中国经济遭遇危机的不利影响。

2008年10月28日，第十一届全国人民代表大会常务委员会第五次会议通过《中华人民共和国企业国有资产法》。

2009年9月19日，国务院国资委印发《关于进一步加强地方国有资产监管工作的若干意见》。

2013年，中共十八届三中全会通过《中共中央关于全面深化改革若干重大问题的决定》。

2014年，国务院国资委选择中国建材、国药集团开展混合所有制改革试点。2016年以来，在电力、石油、天然气、民航、电信、军工等重要行业领域，先后选择三批共50家国有企业开展混合所有制改革试点。2016年8月，混合所有制企业员工持股试点正式启动，全国约200家企业进入这一试点。

2015年8月24日，中共中央、国务院发布《关于深化国有企业改革的指导意见》，这是新时期国有企业改革的纲领性文件。

2015年9月13日，中共中央、国务院发布《关于深化国有企业改革的指导意见》，将国有企业分为三类：公益类、主业处于充分竞争行业和领域的商业类、主业处于重要行业和关键领域的商业类。不同类型的国有企业，将会有不同的国资监管机制、混合所有制改革方案、公司治理机制以及国有经济战略性调整方向等。

2015年，中共十八届三中全会提出"发挥市场对资源配置的决定作用和发挥政府对经济的调节作用。"

2015年9月，国务院发布《关于国有企业发展混合所有制经济的意见》。

2015年10月25日，国务院印发《关于改革和完善国有资产管理体制的若干意见》。

2015年10月26日，国家发展改革委、财政部、人力资源社会保障部、国资委印发《关于鼓励和规范国有企业投资项目引入非国有资本的指导意见》。

2016年，财政部、科技部、国资委、证监委等，先后出台了《国有科技型企业股权和分红激励暂行办法》和《关于国有控股混合所有制企业开展员工持股试点的意见》。

2017年以来，相继出台《国务院办公厅关于进一步完善国有企业法人治理结构的指导意见》《国务院关于推进国有资本投资、运营公司改革试点的实施意见》《加快完善市场主体退出制度改革方案》等文件，新时期全面深化国有企业改革的主体制度框架初步确立，各领域国有企业改革向纵深推进，国有经济布局和结构调整取得积极进展。

2017年4月27日，国务院办公厅转发《国务院国资委以管资本为主推进职能转变方案》，精简了43项国有资产监管事项，迈出了从以管企业为主的国有资产监管体制向以管资本为主的国有资产监管体制转变的重要一步；推出一批国有资本投资运营公司试点，在战略、集团管控与业务板块授权等方面做了有益的探索。

2017年8月8日，国务院印发《关于促进外资增长若干措施的通知》，明确鼓励外资参与国有企业混合所有制改革。

2017年11月29日，国家发展改革委等八部门联合下发《关于深化混合所有制改革试点若干政策的意见》。

2018年9月24日，针对美国政府连续发布对中国出口商品加征关税，挑起贸易摩擦的行为，国务院新闻办公室发布《关于中美经贸摩擦的事实与中方立场》白皮书。

2019年4月19日，国务院印发《改革国有资本授权经营体制方案》。按照重在改革体制，加大授权放权，强化监督监管，放活与管好相统一的改革思路，提出了一系列改革举措。

参考文献

[1] 马克思、恩格斯：《马克思恩格斯选集》（第1~4卷），人民出版社1995年版。

[2] 列宁：《列宁选集》（第1卷），人民出版社1972年版。

[3] 列宁：《列宁全集》（第3卷），人民出版社1984年版。

[4] 列宁：《列宁全集》（第4卷），人民出版社1984年版。

[5] 列宁：《列宁全集》（第26卷），人民出版社1958年版。

[6] 列宁：《列宁全集》（第28卷），人民出版社1959年版。

[7] 斯大林：《苏联社会主义经济问题》（1952年2~3月），引自《斯大林选集》（下卷），人民出版社1979年版。

[8] 斯大林：《斯大林全集》（第7、13卷），人民出版社1953~1956年版。

[9] 毛泽东：《毛泽东选集》（第1~4卷），人民出版社1991年版。

[10] 毛泽东：《论十大关系》，人民出版社1976年单行本。

[11] 毛泽东：《毛泽东文集》（第8卷），人民出版社1999年版。

[12] 邓小平：《邓小平文选》（第1~3卷），人民出版社1993~2010年版。

[13] 陈云：《陈云同志文稿选编》（1956~1962年），人民出版社1982年版。

[14] 江泽民：《全面建设小康社会开创中国特色社会主义事业新局

面——在中国共产党第十六次全国代表大会上的讲话》，人民出版社 2002 年版。

[15] 胡锦涛：《高举中国特色社会主义伟大旗帜，为夺取全面建设小康社会新胜利而奋斗》，在中国共产党第十七次全国代表大会上的报告，新华网 2007 年 10 月 15 日。

[16] 习近平：《决胜全面建成小康社会　夺取新时代中国特色社会主义伟大胜利》，在中国共产党第十九次全国代表大会上的报告，新华网 2017 年 10 月 18 日。

[17] 薄一波：《若干重大决策与事件的回顾》（上卷），中共中央党校出版社 1991 年版。

[18] 薄一波：《若干重大决策与事件的回顾》（下卷），中共中央党校出版社 1993 年版。

[19]《三中全会以来重要文件选编》（上），人民出版社 1982 年版。

[20] 人民出版社编辑部：《中共十一届三中全会以来大事记》，人民出版社 1998 年版。

[21]《关于建国以来党的若干历史问题的决议注释本》（修订），人民出版社 1985 年版。

[22][波兰] 兰格：《社会主义经济理论》，中国社会科学出版社 1981 年版。

[23][英] 亚·诺夫：《可行的社会主义经济学》，华夏出版社 1991 年版。

[24][捷] 锡克：《一种未来的经济体制》，中国社会科学出版社 1989 年版。

[25] 张契尼、潘琪昌：《当代西欧社会民主党》，东方出版社 1987 年版。

[26]《中共中央关于建立社会主义市场经济体制若干问题的决定》，1993 年 11 月 14 日中共十四届三中全会通过。

[27]《中华人民共和国企业资产管理法》，第十一届全国人民代表大会常务委员会第 5 次全体会议 2008 年 10 月 28 日通过。

[28] 中共中央、国务院：《关于深化国有企业改革的指导意见》，新

华网 2008 年 8 月 24 日。

[29] 国家统计局：《伟大的十年》，人民出版社 1959 年版。

[30] 新华月报编辑部编：《新中国五十年大事记》，人民出版社 1999 年版。

[31] 周太和主编：《当代中国的经济体制改革》，中国社会科学出版社 1984 年版。

[32] 白永秀、任保平主编：《新中国经济学 60 年》（1949－2009），高等教育出版社 2009 年版。

[33] 孙冶方：《关于全民所有制经济内部的财经体制问题》（1961 年 6 月 2 日），引自《社会主义经济的若干问题》，人民出版社 1979 年版。

[34] 孙冶方：《社会主义经济论稿》，广东经济出版社 1998 年版。

[35] 刘国光：《中国经济体制改革的模式研究》，广东经济出版社 1998 年版。

[36] 薛暮桥等：《中国国民经济的社会主义改造》，人民出版社 1978 年版。

[37] 蒋一苇：《论社会主义的企业模式》，广东经济出版社 1998 年版。

[38] 潘岳主编：《中国国有经济总论》，经济科学出版社 1997 年版。

[39] 华民：《世界主要国家国有企业概览》，上海译文出版社 1994 年版。

[40] 高鸿业、吴易风、杨德明：《中国经济体制改革和西方经济学研究》，中国经济出版社 1996 年版。

[41] 教育部政教司组织编写：《中国社会主义经济问题》，人民出版社 1979 年版。

[42] 徐茂魁等：《国有经济论》，经济科学出版社 1998 年版。

[43] 吴敬琏：《现代公司与企业改革》，天津人民出版社 1994 年版。

[44] 张维迎：《企业理论与中国企业改革》，北京大学出版社 1999 年版。

[45] 盛毅主编：《中国经济改革 30 年》（企业卷），西南财经大学出版社 2008 年版。

[46] 刘钟黎主编：《新中国经济 60 年》，中国财政经济出版社 2009

年版。

[47] 徐传谌、彭华岗等：《中国国有经济发展报告》（2003–2012），经济科学出版社2015年版。

[48] 徐传谌：《国有经济专题研究报告》，经济科学出版社2014年版。

[49] 郭新京：《相对自负盈亏论——国有企业改革与发展的第三条道路》，河北人民出版社1999年版。

[50] 曹立：《混合所有制研究——兼论社会主义市场经济的体制基础》，广东人民出版社2004年版。

[51] 段瑞华、杨雪骋、何玉长：《苏区思想发展历程》，江西高校出版社1990年版。

[52] 何玉长：《国有公司产权结构与治理结构》，上海财经大学出版社1997年版。

[53] 何玉长：《新中国经济制度变迁与经济绩效》，中国物资出版社2002年版。

[54] 何玉长：《当代中国社会制度的变迁》，河北大学出版社2004年版。

[55] 谢明干、罗元明：《中国经济发展四十年》，人民出版社1990年版。

[56] 中共上海市委组织部、上海市国有资产管理办公室：《国有资产监督机制研究》，上海财经大学出版社2001年版。

[57] ［英］阿·伍德：《重组所有权的公有股份公司：搞活中国国有企业的进一步思考》，载于《经济社会体制比较》1991年第5期。

[58] 程恩富、谢长安：《论资本主义与社会主义的混合所有制》，载于《马克思主义研究》2015年第1期。

[59] 陈躬林：《股份制：走不通的路》，载于《学术交流》1991年第4期。

[60] 董迎：《山东诸城股份合作制企业跟踪分析》，载于《中国工业经济》1999年第11期。

[61] 国有企业改革与效率课题组：《国有企业改革：可供选择的方案》，载于《经济研究》1992年第7期。

[62] 股份制研究课题组：《国有大中型企业股份制问题研究》，载于

《中国工业经济研究》1992年第1期。

[63] 郭克莎：《论国营企业的股份制改革》，载于《天津社会科学》1994年第3期。

[64] 巩娜：《国有企业深化改革的主要实践模式与完善对策》，载于《经济纵横》2018年第8期。

[65] 龚学先：《股份制变态现象初析》，载于《云南社会科学》1993年第5期。

[66] 胡培兆：《九问股份制》，载于《中国经济问题》1991年第4期。

[67] 胡培兆：《我国现代企业制度的逆向生长的障碍》，载于《经济研究》1994年第7期。

[68] 胡培兆：《私有制与私有化》，载于《社会科学》1995年第11期。

[69] 胡培兆：《矫正国有股》，载于《中国经济问题》2001年第1期。

[70] 胡迟：《国企改革：40年回顾与未来改革展望》，载于《经济纵横》2018年第9期。

[71] 何玉长：《对公司制企业劳动关系一个悖论的思考》，载于《中国劳动科学》1995年第6期。

[72] 何玉长：《新中国社会主义经济理论四论》，载于《财经研究》1999年第11期。

[73] 何玉长：《中国国有企业三年脱困及经济效益分析》，载于《中国经济评论》2002年第4期。

[74] 何玉长、史玉：《国有资产管理体制改革、完善与优化》，载于《学术前沿》2016年第1期。

[75] 何玉长、李波：《国企混改三解》，载于《海派经济学》2019年第2期。

[76] 何自力：《发展混合所有制经济要坚持社会主义方向》，载于《山东社会科学》2014年第11期。

[77] 何伟：《政企职能分开的途径——国有制改革的设想》，载于《工人日报》1991年12月6日。

[78] 黄少安：《诸城模式：山东中小国有企业改革典型案例》，载于《华东科技》2002年第12期。

[79] 黄速建、金书娟：《中国国有资产管理体制改革 30 年》，载于《经济管理》2009 年第 1 期。

[80] 黄群慧：《"新国企"是怎样炼成的——中国国有企业改革 40 年回顾》，载于《中国经济学人》2018 年第 1 期。

[81] 禾子：《关于国有企业实行股份制改革的理论综述》，载于《经济理论与经济管理》1992 年第 6 期。

[82] 胡定核：《从山东诸城模式解析国有中小企业改革》，载于《金融研究》2001 年第 3 期。

[83] 剧锦文：《国企混改任务、障碍的内生性及其出路》，载于《天津社会科学》2018 年第 5 期。

[84] 李维安：《深化国企改革与发展混合所有制》，载于《南开管理评论》2014 年第 3 期。

[85] 卢俊：《推进混合所有制深化国有企业改革》，载于《宏观经济管理》2014 年第 9 期。

[86] 刘戒骄：《论混合所有制企业治理创新的五个关键点》，载于《中州学刊》2018 年第 1 期。

[87] 刘青山：《刘汉章：创立"邯钢经验"》，载于《国资报告》2019 年 1 月 3 日。

[88] 王洪江：《钢铁铸造辉煌——记全国劳模·邯钢集团公司总经理刘汉章》，载于《中国经贸导刊》1998 年第 21~23 期；1999 年第 1~7 期。

[89] 厉以宁等：《为"深化供给侧结构性改革，促进经济平稳健康发展"建言献策——政协第十二届全国委员会常务委员会第二十一次会议发言摘登》，载于《人民政协报》2017 年 6 月 28 日。

[90] 莫龙炯、景维民：《转型时期混合所有制的经济增长效应》，载于《经济学动态》2019 年第 11 期。

[91] 邱海平：《论混合所有制若干原则性问题》，载于《人民论坛·学术前沿》2014 年第 3 期。

[92] 荣兆梓：《发展混合所有制经济视角的国有经济改革新问题》，载于《经济纵横》2014 年第 9 期。

[93] 上海市国有资产管理模式课题组：《上海市国有资产管理中的

监控系统》，载于《中国工业经济》1999 年第 3 期。

[94] 宋方敏：《着眼做好国企改革大文章》，载于《红旗文稿》2014 年第 9 期。

[95] 孙宗伟：《准确理解使混合所有制经济成为基本经济制度的重要实现形式》，载于《思想理论教育导刊》2014 年第 8 期。

[96] 所有制结构与公司制实现形式课题组：《关于股份制的若干理论认识问题》，载于《中国工业经济》1997 年第 6 期。

[97] 汤吉军、咸振宇：《国有企业发展混合所有制的路径依赖研究》，载于《天津社会科学》2018 年第 5 期。

[98] 陶大镛：《对股份制和现代企业制度的一些思考》，载于《真理的追求》1994 年第 8 期。

[99] 唐丰义：《应当变革传统的产权概念》，载于《光明日报》1988 年 1 月 9 日。

[100] 吴家骏：《论企业法人相互持股》，载于《经济研究》1992 年第 7 期。

[101] 吴宣恭：《马克思主义产权理论与西方现代产权理论比较》，载于《经济学动态》1999 年第 1 期。

[102] 吴宣恭：《在股份制试点中必须维护公有资产权益》，载于《国有资产管理》1993 年第 6 期。

[103] 吴宣恭：《股份公司的产权关系、运行机制和作用》，载于《中国社会科学》1994 年第 2 期。

[104] 吴宣恭：《论法人财产权》，载于《中国社会科学》1995 年第 2 期。

[105] 吴宣恭：《试论中国股票市场目标模式和实现措施》，载于《中国经济问题》1995 年第 6 期。

[106] 吴宣恭：《按产权关系的特征认识所有制的性质》，载于《高校理论战线》2004 年第 5 期。

[107] 吴宣恭：《所有制改革应保证公有制的主体地位》，载于《管理学刊》2011 年第 5 期。

[108] 吴宣恭：《国有独资公司的产权特点及其改革前景》，载于

《经济纵横》2012 年第 6 期。

[109] 吴宣恭：《混合所有制的特点、作用及其改革》，载于《毛泽东邓小平理论研究》2018 年第 1 期。

[110] 王宏波、陶惠敏：《国企混改要有利于解放和发展国有企业生产力》，载于《马克思主义研究》2017 年第 3 期。

[111] 王子林：《健全产权机制，搞好国有大中型企业》，载于《经济理论与经济管理》1992 年第 3 期。

[112] 王珏、肖欣：《正确认识股份制改革的性质》，载于《经济理论与经济管理》1992 年第 4 期。

[113] 王均新：《诸城模式 15 年比较》，载于《招商周刊》2008 年总第 296 期。

[114] 王再平：《混合所有制国企改革的新意与实现路径》，载于《毛泽东邓小平理论研究》2015 年第 2 期。

[115] 翁杰明：《积极有序推进新时代国有企业混合所有制改革》，载于《学习时报》2018 年 11 月 19 日。

[116] 武常岐、张林：《国企改革中的所有权和控制权及企业绩效》，载于《北京大学学报》2014 年第 5 期。

[117] 夏荣静、陈莹莹：《推进我国国有资产管理体制改革的讨论综述》，载于《经济研究参考》2015 年第 12 期。

[118] 徐朝阳：《作为政策工具的国有企业与国企改革：基于预算软约束的视角》，载于《中国软科学》2014 年第 3 期。

[119] 夏小林：《"一股独大"不是国有企业的弊端》，载于《红旗文稿》2014 年第 10 期。

[120] 夏小林：《国企混改不能搞大规模"抽血疗法"——与厉以宁教授商榷》，载于《管理学刊》2017 年第 6 期。

[121] 余俊福：《必须赋予全民所有制企业法人财产权》，载于《企业界》1985 年第 8 期。

[122] 杨建君：《大型国企混合所有制改革的关键环节》，载于《改革》2014 年第 5 期。

[123] 杨鲁：《国有大中型企业实现股份制的构想》，载于《体改内

参》1992 年第 10 期。

［124］杨卫东：《论新一轮国有企业改革》，载于《华中师范大学学报》（人文社会科学版）2014 年第 3 期。

［125］朱继东：《国企改革的红线、底线和方向》，载于《红旗文稿》2014 年第 11 期。

［126］朱绍文：《对国有企业全面实行股份制是一种倒退》，载于《高校理论战线》1994 年第 4 期。

［127］张斌、嵇凤珠：《股权制衡与混合所有制改革：基于特质信息释放效率的视角》，载于《江海学刊》2014 年第 6 期。

［128］张晖明、陆军芳：《混合所有制经济的属性与导入特点的新探究》，载于《毛泽东邓小平理论研究》2015 年第 2 期。

［129］张东明、史册：《国有企业实行混合所有制若干观念问题思考》，载于《经济体制改革》2015 年第 1 期。

［130］张鹏、王元春：《管理者收购（MBO）的研究及在我国的实践》，载于《现代管理科学》2007 年第 8 期。

［131］张春霖：《国企改革再出发》，载于《比较》2018 年第 8 期。

［132］Alchian, A. A. & Allen, W. R. (1977), *Exchanges and Production: Competition, Coordination, and Control*, 2nd. ed., Belmont, California, Wadsworth.

［133］Berle, A. A. & Means, G. C. (1967), *The Modern Corporation and Private Property*, Harcour, Brace & World Inc., New York, revised edition.

［134］De Alessxi Louis (1983), "Property Rights, Transaction Costs and X - Efficiency: An Essay in Economic Theory", *American Economic Review*, Vol. 73.

［135］Demsetz, H. (1988), "Owership, Control, and the Firm", *The Organization of Economic Activity*, Vol. 1, Basil Blackwell.

［136］Dewenter, K. L. & P. H. Malatesta (2001), "State-owned and privately owned firms: An empirical analysis of profability, leverage, and labor intensity", *American Economic Review*, 91 (1): 320 - 334.

［137］Dixit, Avinash (1996), *The Making of Economic Policy*, Cambridge, MA: MIT Press.

［138］Dollar, David, 1990, "Economic Reform and Allocative Efficiency in China's State – Owned Industries", *Economic Development and Cultural Change*, 39: 89 – 105.

［139］Fjiwara, K. (2007), "Partial Privatization in a differentiated mixed oligopoly", *Journal of Economics*, 92 (1): 51 – 65.

［140］Hart, O. & Moore, J. (1990), "Property Rights and the Nature of the Firm", *Journal of Political Economy*, Vol. 98.

［141］Shleifer, A. (1998), "State versus private ownership", *Journal of Economic Perspectives*, 12 (4): 133 – 150.